晚清民国时期地方自治的内在困境及其现代启示研究

陈明胜／著

◎本书内容研究，主要受2014年教育部人文社会科学研究青年基金项目(项目批准号：14YJCZH011)资助

合肥工业大学出版社

图书在版编目(CIP)数据

晚清民国时期地方自治的内在困境及其现代启示研究/陈明胜著. —合肥:合肥工业大学出版社,2018.4

ISBN 978-7-5650-3874-7

Ⅰ.①晚… Ⅱ.①陈… Ⅲ.①地方自治—研究—中国—近代 Ⅳ.①D693.62

中国版本图书馆 CIP 数据核字(2018)第 059570 号

晚清民国时期地方自治的内在困境及其现代启示研究

陈明胜 著　　　　责任编辑 朱移山

出 版	合肥工业大学出版社	版 次	2018 年 4 月第 1 版
地 址	合肥市屯溪路 193 号	印 次	2018 年 4 月第 1 次印刷
邮 编	230009	开 本	710 毫米×1010 毫米 1/16
电 话	总 编 室:0551-62903038	印 张	18
	市场营销部:0551-62903198	字 数	282 千字
网 址	www.hfutpress.com.cn	印 刷	安徽昶颉包装印务有限责任公司
E-mail	hfutpress@163.com	发 行	全国新华书店

ISBN 978-7-5650-3874-7　　　　定价: 45.00 元

序

打开邮箱，看到明胜给我发来的邮件，告诉我已准备为三年前（2014）申请到的教育部人文社会科学研究青年基金项目结项，研究成果是马上即可付梓出版的《晚清民国时期地方自治的内在困境及其现代启示研究》书稿一部，希望我能给他的书稿提提意见，如果可能的话，能否写个简单的“序”。明胜读博期间，我有幸为他的导师，见证了他的勤奋和努力，也深知他的研究兴趣所在和长期以来矢志不渝的学术追求。当年，在他申请到教育部青年基金项目时，我由衷地为他高兴，但也深知，对年轻学者而言，申请到项目固然不易，但能否如期交出一份高质量的答卷，则更是一个大的挑战。尤其是明胜，因为是博士毕业后新入职，在最初的几年中，备课和教学的任务将格外繁重，而明胜的太太，在他完成学业后，也考上了南京大学历史学院的在职博士生，小两口互相砥砺，比翼双飞，但毫无疑问明胜也因此需要更多地承担起照料家庭的重任。这样一来，要在规定期间内顺利结项，谈何容易？然而，在他给我发来的邮件中，我欣喜地读到了他准备用来结项的成果——这部长达 25 万字的厚重书稿。明胜希望我能给书稿作序，作为曾经的导师，似责无旁贷，何况通读全稿后，确实从中获益匪浅，遂欣然应允，以此序将阅后感略述一二。

众所周知，近些年来，随着社会政治改革的呼声日高，社会转型与政治民主问题吸引了众多学者的关注，不少学者从各自不同的关怀点切入，做出了很有价值的研究和探讨。然就目前研究状况来说，无论从关注的层面，还是从已有成果去看，大多还都集中在上层政治制度的变更诉求和政体的选择与转换上，对实现政治民主进程中必要的一环——地方政制的相应变革的研究，却相对薄弱和欠缺。但显见的事实是，中国近代社会的政治转型，虽曾有过从君主制，到共和制，再到“政党制”或言“一党制”的多次转换，但均因缺少相应地方政制的变革作为补充，转型的进程也因此历时多年，却始终走不出专制集权的怪圈。正因为此，近些年中，不少学者开始把目光下移，把研究视角转向对基层和地方变革的考察，明胜即为其中起步较早的一位。自读研以来，他就潜心于近代中国历史变迁时期中国社会基层政权秩序重构的考察，在地方自治研究上贡献了不少文章，眼下这部书稿当是他积多年研究心得而奉献给读者的又一重要学术成果。

明胜的这部书稿亮点多多，最值得称道的就是其鲜明的问题意识。在对中国近代历史转型的考察中，着眼于基层秩序建构的研究，切入点有很多，为什么要把对地方自治的研究作为考察重点呢？对此，书稿作者做了这样的阐明。他认为，中国社会要实现现代政治转型，有两个问题是必须要面对和解决的：一是上层和下层民主制度相匹配的秩序建构问题，二是集权与分权、中央和地方的权力制衡问题。而欲解决这两个问题，近代以来作为思潮一度盛行并在国内一些主要省份不同程度被尝试实践过的地方自治，不失为一最有价值，也是最为重要的路径探索。为清楚地让读者明了近代地方自治与历史脉动的关联，作者首先致力于历史脉络的厘清。在书稿中，作者将近代历史按其不同的政体特征分为清末新政时期、民国北京政府时期以及南京国民政府时期前后相续的三个主要阶段，而后根据不同历史阶段中地方自治的倡行背景、实质内容，以及不同的推进方式做了清晰的勾勒和初步的介绍。由此，书稿作者不仅高屋建瓴地将自己对地方自治的研究置放在了中国近代社会时代变迁大格局之下，也让读者对近代以来地方自治的性质，以及在近代社会变迁不同时期大致的推进状况有了一个初步的了解。正如作者所言，近代以来，在历史发展的不同时期都有出现的地方自治，无论是口号的提出还是思潮的流行，其出现本身乃现代民主思想传播和宪政运动的产物。尽管由于种种原因，地方自治的推进过程举步维艰，但在屡遭挫败后却仍能不绝如缕、艰难前行，其原因就在于地方自治的提出和推进对近代中国政制转型有着非常重要的现实意义。地方自治在不同时期的提出和践行，其动力是多元的，有来自知识界和地方精英的倡导，也有出自上层统治者整合社会的需要，但其问题指向均蕴含了秩序重构的诉求，用作者的话来说，“它不仅是一种自下而上推进民主改革和建制的实践，也是解决中央和地方分权和制衡，实现政治民主化的尝试。”由于地方自治在中国近代社会新旧秩序转换中承载的探索意义，只要新的秩序一日未建成，这样的尝试和探索就一日不会停止。而宪政民主并不是主观臆想和空中楼阁，它是时代进步的体现，也是社会良性运转的基石，将中国建成真正意义上的现代国家，不仅是国家强盛目标所在，也是中华民族福祉所系。故在向政治民主迈进的路上，前人走过的路，有过的探索，无论成功还是挫败，都是历史进步的一个台阶，也是历史给今人留下的宝贵财富。作者对此有深刻感悟，书稿以《晚清民国时期地方自治的内在困境及其现代启示研究》命名，乃作者以史为鉴情怀的体现，也是书稿最有价值之处。

社会现代转型的过程，某种意义上就是一个新制度探索和建构的过程，而新制度的确立，不在于建构的理念，更不在于名称，而在于一整套符合现代民主理念规章制度的有效确立。而这一确立，仅有上层变革还不行，若无与之相匹配的基层民主建制相伴而行，所谓的民主和共和建制，都只能是有名无实，中国近代历史的演进证明了这一点。正因为此，作者把自己考察重点放在了对近代不同时期、不同类型的地方自治推进过程中富有特色的个案考察上。书稿中，作者分别选取了福建、江苏这两个在推行地方自治中较具典型意义的省份，将之作为清末新政和民国时期不同政体下地方自治的不同类型，较为深入地透视了这两个地区地方自治推行的真实情形。除再现其整个过程外，对实际推进中的具体操作流程、政府控制程度、民众参与意愿、社会各方反应以及上下互动的方式等，作者都依据详实的史料作了接近实态性还原和叙述，不仅让读者在阅读中获得了某种现场感，也对地方自治推进过程中所面临的种种障碍有了真切的感受。这既是对中国近代以来在很多地区都曾轰轰烈烈推出的地方自治何以事倍功半，甚或中途夭折之内在困境的揭示，也是对中国近代社会民主转型何以一波三折、步履维艰原因的探析。除了典型个案的审视外，对面上地方自治在不同历史阶段、不同地区的推进情形，作者叙述得相当周延，不仅对各种类型都有关照，也都有述及，详略得当，足见功力。

为使考察更有针对性，作者还论及以往人们对近代地方自治运动在认知上存在的一些误区。由于长期以来的中央集权制和“大一统”天下观，加上以往历史书写中存在的某些片面性，有一些人将“地方自治”的诉求视为一种与国家“统一”相悖的“离心”思潮，甚至视之为与中央政权抗衡的“分裂”行径，这其实是一种狭隘的偏见。正因为此，作者在书稿撰写中辟有专节对至今仍在一些历史书写中评价颇为负面的民国“联邦主义”思潮和一度风生水起的“联省自治”运动，作了客观审视和多视角的探讨。作者直面近代中国社会转型过程中长期面临的失控、失序局面，对地方分裂势力借“地方自治”与中央政府抗衡的历史现状有深刻的洞悉，但同时也认为，地方自治在近代的倡行，其初衷实是包含了国家统一非诉诸武力而由和平手段达成的诉求，是为了给国家的“和平统一”找到一个制度性的解决办法，这恰恰是对历史上国家统一倚仗武力达成之“兼并模式”的摒弃。尽管这一探索并不成功，甚至还被分裂势力所利用，但其探索仍是有价值的，这是作者对地方自治在近代国家整合中所具有的积极意义的正面肯定。

书稿的特色还体现在研究方法上。鉴于地方自治乃近代社会转型中国家与社会互动的产物，书稿作者在考察中十分重视地方自治在推进过程中各种介入因素作用的发挥，尤其是地方精英人物在其中的作用。因此，有别于以往学者把近代地方自治置于国家与社会二元分析框架的做法，笔者借鉴了西方史学界比较切合中国实际的第三领域的分析模式。第三领域的概念是黄宗智提出的，该概念认为在国家与社会之间还存在着“第三领域”，该领域既有别于国家与社会、国家与社会，又都参与其间。在作者看来，在中国近代历史和现实社会中，地方自治恰恰具有“第三领域”这样的特征，也即在中国近现代历史上，无论处何种背景，也无论自治方式和种类有着何种的不同，但都具有国家与社会的共同参与的特征，体现了中国的国家与社会之间还存在一个中间地带的基本事实，与时下流行的公共领域的提法相比，作者认为“第三领域”的说法也更切合中国的现实。因而，把地方自治置于国家、社会、第三领域的分析框架中不仅是可行的，也是富有解释力的。作者还通过研究发现，在传统与现代交融的过程中，国家的强力控制、地方精英的两难境地以及民间社会的无力反抗往往形成鲜明的对比，依据黄宗智“第三领域”的理论，地方自治功能的充分发挥与国家、社会的良性互动是互为前提的。而晚清与民国时期的地方自治之所以难成正果，第三领域的独立性被削弱是主因之一，其直接体现是第三领域的领导者——地方士绅阶层的质变。进而提出“培育新的中间阶层是改善国家与社会关系的有效途径”的重要观点。

当前我国正处于政治改革的深化时期，而中国社会要最终走出史学家所谓的“历史的三峡”，实现国家和社会的现代转型，地方自治的实施，恐怕仍是必不可少的一环。当然，地方自治在当下的提倡和实行也必须是与时俱进的，其理念和内涵与清末和民国时期的地方自治会有很多不同。但清末和民国时期地方自治中的一些做法也仍不失其现实的借鉴意义，这也是作者撰写此书的目的。为此，作者书稿中还通过对清末民初地方自治运动的全面审视，在总结正反两面历史经验和教训的基础上，结合当下政改中的基层民主建制，提出了一些重要的见解。如作者认为，基于我国近代社会转型受制于各种因素的现实，民主政治的实现绝无可能一蹴而就，故地方自治的试行，也必须结合国情、民情循序渐进。要做到这一点，除民主观念的培育外，科学的路径设计是必不可少的。作者书稿中的研究心得还有很多，有待于读者去细细品味和评价，作为书稿的第一个读者，以上所述，只是本人读后的几点粗略感想，难免挂一漏万，也自觉话不尽意，但愿以上文字能起到一定的导读作用。

是为序。

申晓云

2017 年 11 月写于南秀村家中

目　　录

第一章　导　论

从词汇学上讲，地方自治是“自治”与“地方”两个概念的复合。

自治，即自我治理。但近代意义上的自治有着更为丰富的内涵，[①] 英美法系国家认为，“自治权是人权的一部分，是与生俱有的天赋人权，自治相对于国家权力而言，国家权力是后来的、派生的。”大陆法系国家则强调，“自治权是国家与法律赋予的，自治与官治一起，共同组成了国家的管理制度。”[②] 亦有学者把地方自治分为三种流派：英美学派、大陆学派、折中学派。[③] 实际上，折中学派是综合英美学派和大陆学派两派之长的产物，其主张：“人民自治的思想为自治的指导原理，乃自治之理想；团体自治思想，为产生自治制度之形态。”[④] 近代中国所引介的自治制度就是以德日为代表的大陆法系国家的自治制度，其决定了近代中国基层社会秩序整合过程中自治与官治的双重体系。

地方，是一定区域的泛称。当与自治结合之后，也可以有两种解释：从法学意义上讲，地域性特点是地方自治团体之地团法人与社团法人、财团法人的主要区别之一。作为地方自治最基本的要素之一，它与区域内之人民、选举产生之自治机关、自治权限等共同构成地方自治这一法人团体。从政治

---

① 近代意义上的地方自治，是启蒙运动、工业革命和资产阶级大革命的产物。陈绍方：《地方自治的概念、流派与体系》，《求索》2005 年第 7 期，第 45 页。

② 王圣诵：《近代乡村自治研究》，中国政法大学 2005 年未刊博士毕业论文，第 3 页。

③ 英美学派强调人民的自治，其自治权包括地方行政、立法、司法等各个方面，含义较为广泛；大陆学派则强调团体的自治，自治权限制在地方行政领域，范围较小；折中学派则既关注个人自治，又关注团体的自治，将两者有机整合。参考陈绍方：《地方自治的概念、流派与体系》，《求索》2005 年第 7 期，第 46 页。

④ 沈清泉：《地方自治观念与系统》，（上海）地方自治月刊编辑委员会编：《地方自治》，1941 年第 1 卷第 1 期。

学上看，它是一个与中央相对的概念。由此一概念出发，地方自治有与中央分权的意思，是“相对于中央集权而言、基于分权原理而设计的一种地方政治制度”①。从西方地方自治之理论基础——民主主义与自由主义——观之，民主主义“强调地方自治是当地居民的一种自我管理方式，”自由主义“作为国家纵向结构的制度设计，目的是分权与制衡”②，这一解释兼具法学与政治学的双重含义。

总之，地方自治可简单概括为：在一定区域范围内，在国家监督之下，由该地方人民自订规约，通过选举产生自治机关，管理本地方的公共事务。

第一节　晚清民国时期地方自治的研究现状

目前学术界对地方自治的研究可谓汗牛充栋，学者们从不同角度对不同区域、不同时间段所推行的地方自治进行或微观或宏观的阐释，这些成果为笔者的研究提供了诸多借鉴，也提出了更大的挑战，步前人之后尘已是学术研究之大忌，超越前人又何等困难。以下笔者以时间为主线把以往学者的研究成果做一简单归纳概括。

一、1949 年之前的研究

第一，清末民初之际，对地方自治的研究以一般性介绍为主。全国性刊物如《东方杂志》《申报》《大公报》等都刊载过大量关于地方自治的文章；地方性刊物如《江苏》《四川》《浙江潮》《游学译编》《河南》《江西》《云南》等也时常刊载时人关于地方自治的论说。这些介绍为国人了解地方自治开辟了重要的渠道。20 世纪 20 年代前后，介绍地方自治的书籍逐渐增多，如商务印书馆出版的《地方行政要义》，该书汇集“东西各行政法大家之理论，参证中国及各国历史上地方行政今昔之情状，贯穿现行各法令，疏证新旧各典籍报章”，是一部十分实用的书籍。另外还有雷奋编的《地方自治讲义》和

① 陈绍方：《地方自治的概念、流派与体系》，《求索》2005 年第 7 期，第 47 页。
② 田芳：《地方自治：法律制度研究》，法律出版社，2008，第 10 页。

《日本地方制度》，孟森编的《地方自治浅说》，胡尔霖译述的《欧洲大陆市政》，刘世长编的《县自治法要义》，李剑农编的《地方自治纲要》，日本人水野博士的《地方自治精义》，法学士小合伸的《日本府县制郡制要义》等纷纷出版发行，[①] 可见时人对地方自治的关注。

第二，南京国民政府时期，关于地方自治的专著猛增。总体来看，可分为两大类，[②] 第一类偏重于为国家政策作注解，这类书籍或经政府授意、由私人撰写，或由政府机关直接编纂。如内政部编纂、柯琴辑的《总理对地方自治遗教辑要》一书，以孙中山的建国程序说与地方自治开始实行法为全书的经脉，主要介绍孙中山的自治理论，该书可视为孙中山自治思想的文献辑录，还谈不上学术上的探讨。[③] 再如中国国民党中央执行委员会训练委员会编的《地方自治》，全书围绕《县各级组织纲要》展开，正如在其序言所说“本书之目的，为研究实行方法，而非探讨学说理论”[④]。可见，此类书不重学理探讨，而注重实用性。另一类则能够在学术上对地方自治针砭时弊地提出个人见解，有为中国寻找新出路的意味。如梁漱溟的《中国之地方自治问题》一书，以批评过去地方自治的失败来影射现实，把过去地方自治失败的原因归咎于中国人缺乏“纪律习惯”“组织能力”以及自给自足的经济条件。他认为中国欲取得地方自治的成功，必须注重团体的作用，而团体的前提条件则是“政治、经济、教化三者合一”。梁漱溟对古代所谓“地方自治”的界定，以及中国固有之精神的论述是很有见地的。[⑤] 这是对近代地方自治屡陷困境的一种反思，说明部分有识人士开始重视理论与现实的一致性，意欲构建中国特色地方自治的冲动。

关于地方自治的文章，主要散见于各类杂志之中，如《平等杂志》《民治评论》《民主政治》《民立周刊》《民众运动月刊》《民声周报》《地方自治半月刊》《省县自治通则讨论专号》等。总之，就此一阶段地方自治研究的现状看，以服务现实为第一要义，反思性的研究成果尚不多见。

---

① 苏社特刊：《地方自治》，1922 年第 2 期。

② 因为这类书籍较繁杂，有上百种之多，只好归纳分类，此处不再详列，书名可参见参考文献。

③ 柯琴辑：《总理对地方自治遗教辑要》，商务印书馆，1944。

④ 中国国民党中央执行委员会训练委员会：《地方自治》，1941。

⑤ 梁漱溟：《中国之地方自治问题》，山东乡村建设研究院，1941。

二、1949 年之后的研究

（一）中国学者对晚清民国时期地方自治的研究

1949 年以后，国内关于晚清民国时期地方自治的研究大致可以分为两个阶段：改革开放之前，因条件有限，研究者对清末及民国时期的地方自治大都持否定态度，这种态度直接影响到人们对地方自治的客观评价，成果也不多。改革开放之后，地方自治研究备受关注，研究成果如雨后春笋，纷纷涌现，大体来看，有以下三个特点：一是研究对象不断细化；二是研究方法与视角不断更新；三是区域性地方自治研究异军突起。下面主要就改革开放之后的研究成果做一简单概述。

第一，研究对象不断细化。

（1）以近代地方自治思潮为研究对象。[①] 汪太贤的博士学位论文《晚清地方自治思想的萌生与演变——从鸦片战争至预备立宪前夕》很具代表性，文章以地方自治思想从国外输入与传播，在中国的最初提出、话语与意旨的演变以及自治思潮的勃兴等为线索，由思想而思潮，梳理了近代地方自治在中国不断发展的过程。作者突破前人之处在于高屋建瓴地指出，晚清地方自治思想转变的内在思路是中国传统的民本、民贵、养民思想在甲午战后让位于西方的民权、民主、自由，正是这一自治思想资源的变化，赋予地方自治以新的含义，并在民族危机进一步加深的情况下成为各界人士鼓吹以及实践的对象。[②]

（2）以联省自治为研究对象。联省自治是 20 世纪 20 年代一场重要的政治运动。以联省自治为主题的专著主要有二：一是胡春惠的《民初的地方主义与联省自治》，一是李达嘉的《民国初年的联省自治运动》。胡著着重于联

---

① 以此为选题还有：刘小林、梁景和：《论清末地方自治思潮》，《学术论坛》1998 年第 2 期；吴桂龙：《晚清地方自治思想的输入及思潮的形成》，《史林》2000 年第 4 期；马小泉：《公民自治：一个百年未尽的话题——读康有为〈公民自治篇〉》（1902 年）》，《学术研究》2003 年第 10 期；汪太贤：《晚清学人对民主自由诉求的一种表达——以严复地方自治主张的提出与阐释为例》，《中国法学》2004 年第 2 期和《晚清国外地方自治思想输入考论》，《湘潭大学学报（哲学社会科学版）》2004 年第 5 期；郭绍敏：《清末士大夫的地方自治思想与地方自治政策之推行——以〈清末筹备立宪档案史料〉为中心的考察》，《安徽大学法律评论》2007 年第 1 辑等。

② 汪太贤：《晚清地方自治思想的萌生与演变——从鸦片战争至预备立宪前夕》，武汉大学 2004 年博士学位论文。

省自治运动产生的背景与各省自治运动概况，认为清末民初地方主义的不断抬头是联省自治运动兴起的直接原因。[①] 与胡不同，李著尝试从“联省自治”名词的产生与时局之间的关系为突破点，进一步阐明联省自治的性质及其兴衰的主要因素。[②] 大陆方面尚无专著，此类研究多以论文形式出现，[③] 如冯筱才认为，浙江省宪自治运动是民初中国联省自治浪潮中的一个重要组成部分。它在省内外多种因素的推动下发生，并在运动中先后产生了三种不同的省宪：九九省宪、三色宪法、浙江省自治法。省宪的条文体现了当时人们的自治理想，但运动参与者动机各异使之自始便存在着严重的分歧，省宪理想成为他们追求不同利益目标的工具。运动断断续续地进行伴随着各方势力激烈的冲突，亦折射出浙江省多重的地方政治权力结构。运动无果而终，并非简单由于“军阀扼杀自治”[④]。另外，联省自治的研究主要集中于当时省自治运动较为高涨的省份。[⑤]

（3）以县制为研究对象。魏光奇在《官治与自治》一书中，对古今县制沿革进行了系统的研究，基于此种指导思想，本书撰写有着明显的专题性，如以县制、县财政制度、县人事制度等为线索分别展开，求通的结果却又失

① 胡春惠：《民初的地方主义与联省自治》，中国社会科学出版社，2001。

② 李达嘉：《民国初年的联省自治运动》，台湾弘文馆出版社，1986。

③ 相关研究成果还有：谢俊美：《略论联邦制和联省自治运动》，《华东师范大学学报（哲学社会科学版）》1995年第5期；李蓓之：《略论20年代初“联省有治”运动》，《上海大学学报（社科版）》1996年第3期；李继锋：《分合之际——二十年代初省宪运动的背景分析》，《民国档案》1996年第3期；张继才：《论清末民初联邦思想》，《武汉科技大学学报（社会科学版）》2000年第2期；张海廷：《联邦制与单一制“对立”还是“统一”》，《河北法学》2002年第3期；周东华：《略论1920—1923年的“联省自治”思潮》，《北京行政学院学报》2001年第3期；姚琦：《论20世纪上半期中国联邦制思潮及其影响》，《宁夏大学学报（人文社会科学版）》2003年第5期；朱秀蓉：《试论北洋政府时期的联省自治思想》，《云南大学学报法学版》2004年第4期；严泉：《“联省自治”运动中的省宪研究——民国初年“联省自治”的制度探析》，《学术界》2005年第6期；郭殊：《省宪运动与“联省自治”——中国近代联邦主义的萌芽、省思与启示》，《浙江学刊》2006年第5期；李荣坤：《联省自治运动在20世纪20年代初兴起原因新探》，《西南交通大学学报（社会科学版）》2006年第6期；龙长安：《李剑农联邦制思想述论》，《中国近现代史研究》2007年第12期；莫庆红、唐正芒：《二十世纪初“联省自治”思想的悖论》，《求索》2008年第4期；田子渝：《湖北地方自治论述》，《湖北大学学报（哲学社会科学）》1995年第6期；欧阳斗平：《论近代湖南绅权运动与省宪自治》，《长沙大学学报》2006年第1期；陈华丽、莫庆红：《云南联省自治运动述论》，《前沿》2007年第11期。

④ 冯筱才：《理想与利益——浙江省宪自治运动新探》，《近代史研究》2001年第2期。

⑤ 相关研究成果有，魏光奇：《直隶地方自治中的县财政》，《近代史研究》1998年第1期；徐建平：《清末直隶州县自治运动初探》，《燕山大学学报（哲学社会科学版）》2007年第4期等。

之于某一时期整体情境的呈现，总体而言，该书不乏真知灼见。论文方面也出现不少佳作，[①] 王兆刚通过对南京国民政府县自治的研究，认为其失败的主要原因有四：国民党及国民政府不具备领导一场现代社会变革所需要的素质与能力；具体制度和举措有诸多失当之处；自治人员素质低下；国民党推行县自治存在着深刻的内在矛盾等。[②]

（4）以区乡镇村自治为研究对象。[③] 李德芳从封建的乡村经济形态与政治结构、严重的乡村社会流动、农民生活的极端贫苦、传统的乡村社会文化等方面对民国时期乡村自治的社会制约因素进行分析，作者认为，不彻底改变传统的乡村经济形态、政治结构和宗法文化这个封建主义的外壳，民主自治制度就不能生根、开花、结果。[④]

（5）以保甲制为研究对象。[⑤] 冉绵惠在肯定当前民国时期保甲制研究成果纷呈的同时，亦指出几点不足：民国时期档案资料与地方报刊资料发掘不够；对于保甲人员素质缺乏定量分析；保甲制与基层社会既冲突又融合的关系分析甚少；不少地区的保甲制研究还未展开；共产党对保甲制的态度缺乏研究等。[⑥] 这些不足仍然需要更多研究者的参与才能逐渐改观。

（6）专题与个案研究。专题性研究以清末地方自治风潮研究最为典型，如周积明、谢丹指出，导致民变的综合原因是官方苛捐、枉法与民众的守旧、保守，其无疑阻碍了近代化的进程。并据此认为，在现代化改革过程中应注

① 相关研究成果有，白贵一：《20 世纪 30 年代南京国民政府县自治研究》，知识产权出版社，2009 年版；王兆刚：《论南京国民政府的县自治》，《安徽史学》2001 年第 2 期及《抗战前南京国民政府县自治失败原因探析》，《历史教学》2002 年第 10 期；周玉玲：《新县制下县各级民意机关研究》，苏州大学 2002 年硕士学位论文；李树芬：《南京国民政府时期省县行政制度与权力研究（1927—1937）》，四川大学 2007 年硕士学位论文；方旭红：《南京国民政府县级政权的运作机制：1927—1937 年》，《安徽史学》2005 年第 2 期；忻知：《各省实施新县制推行地方自治成绩总检讨》，《民国档案》2005 年第 3 期；曹成建：《1920 年代末至 1930 年代初南京国民政府地方自治政策的实施效果及其政策走向》，《1920 年代的中国》，中国社会科学文献出版社，2005 年 9 月版。

② 王兆刚：《论南京国民政府的县自治》，《安徽史学》2001 年第 2 期。

③ 相关研究成果有，李德芳：《南京国民政府乡村自治制度述论》，《河北大学学报（哲学社会科学版）》2002 年第 4 期；尹红群：《南京国民政府乡村制度变革：政治结构及问题》，《社会科学辑刊》2004 年第 6 期；王飞：《国民政府“新县制”下的乡镇体制》，首都师范大学 2007 年硕士学位论文等。

④ 李德芳：《略论民国乡村自治的社会制约因素》，《贵州社会科学》2001 年第 3 期。

⑤ 相关研究成果有，王云骏：《民国保甲制度兴起的历史考察》，《江海学刊》1997 年第 2 期；谢增寿：《国民党南京政府保甲制度述论》，《西华师范大学学报（哲学社会科学版）》1984 年第 4 期；武乾：《南京国民政府的保甲制度与地方自治》，《法商研究》2001 年第 6 期等。

⑥ 冉绵惠：《近年来国内有关民国时期保甲制度研究的新趋势》，《民国档案》2007 年第 2 期。

意资金筹集的方式、加大宣传力度、打击贪污腐败、提高改革者的素质、开通民智等。① 杨涛认为，反自治民变不仅是民反官，还体现为民众与新旧士绅（主要是新士绅），新旧士绅之间，乃至新旧士绅与官府之间的矛盾，是社会矛盾的整体发作。体现了地方自治推行过程中，国家—社会关系在政治、经济、文化教育资源调整中的总体失序状态。② 不足之处在于将部分表现视为原因而导致逻辑上的混乱与认知上的困难。另外，自治财政、选举制度、户政法、自治立法等都被纳入学者们的研究视野。③

以人物为个案的研究也在不断增加，如关于张謇的研究，因为张謇在南通自治中的巨大贡献，南通地方自治与张謇的研究一般是同时进行的。大部分研究都能采取一分为二的观点，在肯定张謇贡献的同时，也指出其自治完全靠个人的力量推行，并未脱离传统的绅治，其保守性难免人亡政息的悲剧。如《张謇地方自治思想探究》一文以张謇自治思想的产生与演变为线索，对张謇的地方自治思想进行了梳理，肯定了在当时的积极意义，同时也指出其中的不足，即强烈的精英主义色彩。由于受到当时政治环境和个人思想的局限，张謇的地方自治最终未能摆脱个人自治的悲剧。④ 也有人对张謇在南通所推行的地方自治进行了过度的否定，如《张謇及其南通现代化模式的失败原因》一文从圣王之道与器用之学的矛盾、不切实际的德治幻想、乌托邦式的自我封闭等方面对张謇所推行的南通地方自治的内在矛盾进行分析，认为南通模式的失败，张謇要负重大责任。⑤ 当然，大部分文章持论是公允的。⑥ 再

① 周积明、谢丹：《晚清新政时期的反地方自治风潮》，《河北学刊》2002 年第 4 期。

② 杨涛：《晚清江苏民变中的反地方自治现象探析》，《史学月刊》2007 年第 6 期。

③ 相关研究成果有，叶利军：《民国北京政府时期选举制度研究》，湖南师范大学 2004 年博士学位论文；王圣诵：《近代乡村自治研究——户政法文化诠释》，中国政法大学 2005 年博士学位论文；隆奕：《试论南京国民政府地方自治立法》，西南政法大学 2004 年硕士学位论文等。

④ 马珺：《张謇地方自治思想探究》，《中州学刊》2008 年第 2 期。

⑤ 刘远柱：《张謇及其南通现代化模式的失败原因》，《中国矿业大学学报（社会科学版）》2004 年第 3 期。

⑥ 此类研究成果还有，蒋国宏：《张謇与南通早期现代化》，《南通工学院学报（社会科学版）》2003 年第 3 期；高鹏程、蒋国宏：《浅析张謇兴办南通慈善事业的动机》，《南通职业大学学报》2005 年第 3 期；高鹏程、蒋国宏：《浅析张謇兴办南通慈善事业的动机》，《南通职业大学学报》2005 年第 3 期；马敏：《营造一个和谐发展的地方社会——张謇经营南通的启迪》，《华中师范大学学报（人文社会科学版）》2006 年第 2 期；陶燕辉：《张謇地方自治思想探析》，《南通职业大学学报》2007 年第 4 期；张荣生：《张謇经营南通地方自治的理念与实践》，《南通大学学报（社会科学版）》2008 年第 2 期等。这些文章从不同的角度对张謇的自治思想进行了阐述。

如关于孙中山自治思想的研究，[1] 张连红在细致梳理孙中山政治思想发展历程之后，指出经过长期的革命实践与理论探索，在中央与地方关系问题上，孙中山最后形成了一种集联邦制与集权制两者之长的均权构想，希望中央与地方关系以此达到分权而不分裂、集权而不专制的最佳境界。[2] 该文可视为对孙中山均权思想的经典解读。《陈炯明地方自治及其评析》一文认为，联省自治并不就是地方割据，而地方割据势力却利用联省自治的旗帜以张目，在联省自治的大潮中，陈炯明算是一个特例。[3] 另外，还有人专文对黄兴、毛泽东、蒋介石等人的自治思想进行探讨。[4]

第二，研究方法与视角不断更新。

（1）以近代化为研究视角。[5] 马小泉从社会政治结构与政治发展的角度对清末地方自治展开讨论，把国家对社会的整合，以及政治制度的近代化有机结合在一起，认为清末地方自治的创办是国家与社会共同推进的结果。[6] 因应国家—社会理论框架的运用，作者引进西方词汇，把资产阶级分为上、中、下三层，这种做法是否符合中国国情尚待进一步论证。高旺认为，西方地方自治思潮在近代中国的兴起既与中国历史上“郡县论”和“封建论”的争论有关，又与近代西学东渐、列强环伺的形势有关。这一论述赋予近代地方自治以鲜明的中国特色，是对冲击-反应模式的突破。[7]

---

① 关于孙中山地方自治思想研究的文章较多，如曾景忠：《孙中山地方自治思想述论》，《广东社会科学》1988 年第 1 期；郑永福：《孙中山与地方自治》，《中州学刊》1983 年第 2 期；贺跃夫：《孙中山的地方自治观与南京政府之实践》，《中山大学学报论丛》1995 年第 5 期；唐卫国：《孙中山地方自治思想研究》，《河北法学》2001 年第 6 期；洪英：《孙中山先生地方自治思想综述》，《当代法学》2003 年第 8 期；马小泉：《孙中山地方自治思想之学理意义》，《史学月刊》2005 年第 5 期；张钦朋：《试论孙中山地方自治思想》，吉林大学 2007 年硕士学位论文等。

② 张连红：《从联邦到均权：孙中山对中央与地方关系的探索》，《史学月刊》1998 年第 2 期。

③ 白贵一：《陈炯明地方自治及其评析》，《韶关学院学报（社会科学版）》2007 年第 11 期。

④ 相关研究成果有，邓江祁：《黄兴地方自治思想探析》，《长沙理工大学学报（社会科学版）》2008 年第 1 期；周玉玲：《剖析蒋介石地方自治思想》，《内蒙古民族大学学报（社会科学版）》2001 年第 4 期；曾慧华：《青年毛泽东地方自治思想》，《西南民族学院学报（哲学社会科学版）》2002 年第 11 期等。

⑤ 相关研究成果有，赵可：《辛亥革命时期的城市自治思想与 20 世纪上半叶的城市发展走向》，《辛亥革命与二十世纪的中国》，中央文献出版社，2002；尹航：《浅析清末城镇乡地方自治制度》，《社会科学战线》2005 年第 2 期；刘斌：《试论清末地方自治理论与实践》，《中北大学学报（社会科学版）》2007 年第 1 期等。

⑥ 马小泉：《清末地方自治运动论纲》，《史学月刊》1993 年第 5 期。

⑦ 高旺：《清末地方自治运动及其对近代中国政治发展的影响》，《天津社会科学》2001 年第 3 期。

（2）国家与社会二元分析框架的运用。马小泉在《国家与社会：清末地方自治与宪政改革》一书中，着重于“从社会政治结构即国家与社会的关系，从中国地方政治现代化即政治发展的角度，对清末地方自治作一系统的考察”①。周松青则以西方为参照物，对清末民初的地方自治进行比较研究，认为自近代地方自治引进之后，始终未能与国家有效地融合，自治在中国的体制异化是其不能有效推行的原因；传统国家向民族国家的转换，使地方自治生存空间面临着更大地挤压的危险。②

（3）以国家对社会整合为视角来进行研究。③ 常书红认为，因为资本主义化士绅的崛起和宪政思潮的风行，传统的乡族自治结构逐渐瓦解、近代化的地方社会控制模式初步形成，但是这一过程并不顺利，其中最主要是因为社会结构分化不足，旧的士绅力量被新士绅（绅商界和绅学界）所取代，但新的士绅力量未能形成具有较强内聚力的社会力量，难以形成维护社会秩序的自觉意识，也就难以完成对社会整合的重任。④ 作者虽然并未明确提出国家与社会之间的部分，却隐隐意识到国家与社会之间的“夹层”实际上就是新士绅存在的空间。

（4）以民众社会参与为视角。⑤ 如马小泉的《地方自治：晚清新式绅商的公民意识与政治参与》一文，就在国家与社会博弈的大框架下，从社会转型的角度出发，对清末地方自治给予正反两面的评价。作者认为，清末地方自治的尝试，对于以官僚政治为核心的传统政治生活来说，具有某种民主启蒙和社会动员的意义。而根本价值，乃在于反对封建专制统治，实现资产阶级的民主政治。对于中国早期政治现代化的历程，具有重要的促进作用。但是，清政府支持并积极推行地方自治，并非为了赋予人民参政议政的权利，

① 马小泉：《国家与社会：清末地方自治与宪政改革》，河南大学出版社，2001。

② 周松青：《异化、国家和记忆：清末民初地方自治的两难》，《史林》2007年第2期。

③ 相关研究成果有，贺要夫：《晚清县以下基层行政官署与乡村社会控制》，《中山大学学报（社会科学版）》1995年第4期；王先明、常书红：《晚清保甲制的历史演变与乡村权力结构——国家与社会在乡村社会控制中的关系变化》，《史学月刊》2000年第5期；马小泉：《晚清政府对地方自治的操纵与控制》，《历史档案》1995年04期等。

④ 常书红：《清末民初地方社会整合格局的变化》，《史学月刊》2003年第4期。

⑤ 相关研究有，梁景和：《论清末地方自治的实践》，《西南交通大学学报（社会科学版）》2000年第4期；马宝成：《清末新政时期的地方政治参与》，《东岳论丛》2000年第2期；梁景和：《清廷督导下的地方自治运动》，《江苏社会科学》2001年第1期；魏光奇：《清末民初地方自治下的“绅权”膨胀》，《近代中国的城市与乡村》，社会科学文献出版社，2006。

实现资产阶级的民主政治，而是为了调适政府与社会的关系，确立新绅商的“辅治”地位，以官办自治的形式，达到稳固专制政权基础的目的。[①] 这种评价极有见地。

第三，区域性地方自治研究异军突起。

随着地方自治研究的深化，区域性地方自治研究倍受研究者关注。值得注意的是国内部分高校的硕士和博士研究生把区域性地方自治作为选题，出现了一批具有较高质量的研究成果，显示出地方自治研究向纵深发展的趋势。

（1）就研究对象来看，以省自治或联省自治为主。这一点前面已经叙及，不再赘述。

（2）就研究者的身份来看，以高校的硕士和博士研究生为主。选题从乡村政治结构到乡镇自治，从县级财政再到自治人员，呈现出不断细化的趋势。[②] 如杨焕鹏的博士学位论文《国家视野中的江南基层政治（1927—1949）——以杭、嘉、湖地区为中心》，其中有两节涉及地方自治问题：一是地方“自治”与“以党治国”。作者认为，战前国民党党部打着训练人民行使“四权”的旗号，以地方自治为工具，加强与地方政府的权力之争；抗战时期新县制与乡镇自治的实施，导致国家权力下延，国民政府认可并积极推进此一党治与自治结合的方式，但是这并未改变党部在基层势力虚弱的现状；二是新县制与“地方自治”。在新县制之下，国民党不但要通过党的力量向基层渗透，还通过团的力量以自治的名义把掌握在豪绅手中的基层政权纳入国家的轨道，以实现对乡村社会的控制。[③]

（3）经济发达地区最为学者所关注，如苏南地区之上海与苏州。上海地

① 马小泉：《地方自治：晚清新式绅商的公民意识与政治参与》，《天津社会科学》1997 年第 4 期。

② 相关研究还有，于建嵘：《转型期中国乡村政治结构的变迁——以岳村为表述对象的实证研究》，华中师范大学 2001 年博士学位论文；程郁华：《二十世纪三四十年代乡保行政人员贪污与暴力现象研究——以桐乡、新昌两县 30 件案件为例》，华东师范大学 2004 年硕士学位论文；冯小红：《乡村治理转型期的县财政研究（1928—1937）——以河北省为中心》，复旦大学 2005 年博士学位论文；丰箫：《1945—1949 年浙江省嘉兴乡镇自治研究》，复旦大学 2006 年博士学位论文；祖秋红：《“山西村治”：国家行政与乡村自治的整合（1917—1928）》，首都师范大学 2007 年博士学位论文；冯向晖：《浙江清末地方自治运动研究》，浙江大学 2009 年硕士学位论文等。

③ 杨焕鹏：《国家视野中的江南基层政治（1927—1949）——以杭、嘉、湖地区为中心》，复旦大学 2005 年博士学位论文。

方自治的研究最为成熟，从史学到政治学，从公共领域到市民社会，从个案分析到比较研究，不断得以深化。其中周松青的专著《上海地方自治研究（1905～1927）》是对清末民初上海地方自治研究的一部经典之作，该书运用西方民主理论、政治学等学科的方法来考察上海二十多年的地方自治史。[①] 同时，以上海地方自治为题材，周松青还相继发表几篇质量较高的论文。[②] 朱英则通过湖南保卫局和上海总工程局的比较研究指出晚清地方自治发展的内在理路。[③] 对苏州地方自治进行概括性研究的以《晚清苏州地方自治略论》为代表，作者认为，地方自治的出台固然包含着清政府消解革命的潜在用心，却也体现了中国资产阶级要求分享政治权利的愿望。由于20世纪初的苏州具备特殊的政治经济与人文条件，地方自治活动领先于同一时期的其他中国城市，它虽然还达不到当时西方国家民主政治的水平，但毕竟在民权基本建设方面迈出了可贵的第一步，在中国地方政治史上具有划时代的意义。[④] 与全面论述相比，学者们更多地把目光集中于民间的自治团体——苏州市民公社——的研究，[⑤] 最近的研究成果当属李明的《社会结构变迁视野下的苏州市民公社考论》一文，文章认为，辛亥革命前后，随着地方自治思潮和活动的兴起，苏州市民公社诞生于社会转折性变迁中。此后，这一国内仅见形态的基层自治组织，始终与地方政府保持着既平行合作又矛盾冲突的关系。它的一系列实践，拓宽了社会公共领域。作为一种社会秩序自我调节、社会能量自我集聚的现代社会组织力量，市民公社在中国社会由传统走向现代的过程中扮演了重要角色。作者大量借助西方的政治理论，对市民公社进行全新的阐

① 周松青：《上海地方自治研究（1905～1927）》，上海社会科学院出版社，2005。

② 如周松青的系列文章：《公共领域与上海地方自治的起源》，《档案与史学》1998年第1期；《清末上海地方自治与合法性》，《华东师范大学学报（哲学社会科学版）》2003年第1期；《地方自治与清末民初的上海平安城市建设》，《法治论丛（上海政法学院学报）》2007年第3期；《异化、国家和记忆：清末民初地方自治的两难》，《史林》2007年第2期等。

③ 朱英：《戊戌至辛亥地方自治的发展——湖南保卫局与上海总工程局之比较》，《近代史研究》1999年第4期。

④ 张海林：《晚清苏州地方自治略论》，《江苏社会科学》2000年第3期。

⑤ 较早论述该主题的还有屠雪华的《试论苏州市民公社的性质》，《江海学刊》1995年第3期和《关于苏州市民公社几个问题的探讨》，《民国档案》1995年第4期；李明的《苏州市民公社解体的缘由——清末民初苏州民间社团组织个案研究》，《学术月刊》2001年第12期和《苏州市民公社的衍变及现代意义》，《史林》2003年第1期；李跃的《苏民市民公社研究》，苏州大学2008年的硕士学位论文等。

释，是对前人研究的进一步深化。①

（4）部分台湾学者对区域性地方自治亦作了开拓性的研究。② 首先是张朋园、李国祈、王树槐等人对近代中国现代化所做的区域研究系列，对于晚清民国时期地方自治研究有很大助益。另外，如沈松桥通过对近代河南自治与保甲制递嬗的研究，认为从清末至抗战前夕，中国地方政治的发展过程，乃是由以参与为重的政治动员，转化到以统制为主的政治控制。文章认为河南地方自治与保甲之所以不能达到预期目的，除了制度之不良、经费困难与人民程度不足、劣绅的把持等因素外，根本原因在于河南的社会、经济条件不能为下层结构的现代化提供有力的支撑。“与其说是政治的现代化，毋宁说是政治的内卷化。”③ 在后续研究中，沈松桥指出，自太平天国运动以来，社会军事化进程不断加剧，旧的社会秩序解体，地方权力结构处于重新编组的历程中，以武力（民团）为依托的地方精英不断壮大。因为宛西当时混乱的社会局面，创办民团大部分是为自卫而言。而为了使私人组织合法化，开始筹设自治，这与国民政府推行的地方自治正好契合，但是两者内容却截然不同，宛西自治是利用地方革命的口号，否定了国家权威的正当性。沈松桥称之为地方精英对国家权力的侵夺，并宰制农村。总之，通过宛西自治，可以看到国家与地方精英对地方控制权的激烈争夺。

总之，就中华人民共和国成立后国内学者的研究现状来看，主要存在以下特点：第一，从研究时段来看，侧重于清末民初这一阶段，对于南京国民政府时期的研究则明显不足；第二，从研究地域来看，则主要侧重于经济发达地区，其他地区稍显欠缺；第三，就研究方法看，除了历史的研究方法外，也有不少学者开始借鉴政治学、社会学、法学等学科的理论方法，使该领域的研究向纵深发展。

（二）国外学者对晚清民国时期地方自治的研究

随着国外中国学的不断发展，部分国外学者对中国基层社会组织的研究不断增多，虽然有的研究并未明确以地方自治为题，但具有重要的参考

① 李明：《社会结构变迁视野下的苏州市民公社考论》，《上海师范大学学报（哲学社会科学版）》2009 年第 3 期。

② 类似研究有，张玉法：《清末民初的山东地方自治》，《中央研究院近代史研究所集刊》第 6 期；工萍：《广东省的地方自治——民国二十年代》，《中央研究院近代史研究所集刊》第 7 期等。

③ 沈松桥：《从自治到保甲：近代河南地方基层政治的演变，1908—1935》，《中央研究院近代史研究所集刊》第 18 期。

意义。

如杜赞奇以1910年至1942年的华北农村为例，把组成基层社会的各种力量置于文化的权力网络之上，深刻地描绘出近代中国国家政权变迁过程中国家与社会的互动。[1] 伊懋可则通过“The Gentry Democracy in Shanghai, 1905—1914”和“Administration of Shanghai, 1905—1914”两文对清末上海地方自治兴起的原因、过程，自治政府结构、运作机制，以及地方自治领导人的身份、职业，地方自治政府组成与租界的影响等进行了研究分析，他认为上海城厢内外总工程局是近代中国第一个正式的民主政治机构；上海地方士绅在地方当局默许的前提下，积极从事城市的事务，进行自治实验，削弱王朝的专制统治；如果能在满清统治的前提下进行民主建设，可能会比民国政府取得更好的成绩。[2] 在 *Chinese Democracy, the Self-government Movement in Local Provincial and National Political*, 1905—914一书中，傅因彻从地方、省、中央三个层次对清末民初地方自治运动的动力、运作及其取得的成绩及影响进行了较全面的分析，认为清末民初的地方自治运动有两个动力：地方精英的推动与官方的倡导，二者在一定程度上是相互促动的。[3] Roger R. Thompson则通过清末自治运动中政府与有关官员所倡导的各级议会的考察与分析，指出清末国家与社会关系互动的事实。[4] 日本学者田中比吕志认为，清末地方自治是政府统合社会的工具，政府对地方精英既寄予希望又进行道德教化，而民众对国家与地方精英都缺乏信任感，这使地方精英处于两难地位。[5] 日本学者笠原十九司一反过去对北伐时期上海三次暴动的研究思路，把上海暴动纳

① 杜赞奇：《文化、权利与国家：1910—1942年华北农村》，王福明译，江苏人民出版社，2003。

② 伊懋可：“The Gentry Democracy in Shanghai, 1905—1914” (*In Modern China's Search for a Political Form*, edited by Jack Gray, London, 1969.)；“The Administration of Shanghai, 1905—1914”(伊懋可著，马骏译：《上海市政（1905—1914）》，上海社会科学院历史研究所，上海史志研究会，上海史研究通讯，1982年第1辑。)

③ John H. Fincher: *Chinese Democracy, the Self-government Movement in Local Provincial and National Political*, 1905—1914, John H. Fincher, ST. Martin's Press, New York, 1995.

④ Roger R. Thompson: *China's Local Council in the Age of Constitutional Reform*, 1898—1911, Published by the Council on East Studies, Harvard University, and distributed by Harvard University Press, Cambridge and London, 1995.

⑤ 吕志：《清末民初的国家统一·地方自治·地方精英》，载《辛亥革命与二十世纪的中国》，中央文献出版社，2002。

入上海自治运动中进行分析，认为上海市民是以上海自治的形式参与上海革命的，上海特别市政府的成立正是这一目的的实现。① 黄冬兰以清末发生在川沙县的一起大规模的民众反对地方自治的事件为个案，探讨了清末地方自治在县以下基层社会的具体实施情况，分析了包括士绅、书吏、民间宗教结社的首领及其信徒以及一般民众对地方自治的态度和反应。认为清末地方自治并未改变传统的官民关系，地方精英最大限度地利用地方自治所赋予的合法地位，获得了较以前更大的活动空间，地方社会形成了以地方精英为中心的新的权力秩序。而地方精英在推行地方自治的过程中损害了部分人的利益，增加了一般民众的经济负担，是本次风潮出现的主要原因。② 张信的研究表明在河南西南部与河南北部存在着两种不同的政治模式，因为整体环境的不同，导致了国家主导与社会主导的区别，在向近代转型过程中，两地经历了不同的路径。③ 另外，孔飞力的《民国时期的地方自治政府：关于控制、自治和动员问题》④ 和田清的《中国地方自治发展史》⑤，也是关于近代中国地方自治研究中较为重要的著作。

综上所述，近代中国地方自治的研究已经进入一个比较成熟的阶段，从史实梳理到理论反思，从宏观探讨到微观研究，都出现了比较优秀的研究成果。另外，政治学、法学、社会学等相关学科方法的引介，为地方自治的研究开拓了更为广阔的空间，促使其研究不断向纵深发展。但是，近代中国地方自治的研究仍然有其不足之处，如大部分研究者很少进行“通”的研究，就政治制度的连续性来看，人为地割裂将使我们很难明了近代以来地方自治演变的整体情形，因此，做一“通”的研究很有必要。同时，目前研究除了加强通的研究以外，还要注意理论上的适用性，基于中国社会的特殊性，如果对西方学术研究的理论框架持不加分析的拿来主义，往往会陷入理论上的误区。

---

① 笠原十九司：《北伐时期的上海自治运动》，《民国档案》1995 年第 1 期。

② 黄冬兰：《国家、地方社会与地方自治——清末川沙自治个案研究》，《学术月刊》2009 年第 9 期。

③ 张信：《二十世纪初期中国社会之演变——国家与河南地方精英（1900—1937）》，中华书局 2004，第 5 页。

④ 孔飞力：《民国时期的地方自治：控制、自治和动员的问题》，加州大学出版社，1975。

⑤ 和田清：《中国地方自治发展史》，东京汲古书院，1975。

第二节 晚清民国时期地方自治研究的价值与新框架

党的十八大强调了创新基层社会管理方式、完善基层社会民主制度的问题；十八届三中全会对此做了进一步的细化和深化。作为基层社会秩序的重要组成部分——地方自治的不断完善，应是题中应有之义。从管理学、政治学的理论出发，良好的地方自治首先应符合科学与民主的标准。科学主要是指在充分考虑国情、地域特征的前提下进行自治制度的设计；民主则是包括民主选举、民主管理、民主决策、民主监督等在内的系统工程。因此，以科学与民主为主要支架，将构建更加合理的地方自治解释体系。

一、晚清民国时期地方自治研究的价值和意义

根据唯物史观，人类认识循序“实践——理论——再实践——再理论”的螺旋上升的规律。换句话说，人类认识是社会实践的产物，社会实践的进步促使人类认识的加深，而认识加深的过程亦是人类文明不断被创造的过程。考诸史实，从自由散漫的原始社会到有秩序的文明社会，制度文明从无到有，从简单到复杂，逐渐形成一套完整的制度体系，其中，地方自治——作为制度文明的重要创举——有效地完善着人类社会的管理与自我管理，实为人类社会进步的重要标志之一。考察中外历史，皆有此类经验的存在，而对过往人类生存经验的总结与反思，将指导人们在新的历史背景下去追求更加和谐幸福的生活。因此，进一步挖掘地方自治所蕴含之理论价值与现实意义，是为本项研究之目标。

（一）晚清民国时期地方自治研究的理论价值

1. 从多学科视角对晚清民国时期地方自治进行再研究。随着学科的不断分化和细化，单纯靠某一学科对地方自治进行深入研究将愈加困难，因为地方自治本身就是跨学科的。比如，政治学中的地方自治主要是强调民主的问题，管理学上的地方自治则主要强调科学问题，社会学中的地方自治则侧重于它在调节国家与社会关系时所扮演的角色。因此，欲深化地方自治的研究，势必要综合相关学科的理论与方法，建构新的解释体系。另外，晚清民国时期的地方自治又非简单的学理性探究问题，因为特殊的历史背景，它还肩负

着探索民族解放、国家富强之道路的愿景，这就使其超越了一般学理性研究的范畴，研究者就不得不回归历史的场景，对其进行更加具体深入的分析。基于历史的复杂性，其研究任务绝非某一学科能够独自完成的。

2. 弥补以往学者对地方自治认识的不足或理论的缺陷。其包含两个方面的内容：一个是对地方自治自身认识的偏颇。因为地方自治在近代中国道路探索中的特殊意义，使国人对近代西方地方自治产生了巨大的幻想，进而形成制度决定论的错觉。人们从不吝啬对它的溢美之词，但中国的问题还需要从中国的实际出发，一切脱离现实的理论思辨都将变成无源之水、无本之木。以至于今天仍有部分学者迷信西方式的民主制度，而这不过是唯心主义的继续。另一个是以往学者在研究近代地方自治时出现了理论上的偏差。如不少学者把地方自治置于国家与社会之二元分析的框架之中，而忽略此一框架对中国社会的适用性，从晚清民国时期的社会现实来看，国家与社会之间的中间领域仍然起着至关重要的作用，因此，引进黄宗智第三领域的概念，将有利于科学解释体系的构建。

总之，地方自治研究已进入一个多学科交叉的时代，其需要对人们打破学科壁垒，为地方自治研究探索更加科学的分析路径。另外，理论是为实践服务的，地方自治研究一定要注重中国经验，否则，就会犯唯心主义的错误。

（二）晚清民国时期地方自治研究的现实意义

晚清民国时期地方自治的研究，不但能够深化人们对历史上地方自治的理性认知，还将为我国当前基层社会自治制度的推行提供经验和教训。

1. 总结历史经验为现实之参照。古代中国虽有类似之“绅治”，但于一般民众权利意识的提升并无多少促进，因为那种“自治权”是把持在极少数人手中的，广大民众处于绝对服从的地位。晚清民国时期，地方自治的推行使基层民众的权利意识有所提高，近代书籍、报刊的发行，国家法令法规的颁发，都使一般民众对权利产生更加清晰的认知。一旦有了权利意识的启蒙，中国政治的现代化也就从此起步。须知任何事物都需要有一个萌芽、发展、壮大的过程，与西方民主进程所经历的漫长历史相比，中国也需要这样一个过程。从这个角度看，晚清民国时期的地方自治就是这样一个起点，研究当前基层社会自治制度，都有必要对这个起点进行反思。另外，晚清民国时期地方自治推行的过程亦是进行基层民众社会参与意识培养的过程，在古代中国，人们私的观念比较发达，而缺乏公共意识，这是现代公民培养的大敌。

然而，随着选举权与被选举权的逐渐普及，部分民众率先产生了强烈的社会参与意识，这种意识一旦付诸实践，也就开启了中国政治向民主现代化迈进的历程。

2. 总结历史教训避免步其后尘。晚清民国时期地方自治推行的效果之所以不佳，原因有很多，其中最主要的问题是违背了地方自治应该遵循的基本原则：民主与科学的问题。在清末，清政府照搬西方地方自治以缓解来自基层社会的矛盾，但它对地方自治的基本定位是“官治之补充”，这决定其不可能贯彻民主的精神。同样，中央制定地方自治法规令颁全国，使地方自治难以适应各地的需要，不能发挥应有的作用。民国初年，地方自治的制度设计具备了一定的民主精神，但是，全国一盘棋的法令法规仍不能体现因地制宜的精神，加上军阀混战的社会现实，地方自治不能推行成为历史的必然。南京国民政府时期，地方自治最初的制度设计基本是按照孙中山先生的自治思想进行的，条文具有一定的民主性，却与中国的实际国情不符，因而是不科学的；后来南京国民政府开始调整政策，从理想主义回归现实主义，把保甲融入地方自治，这于当政者的统治大有好处，但民主精神却大大下降。由此可见，在不同的历史时期，地方自治都有违背民主与科学的现象，这是地方自治陷入困境的根源所在。

就当前社会现实来看，中国的基层自治取得不小的成绩。无论是在乡村还是在城市，都有相应的自治制度，还有不少地方进行了大胆的制度创新。但局限性也是明显的，如自治实施的效果如何还需进一步评估；如自治仍然停留在最基层（乡村为自然村，城市为社区），能不能在更高层级进行试点等。总之，历史的研究是为现实服务的。在基层社会自治已经成为中国特色社会主义政治制度重要组成部分的今天，晚清民国时期地方自治研究有其重要的现实意义。

二、晚清民国时期地方自治研究的新框架

在晚清民国时期地方自治的研究中，以往学者已从政治学、法学、社会学等不同的学科展开，但真正将其纳入多学科视角下进行综合考察的尚不多见。因此，在本项研究中，笔者将借鉴管理学、政治学、社会学的理论与方法，通过建构新的解释体系，进一步透视晚清民国时期地方自治所陷入之理论与现实困境。

（一）因时、因地制宜：科学与地方自治

地方自治，如果不以近代西方地方自治为唯一标准，中国也存在此类经验，只不过中国古代的地方自治一般被冠之“绅治”（与此相对，西方地方自治可称之为“民治”）。比较中西两种不同形态的地方自治，可以看到，其在各自的历史时空中，皆起到过不可替代的作用，积累了人类社会发展到不同历史阶段的宝贵经验。

中国的“绅治”。在小国寡民时代，国家的管理可以采取简约的方式，因四境有限，民之风俗习惯皆能顾及，政策的制定和实施一般较易做到符合本地实际。随着大一统国家的建立，专制王权与辽阔疆域就形成一对矛盾，对于远离中央政府的神经末梢——广大的基层社会而言，国家往往是鞭长莫及的，加上各地风俗习惯、经济人文差异悬殊，完全一致的法令正好成为国家有效治理基层社会的障碍。因此，采取什么样的方式加强对基层社会的整合为历代统治者所重视。古代中国通过“三纲五常”牢牢把控住士绅阶层，又通过地方士绅管理基层社会，总体上讲是有效的，这种“绅治”虽与近代西方地方自治有着本质的不同，但有共同的因子，就是讲究因时、因地制宜。

西方的“民治”。在西方，地方自治可以追溯到中世纪的城市自治，这种自治是市民反对封建领主专政的产物，城市自治权的购买使人们获得了更多自由，促进了中世纪城市的繁荣。近代以来，资产阶级革命打破了原有城市自治的状态，统一的民族国家及市场对基层社会产生了一定的冲击，西方地方自治增加了新的内容，“地方自治的核心，在于地方共同体的成员根据本地的社会政治、经济、文化、历史、生态等条件制定符合本地的公共政策，决定公共事务的治理之道。”[①] 其亦强调因时和因地制宜的问题。

由此可见，无论是中国的“绅治”，还是西方的“民治”，它们都是人类社会发展过程中的产物，在相当长的历史时期，其在当时基层社会管理与自我管理的过程中都起着不可替代的作用。而之所以能够发生这种作用，是因为人们遵守了一个基本规律——因时、因地制宜，这就是地方自治所蕴含的最基本的科学含义。

因时、因地制宜是针对地方自治外部环境而提出的科学性问题。就地方自治的内部结构来说，仍然有一个科学的问题，即自治制度的设计，诸如自

① 王建勋：《自治二十讲》，天津人民出版社，2008，第2页。

治权的边界、自治权的划分、自治层级的设置、自治范围的大小、自治人员的资格及任期等。因为自治制度需要根据本地实际情况进行设计，所以，可把它视为因时、因地制宜的延伸与发展。

晚清民国时期的地方自治多模仿近代西方自治制度，这种制度有没有顾及中国的风俗习惯、人文历史？这种自治制度的设计是否合情合理？因此，通过历史的梳理，可以进一步管窥此一时期地方自治陷入困境的根源。

（二）权利与权力的平衡：民主与地方自治

从政治学的角度看，地方自治的基本含义之一是民主问题。房宁把近代西方民主概括为权力制衡、权利保障、多数决定三个因素，虽然西方民主不具有普世价值，但各地方之民主的要素却基本是一致的。权力制衡是针对统治阶层而言，就人类历史的经验来看，不受限制的权力势必导致权力的滥用，所以，为了防止权力的滥用，只有通过权力来限制权力，这就是所谓的权力制衡；权利保障主要是针对被统治阶层，如果把民主理解为人民当家做主，那么，保障其权利则是首要条件，无论任何国家、任何社会，在人民大众最基本的权利得到保障之后，才能更有效地防止统治阶层对权力的滥用。多数决定是针对民主实现的途径，即通过选举制度、投票制度来决定人与事，这是迄今为止民主社会比较通行的一种方式，无论是直接民主，还是间接民主。如果从以上三点来进一步解读晚清民国时期的地方自治，则可以透视此一时期地方自治的本质。

针对地方自治而言，权力制衡可以分为权力的纵向制衡与横向制衡两个层面，自由主义者更多地强调的是纵向的分权问题，其涉及中央与地方的分权问题，国家与社会的关系问题，官方与民间的关系问题，虽然这些概念组含义不尽一致，但其基本指向却具有一致性，即通过分权使地方、社会、民间获得一定的权力，最终实现本地人管本地事。晚清民国时期有没有通过比较恰当的方式解决中央集权与地方分权的矛盾，国家有权与地方无权的矛盾，官方强势而民间弱势的矛盾呢？孙中山先生曾经提出一种分权模式，即属于中央权力的归中央，属于地方的权力归地方，这一分权思想有没有贯彻下去？这些问题无疑都要通过史实的梳理来进一步分析。民主主义者更强调地方自治的横向分权问题，即每一层次的自治机构都应具有议行两套班子，这需要权力的明确界定，而权力分配是否科学势必影响晚清民国时期地方自治推行的效果。

权利保障主要是通过投票与选举等方式，就地方自治来说，则是使基层大众参与到本地社会公共事务的管理中来，实现人民当家做主。孙中山先生曾提出选举权、创制权、复决权、罢免权等四权，四权的设计涉及自治职员的产生与罢免，自治法令的创制，自治事业的推行，可以说自成体系，如果能够切实授予大众，则民国时期的地方自治将会是另外一种情景，但民之四权到底推行到哪一步？此亦需要对历史事实进行梳理并加以分析。

（三）国家与社会的张力：第三领域与地方自治

国家与社会是一组相对而生的概念，分开解释将导致其内涵与外延均无法确定。从历史发展的进程来看，社会先于国家，国家自社会中诞生。但自国家产生之后，便形成与社会不断分离的巨大张力，国家成为“从社会中产生但又自居于社会之上并且日益同社会脱离的力量”①。中国因为国家与社会分野并不明显，因而产生另外一种表述方式——官方与民间，其和国家与社会是一种表述有别、实质对应的概念范畴。结合近代中国的实际情形，在本书中，笔者把国家理解为体制内强制力量的集合，如国家直接设置之各级行政官厅及根据国家法律制度所设置之附属机关；而社会则是体制外的民间社会，主要指那些不直接受国家行政机关及其法律制度制约的私人空间与组织。正如唐士其把国家定义为在特定的领土范围内合法地垄断了暴力的使用权，并对此范围内的所有居民进行管理和提供保护的社会组织形式。而将社会定义为在地理范围上与国家大致重合的但又不具备上述国家基本特征的人类及其各种组织形式的总体。②

中国的历史事实表明，古代中国的社会结构是稳定的，之所以如此，主要是因为地方士绅在国家与社会之间起着十分特殊的作用。“过去政令之传达于民众，完全由于士绅阶级。民众有什么要求，由彼上闻；政府有什么设施，由彼下达。政府与民众的联系，只是这个没有法定地位的士绅阶级。”③ 进入近代社会之后，虽然士绅阶层的成分和功能都发生了很大的变化，但并未完全消解，其仍然在国家与社会之间发挥着重要的作用。因此，在关注国家与社会的同时，还必须重视这一中间阶层的作用。

① 《马克思恩格斯选集》，第4卷，人民出版社，1966，第170页。

② 唐士其：《西方关于国家与社会关系的理论》，《国际政治研究》1994年第4期。

③ 金半欧：《自治与自卫的一种观察》，《地方自治》1935年第3期，第3页。

第三领域的概念是黄宗智提出来的，他认为在中国的国家和社会之间，还存在着一个既独立于国家与社会，国家与社会又都参与其间的第三领域。① 体现了中国的国家与社会之间还存在一个中间地带的基本事实，与时下流行的公共领域的提法相比，② 这种说法更加符合中国的现实。从理论上讲，第三领域是国家与社会共同参与的部分，势必导致国家与社会在该领域的合作与博弈。就近代以来的历史看，随着第三领域的主角，即士绅阶层的分化与功能的异化，第三领域发生质变，国家与社会之间的关系随之变化，从而形成基层社会结构解体与重构的基本动力。不管是国家化还是社会化，都反映了近代国家与社会激烈博弈的基本事实。

第三领域之既独立于国家与社会，国家、社会又都参与其间的特点与地方自治的特征具有一致性，地方自治虽然侧重于社会，但是亦不能脱离国家的监督，而是国家与社会的共同参与，中央与地方的适度分权。因此，对第三领域的观察亦将为地方自治研究提供一个独特的视角。

综上所述，本项研究分别提取了管理学、政治学、社会学中的若干要素组成新的解释体系，如管理学中之“科学”、政治学中之“民主”、社会学中之“第三领域”。基于中国古代社会的实际经验，第三领域的存在是国家与社会之间长期保持平衡的关键性因素，但在近代，国家与社会之间的关系逐渐失衡，其主要原因是第三领域的主角——地方士绅的成分与功能发生质的变化，这一变化恰好可以晚清民国时期的地方自治为载体，不断深化研究。正如前文所述，科学与民主是地方自治能否有效推行的重要因素。因此，以科

---

① 黄宗智认为国家与社会二元对立的分析框架对中国来说并不合适，因为其仍然延续了传统历史学家把西方的解释体系强加在中国的做法，因此他强调应该根据中国的实际情况来确定一个新的解释体系，即中国社会的三分法：国家、社会以及国家与社会之间的第三领域。在此一领域，“国家与社会又都参与其中。再者，这一第三领域随着时间的变化而会具有不同的特征与制度形式，对此需要做具体的分析和理解。”见黄宗智主编：《中国研究的范式问题讨论》，社会科学文献出版社，2003，第260页。

② 因为第三领域在国家与社会之间的缓冲作用，导致其不像西方公共领域那样以对专制权力的制约为本质特征，把自由主义看作生命之源。用斯特朗（Strand）的话讲，“欧洲公共领域的存在首先采取了出自公共领域和私人领域的国家和社会的剧烈的两级化发展形式”，西方人认为作为自由人组合的“社会”是与国家相对立的，而这正是中国传统思想中所缺少的。（参见黄宗智主编《中国研究的范式问题讨论》，社会科学文献出版社，2003，第164页）这种具有妥协性与灵活性的中国式的第三领域亦被斯特朗称之为“某种有限的、‘软性的’公共领域”，这是其与资产者公共领域的区别之一，也是中国社会相对稳定的因素之一。

学与民主为标准来衡量晚清民国时期所推行的地方自治，将进一步帮助人们透视它在国家与社会互动过程中所扮演的角色。初步研究发现，因为缺乏民主与科学的精神，晚清民国时期地方自治的推行不但无助于国家与社会关系的平衡，反而造成国家与社会关系的双重紧张。当然，这一结论还需要通过更加系统的研究来证实。

第二章　清末地方自治的内在困境及反思

受内外诸因素之影响，近代中国遭遇三千年未有之大变局。中西关系打破层层壁垒，并逐渐形成西学东渐的潮流，地方自治即随着此一潮流而涌入中国，而向西方学习从器物到制度不断深入的过程实际也是王朝统治危机不断加深的过程。清末之际，地方自治因预备立宪更加为国人所关注，一度成为救世良方。但是，此时国民认知水平尚低，社会参与意识仍处于萌芽状态。以自治辅助官治的指导思想、职能重叠的制度设计，皆暴露其不科学之处；自上而下的推行方式、选举与被选举资格的严格限制等决定其不可能贯彻民主精神。在此一阶段，地方自治既未实现对西方管理科学的中国化，又未摆脱中国封建专制制度的束缚，同时又失掉了中国传统管理模式中的积极因素，结果只能加快清王朝崩溃的速度。

第一节　晚清地方自治思潮的传播

从无到有，从理论到实践，近代地方自治制度是随着西方文明的东来而不断被介绍到中国的。晚清地方自治之所以能够成为一种思潮，得益于两种人的不懈努力，一为在野之学人，一为在朝之官员，前者主要是从学理上对近代地方自治进行分析，后者则直接促成近代地方自治在中国的实践。

一、学人对西方近代地方自治的介绍

最先对近代地方自治进行介绍的是早期维新派人士。如冯桂芬（1809—1874），他在《校邠庐抗议》中就论及近代西方的地方自治制度。王树槐总结其变法思想之特色时指出："一为由复古之路而维新；一为师夷敌而强国，其

变法内容特点如下：一、官员之选举、罢免由众公决，或由其所属官吏及士绅推举。二、实行地方自治，自县以下之地方职司，悉由公举。”①

除冯桂芬之外，还有不少学人对西方近代地方自治进行介绍：

如李圭（1842—1903），字小池，江苏江宁人。1876 年，李圭作为中国工商业代表，参加美国费城为纪念美国建国一百周年而举办的世界博览会，李圭将此次出使见闻编写成《环游地球新录》一书。在书中，他对美国地方自治制有所介绍：

每年由副伯理玺天德，会同各督抚，选举官绅二百人居上院；再由民间自选才识出众者四百人居下院，参议国政。……其各省政事，各督抚主之，伯理玺天德不预闻。美官格君告圭曰：美国一省即一国，乃合众国而为国，各有事权。督抚以下各官，皆民间选举，四年一任。原可毋庸另举一伯理玺天德。惟遇与他国会盟等事，国分既多，权难归一，因于督抚中公举一人掌之，亦四年一任。任满，众皆曰贤，再任四年。退位后，依然与齐民齿也（此制创自国祖华盛顿）。当在位日，遇事倘国人不欲行，固不能强之使行，而国人欲建一议，改一例，伯理玺天德可遏止之，众亦无如何。②

李圭在此处介绍的主要是美国中央政府与州之间的关系，是对较高层次自治制度的介绍，即联邦主义下的州自治。

再如刘启彤，字丹廷，江苏宝应人。曾主事分兵部职方司，驻法使馆参赞，为我国驻使西欧国家的第一代外交家。19 世纪 80 年代末期，刘启彤奉派出使欧洲，对英、法等国的政情有较为详细的考察，在《英政概》中，刘启彤对英国的自治单位、自治职员的产生、自治事务的范围等都作了详细的介绍：

各邑有司官不一，其类或历久相沿，或近时增设。曹务烦剧，有一人治数事者，有以数人治一事者，皆分疆而治。分疆之法，英语曰“康退”，或曰“射尔”，如所谓部者。……每部所辖邑镇名曰“爬雷司”，“爬雷司”小则合数“爬雷司”为一“敌司退克”，“爬雷司”大则分为数“敌司退克”。“敌

① 王树槐：《中国现代化的区域研究：江苏省，1860—1916》，中央研究院近代史研究所，1984，第 138 页。

② 李圭：《环游地球新录》，岳麓书社，1985，第 260 页。

司退克”之名定自议院。“康退”“射尔”“爬雷司”之名皆传之古昔，其制恒视人数之多寡，以为沿革分合之准。英格伦及维而司分五十二部，共一万一千有九十九“爬雷司”，官多公举，惟邑宰如知县者授自国家，其职分五：一曰赈恤；二曰保卫；三曰学校；四曰营造；五曰税敛。……道光乙未年，英议院定制，择各部中之大邑，名之曰汤，译言为城也，共有汤二百，汤有首事之人，名曰汤康喜尔，皆输税之人，居城中及距城七里内三年或设肆三年者，举之康喜尔，可以举梅尔，略似知府及府佐。梅尔主一邑财用讼狱之事，无梅尔则举一总理事官。梅尔任一年，任满再举，民悦而复举之，则留任一年。①

在《法概篇》，刘启彤对法国地方自治制作了更加细致的描述：

许府议绅公举上议院之人，府议绅必二十五岁以上，居于该“敌怕门”内自正月后，曾纳税置产。举府议绅者，必于二十一岁以上，居于“康缪恩”内逾六月。犯罪监禁者，终身不得举人。其不得充议绅者有十三：一知府府佐；二审视各官；三本地兵官；四巡捕；五极其师；六矿师；七监察书院者；八教士；九税官及经理财用者；十邮政局总办；十一烟局总办及稽查者；十二监察林木官；十三、管权量官，又有包工测地受一府雇佣者，皆不得充。一人不得充数处议绅．每岁议事二次：一四月，一八月。

所议之事，二十有六：一官地；二民人田宅；三租地无论久暂；四官屋，如衙署、监狱、书院、兵房之类；五、居民输产入官或受或否；六、街道费用；七、修道之费，或请国币，或拨府款，或集捐资，议何人承修；八、“康缪恩”街道；九、公用之物，招人承造；十、“康缪恩”内居民输款，以充公用；十一、或公会、或公司输地与物充公；十二、府治左近车道如何建造，何人承办；十三、定路捐并监收；十四、房屋保险；十五、有所控告议绅具名；十六、排难解纷，议院判断；十七、疯子经费，聘请医生；十八、收养贫民子女；十九、各“康缪恩”集资收养疯人与贫民子女；二十、善举善堂；二十一、恤款；二十二、有意之举设法鸠资；二十三、各“康缪恩”有意之举，定“康缪恩”摊捐之数；二十四、定立墟集或移置；二十五、定地税不

① 刘启彤：《英政概》，载〔清〕王锡棋辑：《小方壶斋舆地丛钞续编》第十一帙，光绪十七、二十、二十三年上海著易堂印本，杭州古籍店1985影印本，第6页。

得逾制；二十六、定各“康缪恩”地界，孰为首镇。

议绅所议不合，或收税太重，法京议院可以饬令停止，所定律例作为费（废）纸。议绅非在公所所定之事，不得为例。知府查知其事即行谕禁或治其罪，至轻罚十六方，至重监禁五年，犯者三年不得充议绅。知府由伯理玺天德授治一府事，管一府官，……各官皆由百姓公举。①

以上是鸦片战争之后，随着中西交往的不断加强，国人开始重视研究西方制度文明的一种表征。中日甲午战争之后，知识界风气为之一变，开民智、伸民权，立宪思潮接踵而至，近代地方自治亦因此而成为国人宣传的主题之一。

梁启超认为：“国者何？积民而成；国政者何？民自治其事也；爱国者何？民自爱其身也。故民权兴，则国权立，民权灭则国权亡”，因此“爱国则必自民权始”②。他在另一篇文章中再次强调，“民权者，君不能夺之臣，父不能夺之子，兄不能夺之弟，夫不能夺之妇，是犹水之于鱼，养气之于鸟兽，土壤之于草木。”因此，“今欲举秦汉以来积弊，摧陷而廓清之，以举自强维新之政，则必自恢复民权始。”③ 麦孟华则认为，中国没有国民，而只有奴隶而已，此是国家衰败的主要原因。④ 20 世纪初，随着西方政治思想的大量引入，中国留学人员的增加，西方之民权逐渐成为中国思想界的宠儿，人们大量引用西方政治家的言论来证明自己的政治观点。1901 年《国风》报第一期刊载《民权》一文，其认为民权一词在不同地域有不同的含义，东西方不同，西方不同国家亦不同，中国今日所谓之民权，不一定非引用孟子之言以为证，应该抱着“理求其是，物求其适用”的态度，对西方民权采取拿来主义。⑤在此之后，以民权为主题发表文论的报刊逐渐增多，根据汪太贤博士的统计：《中国旬报》在 1900 年发表提倡和呼吁民权的文章有十几篇，《政艺通报》从 1902 年到 1905 年发表提倡和呼吁民权的文章有七十多篇。可见当时宣传民权

① 刘启彤：《英政概》，载〔清〕王锡祺辑：《小方壶斋舆地丛钞续编》第十一帙，光绪十七、二十、二十三年上海著易堂印本，杭州古籍店 1985 影印本，第 2 页。

② 梁启超：《爱国三论·民权论》，载《清议报》第 22 册，1899 年 7 月 28 日。

③ 张品兴主编：《梁启超全集》，北京出版社，1999，第 342 页。

④ 麦孟华：《论中国国民创生于今日》，载《清议报》第 67 册。

⑤ 《民权》，《国风报》1901 年第 1 期。

思想之盛。[①]

与民权宣传同时兴起的还有立宪思潮。立宪之论在中国早已有之，早在1901年，梁启超即发表《立宪法义》一文，鼓吹在中国实行立宪。梁氏将世界上的政制归纳为两种国家、两种政治、三种政体，并把君主立宪政体誉为最好的政体。[②] 此说法未必十分科学，但是较早提出立宪改革的文章。立宪由单个政论家的提倡到形成一股思潮，是清末政治运动中的一件大事。但是，对于立宪思潮何时形成则有不同的意见：侯宜杰认为是在1903年，其依据是此时“君主立宪作为一种社会思潮已经在国内和海外留学生、华侨当中初步勃兴起来了。人们从此把主张君主立宪者称为立宪派，维新一词遂为立宪派所取代”[③]。卞修全则主张在日俄战争之后，其依据是只有在日俄战争之后，立宪才成为家喻户晓的新名词，“成为一股与当时的民主革命思潮并驾齐驱的社会思潮”[④]。

无论哪一种论断，都不能否认这样一个事实，即日俄战争进一步刺激了国人的神经，国内舆论界加大了对立宪宣传的力度。[⑤] 可以说，中国立宪宣传的力度与日俄战争的进程息息相关。1904年5月，奏请立宪的风说已经宣传于道路。[⑥] 6月18日，大公报刊载《论中国立宪之要义》一文，进一步阐释当前立宪应注意的两个事项：取法审慎；先立议院。[⑦] 1905年，关于立宪的宣传进一步增加，5月21日，《中外日报》刊文说：“我国十余年来，每言及专制立宪问题，辄曰专制既不足以立国，何以俄人富强如此？自有此战而此疑释矣，虽然吾之人使以日俄之胜负为吾国政体之从违，则不为俄国之专制，必为日本之立宪。”[⑧] 7月11日《中外日报》再次刊文，对立宪的益处极尽宣传，“人民为国民，通国为一家，其情亲而其利害与共，无所用其伪，则蒙蔽之习除，贿赂之风戢矣。”“立宪之国则君不能过

---

① 汪太贤：《晚清地方自治思想的萌生与演变——从鸦片战争至预备立宪前夕》，武汉大学2004年博士学位论文，第81-82页。

② 张品兴主编：《梁启超全集》，北京出版社，1999，第405-408页。

③ 侯宜杰：《二十世纪中国政治改革风潮》，人民出版社，1993，第39页。

④ 卞修全：《清末思潮与清末法制改革》，中国社会科学出版社，2003，第3页。

⑤ 日俄战争于1904年2月8日爆发，1905年9月5日，俄国被迫签订《朴茨茅斯和约》，战争以日本的完胜而结束。

⑥ 《奏请立宪之风说》，《东方杂志》第1卷第5号，第13页。

⑦ 《论中国立宪之要义》，《东方杂志》第1卷第5号，第49页。

⑧ 《论日胜为宪政之兆》，《东方杂志》第2卷第6号，第116页。

责其臣，而官亦不能多取其民”。而于行政，则兴学、练兵、理财无不以立宪为先。[①] 8月23日，《南方报》有人指出：“政体不立之害，欲救其弊，固非改定政体不可，则立宪之说是已。治国者如操舟然，必先定其所回之方，而后有达于陆案（岸）之日。故立宪政体之于国，犹舟之有指北针也。”“大哉，日俄之战，岂非天意所以示其趋向，而启中国宪政之萌芽者乎！彼俄之见衄于日也，非俄之败于日也，乃专制国家之败于立宪国也。”[②]在积极宣扬立宪的同时，也有人发出不同的声音，9月2日，《时报》刊《论中国内政外交失败之原因》一文，从比较的视角对当前的立宪提出质疑，认为存在“仿形式而绝无精神”的弊病，“鉴于俄人之败，知专制政体不足以立国，内外臣工群请立宪，朝廷赫然发奋，特派重臣考查宪法，以备采择，是以可谓非常之举动，深知制治之本原矣。然英国固宪政祖国，其大宪章权利请愿，又英人所宝为金科玉律者也；然英国宪法之完成，宪政之坚固，实由英人富于自治之能力，丰于政治之思想，故足以保维宪法于不敝”。[③] 陆宗舆则主张各国应该根据本国国情，制定改革的具体计划。[④]此后，又有《立宪私议》《中国未立宪以前当以法律遍教国民论》[⑤]《论立宪与教育之关系》[⑥]《论国家于未立宪之前有可以行必宜行之要政》[⑦]《论立宪当以地方自治为基础》[⑧] 等文章相继发表。总之，对于立宪的鼓吹与批判同时充斥于文章和报端，是立宪形成一股思潮的明证。

正是在民权思想与立宪思潮的影响之下，地方自治逐渐发展成为一种重要的社会思潮。汪太贤认为，地方自治虽然是戊戌变法改制的重要内容，但在当时并未产生强烈的社会反响。直到八国联军侵华战争之后，因为救亡图存和民权思潮的高涨，地方自治才逐渐演变成一种思潮。[⑨] 1904年9月

---

① 《立宪浅说》，《东方杂志》第2卷第9号，第147-151页。

② 《论立宪为万事之根本》，《东方杂志》第2卷第10号，第170-171页。

③ 《论中国内政外交失败之原因》，《东方杂志》第2卷第10号，第204-205页。

④ 《立宪私议》，《东方杂志》第2卷第10号，第165-169页。

⑤ 《立宪私议》和《中国未立宪以前当以法律遍教国民论》，《东方杂志》第2卷第11号，第217-225页。

⑥ 《论立宪与教育之关系》，《东方杂志》第2卷第11号，第243-249页。

⑦ 《论国家于未立宪之前有可以行必宜行之要政》，《中外日报》，1905年9月20日。

⑧ 《论立宪当以地方自治为基础》，《南方报》，1905年9月21日。

⑨ 汪太贤：《晚清地方自治思想的萌生与演变——从鸦片战争至预备立宪前夕》，武汉大学2004年博士学位论文，第99页。

30 日，《时报》载《地方自治政论》一文，指出人治之国因将希望寄托于几个人身上，往往导致人亡政息；而法治国家，则不以人事变动而发生剧变。在当前中国宪政呼声越来越高的情形下，地方自治自然进入人们的视野，并且舍地方自治别无他途。并提出地方自治应具备的要素应从研究卫生学入手，消除缠足之弊，从体育入手强身健体，由坚固之体制而后有活泼进取之精神。[①] 这种论说虽然只是从表面现象来解释地方自治，但道出当时中国积弱的一些原因。1904 年 11 月 12 日《时报》载《论个人生计与地方自治之关系》一文，认为"救中国莫先于地方自治，而欲地方自治莫先于个人自治者，……而个人自治莫先于人人皆有一业以自营"。因此，解决问题起点应是：资本家出资创办铁道、汽船、矿山之事业及工商农业各种公司，以使更多的劳动者可以谋得生计，并促进社会财富的成长。[②] 其之所以从民生入手阐释实现地方自治的条件，正是因为看到了当时中国国乏民困的现状。1905 年 5 月 30 日《同文沪报》之《论中国个人之不能自治》一文先承认中国图强的路径仅有自治一途，再对国人能否自治提出几点忧虑：爱国心之薄弱、公共心之缺乏、无尚武之精神、无实业之知识等。至于解决这些问题的办法则包括："更新宗旨、普及教育，广设良好学校，以良好教育灌输社会，发达其爱国心，使知种族存亡之关系，策励其公共心，使知一群分合之利害，振起国民之精神，使有对外之气魄，开发科学之知识，使有自治之实力"等。[③] 1905 年 9 月 21 日《南方报》之《论立宪当以地方自治为基础》一文则指出中国立宪当以地方自治为基础，而建立此一基础的办法则是由朝廷"公布明诏，责成各直省大小府厅州县官，行投票法，公举该地方绅士一二人，赏以职衔，凡有公益于该地方之事，集民公议，由该地方官予以办事之权，责成兴办；其办事之款，则由民间公出，获利则公享。如此，则民间自然舍利而图公益，自然视一乡一邑之事如一家之事，微特可救当时之种种弊端，而且可为下议院之影响，他日宪法宣布，由迩及远，由卑达高，其势易行，而其效亦著矣"[④]。

总体来看，随着西方政治思想的不断东渐，思想界对西方近代自治制度

① 《地方自治政论》，《东方杂志》第 1 卷第 9 号，第 109-110 页。

② 《论个人生计与地方自治之关系》，《东方杂志》第 1 卷第 12 号，第 299-300 页。

③ 《论中国个人之不能自治》，《东方杂志》第 2 卷第 6 号，第 123-126 页。

④ 《论立宪当以地方自治为基础》，《东方杂志》第 2 卷第 12 号，第 216-218 页。

的介绍从一股涓涓细流逐渐成长为一条蔚为壮观的大河。

二、官员对西方近代地方自治的认知

官方对地方自治的重视主要是在日俄战争之后。日俄战争之日胜俄败的结局以铁的事实再一次向人们证明了专制的劣败与立宪的优胜，由此，改专制为立宪的呼声一时鹊起。1905 年，清政府派五大臣出洋考察，揭开了立宪运动的序幕。随着考察的深入进行，预备宪政及地方自治成为官员们议论的中心。

就实际情况看，官员对地方自治的反应大体分为两个阶段，其分界点则是朝廷立宪态度明朗之前后。在朝廷未明确表明态度之前，人们对地方自治的反应主要有二：一是支持推行地方自治；二是反对推行地方自治。在清廷明确表明立宪态度之后，人们对地方自治的反应则变为另外两种：缓办与速办。以下分述之：

在第一个阶段，支持推行地方自治的官员与反对推行地方自治的官员都积极上书朝廷陈明自己的态度与理由。

首先，支持推行地方自治者从中国所面临之实际情况、地方自治的好处等方面表达了自己的看法。

如出使各国考察政治大臣载泽在奏折中，对地方自治如此介绍：

> 今州县辖境，大逾千里，小亦数百里，以异省之人，任牧民之职，庶务丛集，更调频仍，欲臻上理，戛乎其难。各国郡邑辖境，以户口计，其大者亦仅当小县之半，乡官恒数十人，必由郡邑会议公举，如周官乡大夫之制，庶官任其责，议会董其成，有休戚相关之情，无扞格不入之苦，是以事无不举，民安其业。①

南书房翰林吴士鉴是从中央与地方分权的角度分析地方自治的。他认为：“其法凡郡县町村悉举明练公正之士以充议长，综赋税、学校、讼狱、巡警诸大政，各视其所擅长者任之，分曹治事，而受监督于长官。其人之不称职，事之不合法者，地方长官得随时黜禁之，遇有重大事件，则报告于中央政府，

① 故宫博物院明清档案部：《清末筹备立宪档案史料》，中华书局，1979，第 112 页。

以行其赏罚。”①

相比较之下，出使俄国大臣胡惟德的认识更加深刻。他指出：“查东西诸国无不分中央统治与地方自治为二事，而地方自治之中，亦有行政、代议之别。府县官吏为地方行政机关，府县议会为地方代议机关，职务权限界划分明，而同受治于法律范围之下，有左右维持之势，无上下隔阂之虞，用能百事俱兴，众心一致。”② 胡惟德还对传统的绅治进行了批评，认为绅治会导致“武断对付守令，辗转相蒙，而事终不举”。并对地方自治的精髓进行阐述：一为明定府县官吏职务权限；二为设立府县议会、参事会等。③

江苏学政唐景崇从中国的自然环境、地方自治的功能以及未来应该仿效的对象等方面对自治制度进行更加详细的介绍：

地方自治政策，所以培成立宪基础，乃今日所最宜注重者也。查东西各国商业之发达，制造之精巧，铁道、汽船之交通，森林、矿山之日辟，以及学务、兵务、警务无不秩然有序，进步文明，何哉？惟其民间富于地方自治力耳。我国二十余省中设官定例，其大者如督抚，如布政使、按察使，如各巡道，次者如官厅州县，又次者如佐贰官。无论其有庸庸溺职也，使尽人而为贤吏，必事事责之于地方官，而精神智虑亦断断乎未遑，况当百务待兴之际乎。然则今日而欲创办宪法，舍国民自治其奚属哉。欧人有言，立宪之国，行政须从一小部分起。又曰平野广多之国，有中央统治主义，山岳罗列之国，有地方分治主义。中国幅员面积有四百余万英里之多，全国山脉为阿尔泰、昆仑、希马拉亚二大山，故所在皆多山岳，当以分治为宜。夫分治者，并非侵越中央政府，贸然上揽其柄权也。譬如一市焉，一乡焉，一县焉，利当兴者兴，弊当革者革，而国力、官力有所未逮者，则分力于个人，分之既多，合无数之聪明材力，兴办一方之公事，结成巩固之范围。推而至于一郡、一省、一国，脉络贯通，上下一气，人人有捍卫桑梓，建立事业，顾全大局之精神，即今世界大通，必不容外人之干涉。如是内政修而外侮弭，民心固而国势强，诚立宪之绝大根源哉。惟自治制度，各国互有异同，论者谓英国条例复杂，未能审察于利害之间，美虽民主国，地方自治讲求最先，然政治机

① 故宫博物院明清档案部：《清末筹备立宪档案史料》，中华书局，1979，第712页。

② 故宫博物院明清档案部：《清末筹备立宪档案史料》，中华书局，1979，第713页。

③ 故宫博物院明清档案部：《清末筹备立宪档案史料》，中华书局，1979，第715-716页。

关悉握于地方政府手中，而中央毫无管辖，此又断难采行者。似宜近采日本，如府县郡市町村之制，选定市町村长，市之行政，府县知事监督之，再上内务大臣监督之，町村之行政，郡长监督之，再上府县知事监督之。故内务大臣有解散市町村会之权。但使无碍定章，无妨公理，一切悉听民间自为，不必施以阻压，其意甚美而法颇良。①

内阁中书刘坦认为推行地方自治可以养成立宪国之国民：

读各国立宪史，观其组织立宪之际，必与议院相维，人民朝考夕稽，地方自治之制早已完密，英国当七世纪，他文瑟佈勒定地方自治制度，为立宪机关之基础。中国人民向无选举议员之知识，亦无可任议员之人才，则先行地方自治为教育陶铸之法。概地方自治之议会组织及投票选举，实为议院之权与，人民之知识，因练习而渐熟，不难养成适于立宪国民之资格。②

部分官员态度相对暧昧，他们往往把地方自治与古代绅治相类比，但支持的意向还是明显的。如御史徐定超谓：

东西各国号称富强，究其富强之原，非地方自治不为功，今者预备立宪诚为中国目前当务之急，然预备立宪而不从地方自治入手，则立宪终无实行之一日。谓宜远师古代乡官之制，旁参西国自治之法，由民间公举才望卓著之人，上之有司，使之办理地方之事，以补助地方官吏之所不及，优其礼貌，厚其薪水，严其赏罚，十年以后，王道大行。③

内阁校籤中书殷济则担心国民程度不够，选举会被人操纵：

投票选举之法宜先造就议员资格也。东西洋立宪之国，无论亲任、敕任、委任大小官员，必事事合乎公理，经多数人之选举，乃能久于其任，是贤否公诸舆论，任免决于朝廷，即三代乡举理选之制也。中国既言立宪，则选举之法，势在必行，无如国民程度不齐，万一劣董刁绅邀集无数党人，强求贿属，其所得票数或多于公正之人，流弊一生，必至因噎而废食。④

① 故宫博物院明清档案部：《清末筹备立宪档案史料》，中华书局，1979，第116-117页。
② 故宫博物院明清档案部：《清末筹备立宪档案史料》，中华书局，1979，第121页。
③ 故宫博物院明清档案部：《清末筹备立宪档案史料》，中华书局，1979，第168页。
④ 故宫博物院明清档案部：《清末筹备立宪档案史料》，中华书局，1979年版，第137页。

其次，反对地方自治推行的官员亦提出自己的理由，但在新政推行大势日渐明显的情况下，这股力量明显较弱，其理由亦多牵强。

如御史王步瀛援引古例来指斥地方自治存在的弊端："又洪武朝给致仕官诰敕复其家。御批云：明季绅士归田，肆行乡曲，百姓不敢与之相抗，皆此举有以酿成之，此则地方自治必用乡官难免滞碍也。"①此一言论表明他对地方自治之真意并不清楚。

内阁学士文海则通过反对立宪而间接地反对地方自治，如其罗列立宪五大错：无裕国便民之计，且有削夺君主权之嫌；学日本乃是学日本从前权在大将军；中国各部院衙门之积弊不在法之不善而是人不能举职；中国风土人情与其他各国不同，不能照搬其他国家之法度；不究利弊，变法速成会引起内外不安等。②

巡抚陈夔龙则直接指出地方自治是招乱之阶："近来预备立宪之举，颇为海内欢迎，而欢迎之故，无非歆动于地方自治之一言。其实程度未到，自治恐为招乱之阶。"③

在反对之声中，亦非完全无见地，如反对照搬他国法令，怀疑人民程度等，但若因此而反对变革，则有因噎废食之嫌。

第二个阶段，在朝廷明确表明态度之后，官员对地方自治的态度逐渐转变为缓办与速办之争。

1907 年，清廷发布上谕，允许在部分省份先行试办地方自治。1908 年，清廷公布九年预备立宪大纲，允诺七年内完成地方自治，为立宪打下基础。办理地方自治，势在必行。

针对地方自治的推行，署理广西提学使李翰芬属于典型的速办支持者，他提出了若干举措：

宜速行自治议会也。臣查天津、上海等处，迩年举行自治，设参事、董事等会，为立法、行法之权舆，颇著成效。此外开通州县，间有拟办自治章程者，或议之而为行，行之而未效，良以所订规则未尽合宜。自治虽国民职任，而程度幼稚时代，必藉官吏为之提倡，拟请由民政部速妥定的地方自治

① 故宫博物院明清档案部：《清末筹备立宪档案史料》，中华书局，1979，第 122-123 页。
② 故宫博物院明清档案部：《清末筹备立宪档案史料》，中华书局，1979，第 139-140 页。
③ 故宫博物院明清档案部：《清末筹备立宪档案史料》，中华书局，1979，第 178 页。

章程，颁行天下，以地方之贫富，风气之开闭，分省为数等。一省中之府州县，复以地方之贫富风气之开闭分为数级，虽下等之省，下级之州县，而城邑所在，必令设立自治议会。至高等之省与高级之州县，并宜由城而市，由市而乡，层累推广，要必使地方先有一自治之模范，则四乡不难模仿举行。各省所设之法政学堂，陆续毕业，及此次遵办之宪法研究（所），合力讲求，必不乏人才，堪以派充自治师资之选。又查各州县城乡多有公所、公局，类皆假办理事务之名，肆鱼肉乡民之欲，若绳以文明规律，使变为自治局所，则除害即以兴利，一举而两善得焉。惟应请旨饬各省大吏，以地方自治之发达为州县之考成，庶责任专而效验亦期耳。①

前工部员外郎刘梣亦属于速办自治的支持者：

地方自治制度宜迅速议行也。今谋国者曰教育普及、地方自治，此天下所公认也。顾人咸谓必俟教育普及，而后可言地方自治，职则谓必办地方自治，而后可言教育普及。何以言之？学区之划分，学费之担任，皆惟地方是赖。近者兴学之寡效，正坐地方制度尚未成功之故，非办理不力之咎也。其他编查户籍，禁种罂粟，征收租税，凡百要政，莫不从地方自治入手，此诚最要最切，速宜筹定办法，请旨颁行，不容刻缓者也。或虑程度不齐，未能骤举，不知完全自治原非一蹴可几，要当先划定区域，确定规模，渐次扩充，自一进步，即行之不效，亦不过如现在绅办情形，断无别项流弊。②

另一部分人则主张缓办。如度支部主事陈兆奎则直言借鉴自治，恢复过去之乡官制度：

“州县宜设乡官也。”认为古代绅治是“以乡人治一乡之民，即市町村长之萌芽也，以乡财奉治乡之官，即地方自治费之先河也”。然自隋朝改制这种乡官治理衰微。对日本的地方自治也有介绍：“考诸日本之维新政策，帝权即复，则民议随倡，以地方之自治，结国家之团体，故一县之内市町村长不乏数十百人，议会之员皆得量地公举。”因此建议清王朝把乡官之治与地方自治相结合，“今科举即停，而选举不兴，循名思实，无乃不副，莫若仿投票之

① 故宫博物院明清档案部：《清末筹备立宪档案史料》，中华书局，1979，第303页。
② 故宫博物院明清档案部：《清末筹备立宪档案史料》，中华书局，1979，第342页。

义，为联名保举之法。如有徇私舞弊者，则消退其选举之权，以示惩儆。而又考以乡望，隆以职秩，使人人知国民之义务，乡官之足重，一洗从前保甲之恶习，分地而治，相助为理。"①

由吏而官，提高乡官地位，以吸引地方公正人士的兴趣，这种"自治"的官治味道更浓。

补用知府岳福的意见亦属于缓办地方自治的一种形式：

> 地方自治，暂由州县选派该地绅士设立保安会，官督绅办，晓谕人民，系仿保甲、团练之制，共保生命财产。每县分为东、西、南、北、中五区，每区设局，派司事三人，一司教育，一司征纳，不设总理，禀承于地方官。乡镇远者设立分局，附于该区，有扰害社会安平秩序者，大事送县究办，小事则由警察官急决也。行之一纪，绅士由民公选，暂用日本市町村制，地方自治会可期兴也。不然形式可仿，实质殊难毂矣。②

这种意见属于典型的官督绅办，与朝廷之补助官治之不足的意图是吻合的。但他似乎知道真正的地方自治并不是这样的，所以，把这种方法称为过渡之法，是见识上的进步。

除了以上两种态度之外，此一阶段亦不乏反对之声，如湖南试用道李颐对地方自治颇多微词："如不求天下之安，但求行我宪法，所谓自治适以自乱，天下骚然，后悔无及。"③

综上所述，官员对地方自治的态度随着朝廷态度的变化实际上经历了两个阶段。总体上，能够对地方自治之真意有清醒认知的并不多，以过去绅治比附近代地方自治的官员大有人在，这与近代以来所形成的"西学汉化"的一般路径密切相关，"一个又一个中国爱国者，不但被文化自豪感所激动，而且其思考过程，也使之在中国寻找其在外国看到的相似之物，或同类之物，或中国的与之相对应之物。"④ 这种认识实为此后清廷推行的地方自治打上了深深的印记。

---

① 故宫博物院明清档案部：《清末筹备立宪档案史料》，中华书局，1979，第 266 页。
② 故宫博物院明清档案部：《清末筹备立宪档案史料》，中华书局，1979，第 294 页。
③ 故宫博物院明清档案部：《清末筹备立宪档案史料》，中华书局，1979，第 240 页。
④ 费正清：《剑桥中华民国史》（上卷），中国社会科学出版社，1994，第 8 页。

第二节 清廷推行地方自治的初衷与制度设计

一、清廷推行地方自治的初衷

（一）地方自治为宪政之始基

欲明确清廷推行地方自治的真正目的，就要从预备立宪说起。清廷下诏预备立宪之前，曾先后两次派官员出洋考察，先是以载泽为首的五大臣，这次考察的结果增强了清王朝立宪的决心，这种态度源于载泽在密折中所言的立宪之三大好处：

以今日之时势言之，立宪之利有最重要者三端：一曰皇位永固。立宪之国君主，神圣不可侵犯，故于行政不负责任，由大臣代负之。即偶有行政失宜，或议会与之反对，或经议院弹劾，不过政府各大臣辞职，另立一新政府而已。故相位旦夕可迁，君位万世不改。一曰外患渐轻。今日外人之侮我，虽由我国势之弱，亦由我政体之殊，故谓为专制，谓为半开化，而不以同等之国相待。一旦改行宪政，则鄙我者转而敬我，将变其侵略之政策为和平之邦交。大利二。一曰内乱可弭。海滨洋界，会党徒纵横，甚者倡为革命之说，故其所以煽动人心者，则曰政体专务压制，官皆民贼，吏尽贪人，民为鱼肉，无以聊生，故从之者众。今改行宪政，则世界所称公平之正理，文明之极轨，彼虽欲造言，而无词可藉，欲倡乱，而人不肯从，无事缉捕搜拿，自然冰消瓦解。大利三。①

五大臣出评考察之后，清廷又派于式枚等出访英、德、日，之所以选择这三个国家，可以看到清廷兴趣之所在：三个国家都属于君主立宪之国，与清廷有若干相似之处。就实际情况看，第二次考察之结果却是对第一次考察反响的降温。如考察宪政大臣于式枚在考察完德国后指出，立宪应该根据本国实际情况，参考德日等国家成例，不能躁进。“惟在朝廷有一定之指归，齐万众之心志，固不可因群言淆乱，遂有急就之思，亦不可因民气喧嚣，致有

① 故宫博物院明清档案部：《清末筹备立宪档案史料》，中华书局，1979，第174-175页。

疑阻之意。但当预为筹备，循序渐进，先设京师议院以定从违，举办地方自治以植根本，而尤要者，在广兴教育，储备人材。此外凡与宪政相辅而行者，均当先事绸缪，而不容迟缓者也。”[①] 后来，于式枚再次上奏，他在对英法德日等国的立宪进行比较之后，进一步强调了十年预备的必要性，“当此十年预备之期，最为大局安危所系，当使知上下之分，须先明宪法之名。”可见其所强调的实质仍是大权集中于君上。[②] 针对两次考察的情况，清廷的选择有折中的意思，即徐图办理。1908 年 9 月间，清政府宣布“预备立宪”以九年为限，九年后正式召开国会，同时颁布《钦定宪法大纲》《议院法选举法要领》《逐年筹备宪政事宜清单》。但是，在国民请愿运动的压力之下，预备立宪后又改九年之期为七年，“今者，人民代表吁恳既出于至诚，内外臣工强半皆主张急进，民气奋发，众论佥同，自必于人民应担之义务，确有把握，应即俯顺臣民之请，用协好恶之公。……著缩改于宣统五年，实行开设议院。”[③]

作为预备立宪的重要组成部分，地方自治推行的日程亦因朝廷对立宪态度的转变而有所变化：

在筹办之初，地方自治被视为立宪之始基。袁世凯在光绪三十三年（1907 年）七月的奏折中就援引日德之例，表达了地方自治为宪政之始基的看法：“比者东西立宪诸国雄长大陆，稽其历史，则地方制度必先乎立宪政治而兴，德之建国发轫于州会，日本之维新造端于府县会，选举有定法，议决有定程，人以被选为荣，斯民德日崇，类能辅官治之所不及，比隆三代有自来矣。”[④] 御史赵炳麟则认为预备立宪之前，首先要推行地方自治制度：“故今日而言立宪必自地方官自治始，使地方议会组织完密，逐渐而组织下议院，一面就内外官制因名核实，各定办事之权限，无事过为纷更也。”[⑤] 以上两人的言论颇能代表自治筹办之初人们的观点。

但是，随着立宪步骤的加快，地方自治的地位亦随之提升。至宣统元年，根据广西巡抚张鸣岐的奏折可以看到，朝廷对地方自治的认识已经变为“立

① 故宫博物院明清档案部：《清末筹备立宪档案史料》，中华书局，1979，第 307 页。
② 故宫博物院明清档案部：《清末筹备立宪档案史料》，中华书局，1979，第 337-338 页。
③ 故宫博物院明清档案部：《清末筹备立宪档案史料》，中华书局，1979，第 78-79 页。
④ 故宫博物院明清档案部：《清末筹备立宪档案史料》，中华书局，1979，第 720 页。
⑤ 故宫博物院明清档案部：《清末筹备立宪档案史料》，中华书局，1979，第 125 页。

宪之根本”了。[①]

总之，清廷对预备立宪的态度直接影响到地方自治的推行，节奏不断加速的背后是清廷面临危机的一步一步加深，由此可以管窥清廷欲通过变革来缓和各种矛盾的迫切心情。有论者指出：“清末以内政腐败，外患迭乘，革命潮流，弥漫全国，清政府为缓和民气起见，于光绪三十四年八月，颁布上谕，筹备立宪，并规定地方自治分年进行之程序。”[②] 此言一语中的。

（二）推行自治以补官治之不足

顾名思义，自治与官治是相对而言的，如何正确认知并妥善处理两者之间的关系，将决定自治的本质。对于这一点，宪政编查馆[③]的看法是十分关键的：“臣等查地方自治之名，虽近沿于泰西，而其实则早已根荄于中古，周礼比闾、族党、州乡之制，即名为有地者，实地方自治之权舆。下逮两汉三老、啬夫，历代保甲乡约，相沿未绝。即今京外各处水会、善堂、积谷、保甲诸事，以及新设之教育会、商会等，皆无非使人民各就地方聚谋公益，遇事受成于官，以上辅政治而下图辑和，故言其实，则自治者，所以助官治之不足也。”[④]

自治为补助官治之不足，此一句话点出了清末所推行地方自治的本质。除此之外，宪政编查馆还将绅治与自治相类比，也就表明未来地方自治将受绅治与官治的双重制约。在这里，人们不必强求当时的官方能够精准地理解近代地方自治的含义，但可以从他们的理解中推测今后地方自治的实际走向。

至于有人据此来质疑清廷推行自治的诚意，也是值得商榷的，如果所推行制度与理解程度是一致的，就不存在诚意的问题。就宪政编查馆为了防止自治推行过程中出现问题而提出的若干建议看，其多是针砭时弊的：

一、明示自治名义也。新政权舆，事端既多创举，即名义不免创设，若或望文生训，笼统误解，以自治为不受管辖之意，不独失国家驭民之柄，而无识官吏，或谈虎变色，阴为摧阻，以隳宪政之基。名之不正，则生心害政，在在堪虞，……

二、划清自治范围也。地方自治既所以辅官治之不及，则凡属官治之事，

① 故宫博物院明清档案部：《清末筹备立宪档案史料》，中华书局，1979，第743页。

② 《内政年鉴》，第一编：一（2），上海书店出版社，2012，第254页。

③ 系由考察政治馆转变而来，其职责是议覆一切关系宪政及各种法规条陈等。故宫博物院明清档案部：《清末筹备立宪档案史料》，中华书局，1979，第45页。

④ 故宫博物院明清档案部：《清末筹备立宪档案史料》，中华书局，1979，第724-725页。

则不在自治范围之中。查各直省地方局所，向归绅士经理者，其与官府权限，初无一定，于是视官绅势力之强弱，以为其范围之消长。争而不胜，则互相疾视，势同水火，近年以来，因官绅积不相能，动至生事害公者，弊皆官民分际不明，范围不定所致。今既令人民自治，若再有此种情形，宪政前途何由日进，是以特将自治事项，指实条列，别为款目，俾一览而知其范围之所在，此外非国家之所许，即不容人民之滥涉，经理在民，董率在官，庶得相倚相成之意，而□扰可以不生。

三、慎重自治经费也。万事非财不举。地方自治既不能动为国家正款，则于旧有公款公产而外，不能不别开筹措之途。然若漫无限制，则浮征滥费，势所难免，而甚者会敛逾等，或至与国税相仿，则尤与自治宗旨相反，故特于经费章程内明定收捐之制，而仍规以定率，以至管理征收预算决算检查，俱各详示准绳，仍随时报由地方官查核，所以防逾滥亏蚀之弊，而期有饩廪称事之实。

四、责重自治监督也。自治之事既渊源于国权，既应收监督于官府，法理当然，无待烦称。所虑官不知所以监督之道，宽猛一失其宜，不独戕折良民自治之机，亦且为长奸启侮之渐。兹故以监督重权，上寄于民政部及各省督抚，下畀于地方官吏，并确示监督条款，特订自治职员罚则，俾得按章督责，无敢非怼，庶自治区域虽多，而一一就我准绳，不至自为风气，自治职员虽众，而一一纳之轨物，不至紊乱纪纲。①

在以上几点建议中，如划清自治范围，慎重自治经费等项确实值得注意，如果这两项问题不能解决，自治必然受阻。事实证明，官绅之不相能、借自治而滥征，实际上是清末自治民变层出不穷的重要原因。当然，这并不能掩盖其浓郁的官治味道，而所有问题的根源，也许都要追根到“自治为补助官治之不足”的初衷。

二、清末地方自治的制度设计

（一）地方自治与行政官厅的关系

地方自治为补助官治之不足的目的在前文已经述及，从这一目的出发可以推测地方自治与行政官厅之间的复杂关系。这一点亦可以从府厅州县和城

① 故宫博物院明清档案部：《清末筹备立宪档案史料》，中华书局，1979，第726-727页。

镇乡地方自治的制度设计中进一步得到验证。

1908 年 7 月，民政部将本部所拟《城镇乡地方自治章程》转宪政编查馆核议。宪政编查馆经核议并修改之后，于 12 月公布，宪政编查馆认为“咨议局议员选举系用复选举制度，现在自治职员选举宜用单选举制度，繁简各殊，一切规制势难通用。且选举人不分等级，尤宜使刁生劣监挟平民冒滥充选，殊非为地方兴利除弊之道”①。所以，在《城镇乡地方自治章程》之外，又单独颁布《城镇乡地方自治选举章程》。

《城镇乡地方自治章程》凡九章一百十二条，分别为：总纲、城镇乡议事会、城镇董事会、乡董、自治经费、自治监督、罚则、文书程式、附条等。见图 2－1。

城镇乡地方自治结构图

- 城镇
  - 议事会：议长一名、副议长一名，议员定额二十名，人口多者可酌增，至多不过六十名
  - 董事会：总董一名，董事一名至三名，名誉董事四名至十二名
- 乡
  - 议事会：议长一名、副议长一名，议员根据人口多少，六至十八名不等
  - 乡董：乡董一名、乡佐一名

注：1.议事会设文牍、庶务等员，由议长、副议长遴派。
2.董事会（或乡董）设文牍、庶务等员，由总董（或乡董）遴派。
3.乡还设乡选民会议，由本乡选民全数充之。其职任权限照乡议事会办理。
4.议事会、董事会（或乡董）办公之地为城镇乡自治公所。

图 2－1　城镇乡地方自治结构图

在《总纲》中，其明确规定：“地方自治以专办地方公益事宜，辅佐官治为主。按照定章，由地方公选合格绅民，受地方官监督办理”②。该条款透露出三条关键信息：第一，地方自治是官治的补充；第二，地方自治的执行者为合格绅民；第三，地方自治接受行政官厅的监督。

第一点是对地方自治的定位，其决定了地方自治机关与行政官厅难以

① 故宫博物院明清档案部：《清末筹备立宪档案史料》，中华书局，1979，第 725 页。
② 故宫博物院明清档案部：《清末筹备立宪档案史料》，中华书局，1979，第 728 页。

分庭抗礼的弱势地位。从这一刻起，地方自治便与官僚体制形成辅助与主导的关系，这种不对等的关系是中国近代地方自治推行过程中所遭遇的困境之一。

第二点所谓合格绅民还有其他种种条件限制，如章程对于选民资格又作如下限定：一、有本国国籍者；二、男子年满二十五岁者；三、居本城镇乡接续至三年以上者；四、年纳正税（指解部库司库支销之各项租税而言）或本地方公益捐二元以上者。如居民内有素行公正，众望允孚者，虽不备第三、第四款之资格，亦得以城镇乡议事会之议决，作为选民。若有纳正税或公益捐较本地选民内纳捐最多之人所纳尤多者，虽不备第二、第三款之资格，亦得作为选民。如此规定，能够获得选民资格者，或财产或德行，二者必具其一。但有下列情形者不得为选民：一、品行悖谬，营私武断，确有实据者；二、曾处监禁以上之刑者；三、营业不正者，其范围以规约定之；四、失财产上之信用，被人控实尚未清结者；五、吸食鸦片者；六、有心疾者；七、不识文字者。这七种人中，前六种尚属合理，第七种则有完全不顾社会现实之嫌，以当时中国文盲占绝对多数的现实来看，此一限制导致大部分人不能获得选举权。层层限制之后，剩下的便是凤毛麟角，即所谓的地方精英。具备选民之资格者，有选举自治职员及被选举为自治职员之权。但下列人等，仍然不得选举自治职员及被选举为自治职员：一、现任本地方官吏者；二、现充军人者；三、现充本地方巡警者；四、现为僧道及其他宗教师者。并特别规定，现在学堂肄业者，不得被选举为自治职员。① 这样规定之后，女子、平民百姓、文盲、特殊职业者等皆丧失选举及被选举权，结果自治职员的选举与被选举成为少数人的特权，地方自治亦成为少数人的“专制”。

至于官厅之监督，根据该章程第 102 条和第 103 条之规定，城镇乡自治职，受该管地方官的严格监督，其不但可以纠正自治机构的行为，而且还对自治机构办理自治成绩、预算决算表册有定期查验上报的权力，并且地方官还有呈请督抚解散或撤销城镇乡议事会、董事会以及自治职员的权力，等等。纵观整个章程，独不见地方自治机构对行政官厅的监督，这必然导致自治机关和自治职员仰官厅之鼻息，难以形成独立之人格的局面，这种施舍性的权力赋予使地方自治处于随时被取消的境地。既然其存续的前提是以官厅的意

① 故宫博物院明清档案部：《清末筹备立宪档案史料》，中华书局，1979，第 730-731 页。

志为转移，那么，地方自治势必沦为国家渗透基层社会的工具。

另外，根据《城镇乡地方自治章程》可以看到，议事会、董事会（或乡董）、行政官厅之间形成议事会与董事会相互制约，官厅从中制衡的权力关系：如议事会议决事件，由议长、副议长呈报该管地方官查核后，移交城镇董事会或乡董按章执行。议事会有选举城镇乡董事会职员，或乡董乡佐，及监察其执行事务之权，并得检阅其各项文牍，及收支账目。议事会于地方行政与自治事宜有关系各件，得条陈所见，呈候地方官核办。议事会于城镇董事或乡董所定执行方法，视为逾越权限，或违背律例章程，或妨碍公益者，得声明缘由，止其执行。若城镇董事或乡董坚持不改，得移交府厅州县议事会公断。若于府厅州县议事会之公断有不服时，得呈由地方官核断。如再不服，由地方官申请督抚交咨议局公断。同样，董事会于议事会议决事件，视为逾越权限，或违背律例章程，或妨碍公益者，得声明缘由，交议事会复议。若议事会坚持不改，得移交府厅州县议事会公断。仍不服者得呈由地方官核断。如再不服，由地方官申请督抚交咨议局公断。由此可知，在议事会与董事会（或乡董）的权力制衡中，行政官厅往往穿插于其间，这种仲裁权的取得使地方自治难以摆脱行政官厅的钳制。从国家、社会、第三领域的分层理论来看，此一阶段的地方自治仍多“绅治”的味道，地方士绅进入体制内的结果却是以缓冲作用的削弱为代价的。清末地方自治推行的过程，必将成为第三领域不断遭到侵蚀的过程。

以上多为《城镇乡地方自治章程》的不足，但并不能掩盖其划时代的进步意义。其进步之处在于引进了西方地方自治制中的部分民主因素，如选举制，在自治职的产生过程中，虽然行政官厅会起到部分作用，但其仍然规定以选举为主。遵循了基本的民主程序，这无疑是历史的一大进步。再如任期制，根据《城镇乡地方自治章程》的规定，所有的自治职都是有任期的，流动性的自治职位，总会给在职者一定的压力，促使其努力办事，而不是尸位素餐。又如回避制，这样更能有效防止以私害公，促进公正、公平。

根据预备立宪大纲之地方自治推行时间表，1909 年，清廷颁布《府厅州县地方自治章程》与《府厅州县地方自治选举章程》。《府厅州县地方自治章程》，凡八章一百零五条，包括总纲、府厅州县议事会、府厅州县参事会、府厅州县自治行政、府厅州县财政、府厅州县自治监督、文书程式、附条等。

见图2－2。

府厅州县地方自治结构图

- 府厅州县议事会：掌议决自治事宜，议事会设议长一名、副议长一名
  议事会视人口多寡，议员额数从二十名至一百名
- 府厅州县参事会：掌议决自治事宜，参事会以该府厅州县长官为会长
  参事员由议事会于议员中互选任之
- 府厅州县长官：掌执行自治事宜

注：

1.议事会得设文牍、庶务数员，由议长、副议长派充。

2.参事会得设文牍、庶务，由府厅州县长官遴员派充。

3.府厅州县得置自治委员若干人辅佐长官执行自治事宜。

图2－2　府厅州县地方自治结构图

与《城镇乡地方自治章程》相比，《府厅州县地方自治章程》有两个主要特点：

第一，其进一步突出行政官厅的作用。就地方自治事宜的议决与执行来看，府厅州县自治事务的执行者为行政官厅，而不是经过选举产生的自治职员。更有甚者，在府厅州县自治行政一章，其有如下规定："府厅州县议事会或参事会之议决及选举，如有逾越权限或违背法令者，该官长得说明原委事由，即行撤销或将其议决事件交令复议，若仍执前议得撤销之，若议事会或参事会不服前项之撤销者，得呈请行政审判衙门处理，行政审判衙门未经设立以前，暂由各省会议厅处理之。府厅州县长官遇议事会不赴召集或不能成立或遇紧急事件不及召集议事会时，得将该事件交参事会代议，议事会于应行议决之事件不能议决或闭会期届尚未议决者亦同。府厅州县长官遇参事会不赴召集或不能成立时，得将该事件申请督抚核准施行，参事会于应行议决之事件不能议决者亦同。"这些规定对议事会的议决权形成极大的约束。在自治监督一章中则进一步彰显官厅的权威："府厅州县自治由本省督抚监督之，仍受成于民政部，其关系各部所管事务并受成于各部。监督官府如以府厅州县之预算为不适当者，得消减之。督抚遇有不得已情节，得咨请民政部解散

府厅州县议事会，等等。”[①] 时人评论道：“宪政馆对于上级自治章程改董事会为参事会，采用日本制度也。然地方自治总以宽予民权为主义，今宪政馆必欲严格以待之，予府厅州县以得交令复议及撤销议事会参事会、议决事件之权，并删除议事会议决自治规约之权，则地方自治尚有何权可操！而他日办事多牵掣可预决也。吾不知宪政馆对于各种新法令之编制，必事事取法于日本严重之制度，以缩民权而张官权，果何为也欤。”[②]

第二，议事会与参事会功能重复。《府厅州县地方自治章程》规定议事会与参事会都掌握地方自治议决之权，而且参事会权限明显大于议事会。根据该章程规定，议事会主要功能在于地方自治经费的岁出入决算、预算、筹集办法、处理办法等，另外还包括城镇乡议事会应议决而不能议决的事件，其余依据法令属于议事会权限内的事件等。参事会所议决范围则有：“一、议决议事会议决事件之执行方法及其次第；二、议决议事会委托本会代议事件；三、议决府厅州县长官交本会代议事会议决之事件；四、审查府厅州县长官提交议事会之议案；五、议决本府厅州县全体诉讼及其和解事件；六、公断和解城镇乡自治之权限争议事件；七、其余依据法令属于参事会权限内之事件”[③]，等等。另外，鉴于参事会的会长为厅州县的最高长官，其有可能会造成行政官厅对议事会议决权限的进一步侵蚀，如参事会可以“议决府厅州县长官交本会代议事会议决之事件”的规定，当官厅不愿将议案提交议事会时，其完全可以直接提交参事会进行议决。有人评论道：“宪政馆既以官治与自治合并为主义，则不得不改董事会为参事会，夺董事会执行权寄诸府厅州县长官，而以参事会为常设之议决机关。然议决机关既有议事会，在今又增一参事会，是两议决机关也。夫既不欲有执行机关之董事会，则直去之可也，何必再添一议决机关，致涉骈枝之诮。”[④]

总之，与《城镇乡地方自治章程》相比，《府厅州县地方自治章程》进一步凸显行政官厅的意志，这与当局者的意图是相符的。“各种自治章程所规定者，仍偏重于官治与绅治，离自治其义甚远也。”[⑤] 在宪政编查馆上奏清廷

① 《国风报》，第1年第5号，第89页。

② 《时评》，《申报》，1910年2月25日。

③ 《国风报》，第1年第5号，第87–88页。

④ 《时评》，《申报》，1910年2月24日。

⑤ 《内政年鉴》，第一编：一（2），上海书店出版社，2012，第260页。

的奏折中，其对地方自治应注意事件如此解释："地方自治既所以辅官治之不及，则凡属官治之事，自不在自治范围之中。查各直省地方局所，向归绅士经理者，其与官府权限，初无一定，于是视官绅势力之强弱，以为其范围之消长。争而不胜，则互相疾视，势同水火。近年以来，因官绅积不相能，动至生事害公者，弊皆官民分际不明，范围不定之所致。""自治之事既渊源于国权，及应受监督于官府，法理当然，无待烦称。所虑官不知所以监督之道，宽猛一失其宜，不独戕折良民自治之机，亦且为长奸启侮之渐。兹故以监督重权，上寄民政部及各省督抚，下畀于地方官吏，并确示监督条款，特订自治职员罚则，俾得按章督责，无敢非怼，庶自治区域虽多，而一一就我准绳，不至自为风气，自治职员虽众，而一一纳之轨物，不至紊乱纲纪。"[①] 以此而言，清末行政官厅所主导的地方自治完全采取一种自上而下的推行方式，其权利的分配则完全视地方行政官厅的意思，在纵向分权不明确的情况下，基层民众的主动参与精神将大打折扣。在横向分权模糊的情况下，则更难以做到相互制衡、公平公正。

（二）地方自治与咨议局的关系

在清末地方自治推行的过程中，省一级虽然并未划入自治范围，但是省一级之议决机关——咨议局，却与地方自治有着极为密切的关系。虽然在《咨议局章程》中并没有明确规定咨议局和地方自治组织之间的关系，但在《城镇乡地方自治章程》中却有法律依据可循，如该章程第四十二条中规定："议事会于城镇乡董事会或乡董所定执行办法，视为逾越权限，或违背律例章程，或妨碍公益者，得声明原由，止其执行。若城镇乡董事会或乡董坚持不改，得移交府厅州县议事会公断。若于府厅州县议事会之公断有不服时，得呈地方官核断。如再不服，由地方官申请督抚交咨议局公断。"[②] 董事会亦然。可见对于地方自治组织之间的争议，咨议局有最终的公断权。

在福建咨议局的《议事细则》中也有类似的规定：该《细则》第一百五十条规定，"本省自治会因权限不明互相争议呈诉于咨议局时，议长认其事件属于咨议局公断和解之权限内而书式亦能合格者受理之"。第二百四十五条规定，"对于自治会争议之公断书和解书钤用咨议局关防，交与该两处自治会或

① 故宫博物院明清档案部：《清末筹备立宪档案史料》，中华书局，1979，第726-727页。

② 故宫博物院明清档案部：《清末筹备立宪档案史料》，中华书局，1979，第668页。

其代表人”。第二百四十六条规定，“公断书和解书交与后，应令缴回文交办事处存案”，等等。① 这些规定无疑成为福建咨议局和地方自治组织之间联系的基本法律依据。但是，这并不能说两者已经形成明确的隶属关系，这种特殊关系如图 2－3 所示。

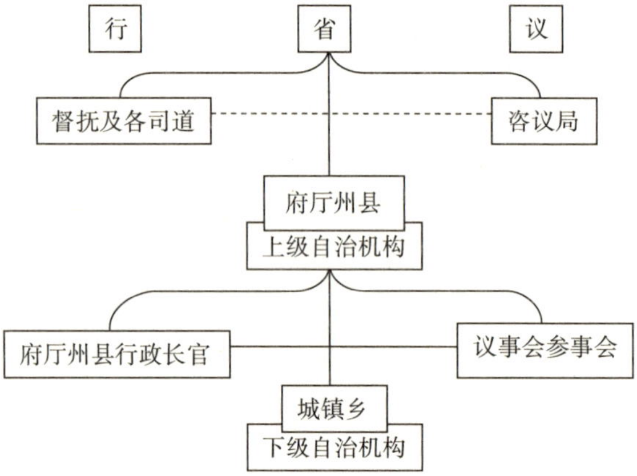

图 2－3　地方自治与咨议局的关系

耿云志认为：“地方自治是指地方居民在宪法或法律所允许的范围内，依据有关的法律和条例，选举自治机关，依据议行分立的原则，自主处理本地方的公共事务。自治权限的法定性与自治机构、自治行为的民主性是其根本特征。”② 至于咨议局，这在《咨议局章程》总纲中说得明白，“是为各省采取舆论之地，以指陈通省利病，筹计地方治安为宗旨”③。在《著各省速设咨议局谕》中也明确说明咨议局就“地方应行应革事宜，议员公同集议，侯本省大吏裁夺施行。”④ 也就是说，咨议局只是建议机构，还不具备地方议会的性质，其公断权并不是最终决断权。咨议局对于自治会的陈请只能作为议案，经过讨议形成决议案后，转呈总督，总督的批示才是该议案能否实施的关键。在福建咨议局第二次常年会上，就有“报告宁化县城议事会呈送夏秋两季议事清折并转呈准予解散事”和“报告宁化县城董事会呈送按月收支清单并转

① 《福建咨议局互选细则、议事细则、旁听细则、办事细则》，福建咨议局制定，清宣统元年。
② 耿云志等主编：《西方民主在近代中国》，中国青年出版社，2003，第 153 页。
③ 故宫博物院明清档案部：《清末筹备立宪档案史料》，中华书局，1979，第 684 页。
④ 故宫博物院明清档案部：《清末筹备立宪档案史料》，中华书局，1979，第 686 页。

呈准予解散事”两则报告，[①] 报告内容我们先不涉及，仅从报告名称中的“转呈”二字，就可以看到咨议局的权限如何了。

从形式上看，清末省一级的制度设计与府州厅县的自治有共通之处，即具备了议行分立的区别。而实质上，清末的地方自治分两级，城镇乡为下级自治，府厅州县为上级自治；省没有划入地方自治的范围。因此，咨议局和地方自治组织形成的是垂直但不隶属的特殊关系。正如福建咨议局《细则》第二百四十七条之规定，“自治会或人民陈请建议者书式若无不合，应收受之。但不必以会议之认可与否复示该自治会及人民等”[②]。

这种关系在福建咨议局第一次和第二次常年会中可以找到更加详细的证据。因为福建地方自治办理的较晚，在第一次常年会中人们所见到的有关福建咨议局和地方自治的议案，大部分是关于如何办理地方自治的；第二次常年会则为人们提供了更加丰富的材料，如在福建咨议局第二次常年会议事速记录第10号文件中有“闽侯城议事会代表陈培锟请以国民捐拨充自治经费建议书之提出”，“仙游县议事会副议长陈汝瑚办理农会建议书之提出”，“连江县自治会代表林直侯请除私税建议书之提出”，“连江县自治会代表林直侯请以陋规移充公费建议书之提出”，“建瓯城议事会代表邓仰曾等陈请巡防队选募土著建议书之提出”等议案，这些都是地方自治组织和咨议局密切联系的明证。其中更重要的是咨议局对地方自治组织和行政官厅之间关系的调节，如第二次常年会第十七号文中“报告罗源城议事会来函”提到该地方花会危害甚烈，地方官禁赌不力，自治会拿赌和行政官厅发生冲突，地方官厅认为议事会侵权，议事会因将此事报到咨议局以求解决。再如“报告漳州城议事会来电”中称：“咨议局即漳议员鉴郭桢祥强占下浒炮城为糖厂，门户已失，民情汹汹，除申复监督外，合电请建议勒令折还漳议事会佳。”此事引起福建咨议局的高度重视。[③] 再如就“连江县自治会代表林直侯请以陋规移充公费建议书之提出”一事，在咨议局的积极干涉下，督部堂札复福建咨议局代转林直侯，“据此查胥吏苛勒规费，本干例禁，如果所呈各署胥吏实有收受此项陋规，自应一律革除，以除积弊。”[④] 这些案件之所以能提交福建咨议局，原因

---

① 《第二次福建咨议局议事速记录》，福建咨议局辑，清宣统二年，第8号。

② 《福建咨议局互选细则、议事细则、旁听细则、办事细则》，福建咨议局制定，清宣统元年。

③ 《第二次福建咨议局议事速记录》，福建咨议局辑，清宣统二年，第17号。

④ 《第二次福建咨议局议事速记录》，福建咨议局辑，清宣统二年，第21号。

有三：其一，这是执行正常法定程序的结果；其二，证明福建咨议局在地方自治组织中的地位和威信；其三，证明福建咨议局和自治组织之间的密切关系。

从上面的例子可知咨议局在地方自治的创办、工作开展，以及调节自治组织和地方行政官廷关系的过程中都扮演了十分重要的角色，其在自己的权限内给予地方自治组织以大力的支持，极大地促进各省地方自治的开展。

同样，没有地方自治的发展，咨议局所通过的议案也不可能得到贯彻执行。这里仍以福建咨议局议决案的执行情况做一简单介绍：

第一，从总督对福建咨议局议案的札复情况看，结果是不能令人满意的，总督松寿对于福建咨议局议决案的札复拖延时间过长。在福建咨议局第一次常年会最后一次会议中副议长刘崇佑谓："现在议事已毕，凡已呈请制台者，多未奉到复文"等，而查阅整个年会资料，鲜见有督抚对议案的札复。只有一次批答，即"制台来札关于安溪南水关私征船货税案之批答"，其中说"指陈安溪南水关私征船货税情形已派员驰往，会县彻查，一俟再行饬道核办折存"云云。[①] 结果如何，不得而知。

第二，从议案的执行情况看，福建地方官的执行力度是远远不够的。如在第二次常年会第 13 号文中关于"复议消弭下游劫杀案"一事，总督是在宣统二年三月六日给予札复，基本按福建咨议局的意见办理，而在复议时议员林辂存提出质疑："此案各条经督部堂核准，是督部堂有实行之责，何以本年厦门劫杀更多，且延及提台衙门左近，在府城内尚有抢劫，不成事体。若不以本局所议为然，则不应批准，即批准而未实行是又何也。"又如关于"复议革除厘金积弊改办统捐案"，总督同样基本同意福建咨议局意见，并给予札复，然而又有议员孟思培提出执行不力的例子，"本议员本年正月经过延平、建宁水口等处，均有需索留难之弊，并未见其革除。"再如对于"复议暂行诉讼规则案"，总督同样是准福建咨议局所请，但借口"部颁状纸"未到，而迟迟不办。[②] 因此，在"复议整顿闽路案"时，议员刘崇佑感叹说："事隔一年，至今日尚未札复完全，如何办事，本议员不能不发言，中国办事如此，

① 《第一次福建咨议局议事速记录》，福建咨议局辑，清宣统元年，第 22 号。

② 《第二次福建咨议局议事速记录》，福建咨议局辑，清宣统二年，第 13 号。

此所以致有今日也。”[1] 此种例子不胜枚举，只是说明一个问题，议案的执行效果并不理想。

既然行政官厅基本上采取拖延、不合作的态度，福建咨议局把议案执行的希望寄托在基层的自治组织身上也就成为自然而然的事情。纵观福建咨议局两次常年会提议案，大部分是围绕教育、商务、农业、航运、户籍、地方自治、税捐、财政等方面展开的，这和地方自治组织的职权基本一致。在《城镇乡地方自治章程》职任权限一节明确规定地方自治权限包括学务、卫生、道路工程、农工商务、社会救济善举、公共营业、筹款，其他向归绅董所办之事等等。职权的一致性使两者很容易找到利益的结合点，促使其关系更为密切。从前文所提议案中也可以得到证明，如在第二次福建咨议局议事速记录第 10 号文件中“闽侯城议事会代表陈培锟请以国民捐拨充自治经费建议书之提出”一案是对福建咨议局第一次常年会“请拨还国民捐款为地方自治经费案”的回应，而罗源城议事会敢于任事，为禁赌和地方行政官厅据理力争则是对福建咨议局所提“实行禁止彩票并赌博赌具提议案”的积极回应。

再以江苏咨议局与地方自治关系观之。

江苏省地方自治在筹备之初便与咨议局建立了密切的关系。其首先表现在自治筹备期间机构上的交叉重叠上。清末江苏地方自治是分苏属、宁属分别展开的，苏属包括苏州、松江、常州、镇江、太仓等四府一州，主要指江南地区；宁属则包括江宁、扬州、徐州、淮安、通州、海州、海门等四府二州一厅，主要指江北地区。两属自治筹备机构沿革过程大致如下：宁属在 1907 年设立筹办地方自治总局，以创办自治研究所为首务；1908 年又在筹办地方自治总局内附设咨议局。[2] 苏属于 1907 年于苏州城设立苏省地方自治调查研究会，1908 年扩大为苏省自治局（内附自治研究所），并设咨议局（此咨议局与宁属同，亦属自办性质，后改为咨议局筹办处，[3] 内附设地方自治筹办处）；1909 年，苏属将所设咨议局筹办处归并江宁，共同筹办江苏省咨议局。[4] 苏属将自治局裁撤，与原咨议局筹办处之一部合并，改称苏属地方自治

---

① 《第二次福建咨议局议事速记录》，福建咨议局辑，清宣统二年，第 14 号。

② 此咨议局是苏省在清廷之《咨议局章程》颁布前自行开办的，清廷《咨议局章程》颁布后，改称咨议局筹办处，重新按章筹办。

③ 江苏苏属地方自治筹办处：《江苏自治公报类编》，卷七至卷八，文海出版社，1989，第 323 页。

④ 后来因为议员分配名额问题又有分办之议，显示了宁属与苏属的矛盾。

筹办处。[1] 亦即是说，1909 年之后，宁属地方自治筹备总机关为筹办地方自治总局、苏属地方自治筹备总机关为苏属地方自治筹办处。由咨议局与地方自治机关之沿革可见两者关系之密切。

其次，从自治筹备机构人员组成亦可以看到咨议局与地方自治关系之密切。原来筹备咨议局之部分人员，在咨议局议员复选举完毕后，转入地方自治的筹办工作。如苏属地方自治筹办处之“提调以下办事人员，由总会办等就原设之自治总局及咨议筹办处各员内遴委，用此次自治筹办处人员”[2]。

再次，在江苏咨议局运行过程中，其对地方自治之推行更是倍加关注。在 1909 年江苏咨议局常年会中，议员侯瀛、雷奋、谢源深等相继提出有关自治经费的议案。[3] 于定一、钱一振提出苏属筹办城镇乡自治缩短时间的理由及日期表。[4] 清查荒地一案，更是关涉地方自治问题等。[5] 在 1910 年咨议局常年会上，议决案共 32 件，与地方自治有直接关系者 2 件，如《限制自治当选人谢绝》《自治公所应整顿农务工艺》等；地方自治机构应协助进行者 9 件，如《流通民食》《支配地方财政》《禁制逃荒》《推广初等教育》《截止报卖沙滩》《昭文镇洋海塘工款》《选举县视学》《法令公布规则》《东三省移民殖边》等，[6] 也就是说在所有咨议局议决案中，与地方自治有直接或间接关系的比例多于三分之一。这说明咨议局对地方自治的重视，也进一步证明地方自治与咨议局的密切关系。江苏咨议局议员蔡璜在其提案《一体变通自治进行》中开明宗义指出：“咨议局以地方自治为根据地，地方自治未经成立，势同孤寄。”[7] 可见时人对咨议局与地方自治关系的定位。

由此可见，咨议局与地方自治组织之间实际上形成相辅相成的关系。因为咨议局的准立法机构地位，其可以在自己的权限内给予地方自治以有力的支持，促进地方自治的推行，但因其又非真正的省最高立法机构，决定其议决案也只能停留在建议的层次；地方自治应该是清末宪政中最具实质性的东西，然而因为其与地方行政官厅斗争中的弱势地位，势必寻求咨议局的支持，

① 《苏抚电请另设苏属自治筹办处》，《申报》，1909 年 6 月 8 日。
② 《苏属自治筹办处成立之情形》，《申报》，1909 年 6 月 11 日。
③ 《江苏咨议局议案》，《申报》，1909 年 10 月 28 日至 10 月 29 日。
④ 《苏属筹办城镇乡自治缩短年限限期成立案由书》，《申报》，1909 年 11 月 6 日。
⑤ 《江苏咨议局议场速记录》，《申报》，1909 年 11 月 12 日。
⑥ 江苏苏属地方自治筹办处：《江苏自治公报类编》，卷二，文海出版社，1989，第 171-182 页。
⑦ 《议案》，《申报》，1909 年 11 月 10 日。

而又由于行政官厅对咨议局议决案的拖延和敷衍，地方自治组织又成为咨议局议决案的拥护者和执行者。

第三节　清末地方自治的实践及反思

一、清末地方自治的实践

（一）官督绅办地方自治

在清末地方自治章程出台之前，各地根据朝廷意思进入试办地方自治阶段，因为此一阶段地方士绅在其间的特殊作用，将其称之为“官督绅办”，并非空穴来风。

以上海城厢内外总工程局为例。在上海城厢内外总工程局酝酿及成立的过程中，曾先后出台两个重要章程，第一个是《上海县城厢内外总工程局章程》（1905 年 10 月，下文简称《章程》），另一个则是《上海县城厢内外总工程局简明章程》（1906 年 2 月，下文简称《简明章程》）。根据章程出台的时间推测，第一个章程出台于上海绅商呈请设立工程局之时，由上海地方士绅起草；第二个章程则是经过官厅审核之后而正式批准的章程。

就地方士绅所订《上海县城厢内外总工程局章程》看，其不但明确规定工程局以上海知县为督办，接受上海县知县的指导监督，而且还有“工程局原系官督绅办”的文字，说明其官督绅办的性质。但是地方士绅的权限较为突出，如其规定：第一，局中主要人员都是由选举产生，如总董、帮董、会议董事等。第二，严格限制官厅在工程局中的作用，将其限定在监督与指导的地位，甚至更小，如《章程》尽量扩大总董的权限而限制督办的权限。“总董权限，主一切应兴应革之事，会商督办，经督办认可者，即由总董办理，督办不得掣肘，如督办不认可，而事关重大，势在必行者，邀集会议董事，共决可否，其有会议董事不能决者，开特别大会公共决议。”这样就在法律条文上把行政官厅的分量降到最低。第三，就其所办事务来看，主要有清查地亩、开筑马路、整理河渠、推广警察、考求工程、派员发审等，有些权限原属行政官厅，现在地方士绅亦积极要求分享，特别是在派员发审一项，“甲、工程局原系官督绅办，然县主政务殷繁，若事务大小，概行送县，必有日不暇给之势，应请特派工程局发审委员，州县一员，佐贰一员，凡警察分局案件，概送工程局发审委员讯问，可了者即了，案情稍重者，仍送县究办。乙、发审委员宜由地方会议公举指名请派，州县薪水与总董同，佐贰与帮董同，若办事判讼不孚与舆论，随时由总董帮董开会公议禀道撤换。”① 这表明地方士绅追求更高自治的欲望。

至《简明章程》颁布，工程局的权力明显降低。如其明确规定，“本局尊奉苏松太道照会设立，为整顿地方一切之事，助官司之不及与民生之大利，分议事、办事两大纲，以立地方自治之基础”，这在《章程》中并未规定，因此可以看到《简明章程》更加突出行政官厅的因素。另外，《简明章程》还有几处进一步凸显行政官厅的作用，如在“设局总纲”中规定“本局奉苏松太道照会接办南市马路电灯以及城厢内外警察一切事宜，所有应行兴办各事见后开办事条件；本局设办事总董五人，内一人为领袖，设议事经董三十三人，内一人为议长，均由地方公举呈请苏松太道核准；本局由苏松太道详准颁发钤记，以昭信守，文曰上海城厢内外总工程局钤记。”在“任事权限”中则规定“本局应办各事经议事经董议决后，即由办事总董施行，其应关白上海县知县者，由领袖总董随时关白，倘遇重要事务，应陈明苏松太道者，亦由领袖总董陈明施行”等。相比较而言，在《章程》中，则仅仅规定“工程局以上海知县为督办，不另派委员”而已。②

由此可见，经过官方审核之后的《简明章程》明显加强了行政官厅的因素。对于这一变化，应该以辩证的目光去认识：《简明章程》突出了行政官厅的因素，这是其保守性的一种表现，但其规定更加严密，实为工程局将来之行动提供了坚实的合法性基础。另外，虽然行政官厅审订后的《简明章程》使上海县自治的“官治”味道变浓，但却不可否认地方士绅在上海县自治中仍然起到主导的作用，这一点由总工程局的人员组成可见一斑：

① 《上海县城厢内外总工程局章程》，《东方杂志》第2卷第10号。

② 参见《上海县城厢内外总工程局章程》，《东方杂志》第2卷第10号；《上海县城厢内外总工程局简明章程》，《东方杂志》第3卷第1号。

表2－1　上海县城厢内外总工程局董事出身统计表

出身	第一届		第二届	
	人数	%	人数	%
传统功名	2	40	2	40
商界领袖	3	60	3	60
共计	5	100	5	100

材料来源　周松青：《上海地方自治研究》，上海社会科学院出版社，2005年版，第88页。注：第一届系光绪三十一年十一月至光绪三十四年十月；第二届系光绪三十四年十月至宣统元年十月。

表2－2 上海县城厢内外总工程局议董议员出身统计表

出身	第一届		第二届	
	人数	%	人数	%
传统功名	11	33.33	13	39.39
留日			1	3.03
商界领袖	12	36.37	10	30.30
未知	10	30.30	9	27.27
共计	33	100	33	100

材料来源　周松青：《上海地方自治研究》，上海社会科学院出版社，2005年版，第88页。

通过以上两个表格可以看出，总工程局的领导非绅即商；在议董议员中，也是以商界人士与地方士绅为主。虽然第一届议员议董未知留日的具体人数，但比较第二届可知，其必不会占多大比重。这些数据表明，绅商（或绅与商）在上海总工程局创办过程中，起着主导作用；新型知识分子虽然以最新的面貌出现，但仍处于从属地位。

另外，根据总工程局创建的过程可以看到，其是官方应上海绅商的呼吁而建立的，这正好符合清廷预备立宪的宗旨，故而形成一个好的开始。总体上说，上海县城厢内外总工程局是在官厅指导监督下，以绅办为主的地方自治机关。这一定性亦得到大部分研究者的赞同，有学者指出“上海的地方自治，主要为士绅所推动，而获得地方官的允准，以及商人阶级的支持”[①]。亦有学者认为“上海地方自治起于民间的呼声和诉求，通过士绅阶层自下的运动，得到民众的广泛支持，形成一股声势较大的自治思潮。这股思潮后来得到官方的回应，从而使下层的诉求与上层的支持合为一流，成为中国地方政治改革的先声”[②]。

总之，从上海城厢内外总工程局的章程、人员组成，及其与官厅的关系来看，其无疑是属于官督绅办的性质。但是官厅在其创办及存在的过程中，并未过度干预，使其能够充分发挥自治的精神。同时应该指出，上海县的地方自治并不是严格意义上的近代地方自治，除了行政官厅对总工程局的直接影响之外，其职员亦不是通过严格的民主程序选举产生；另外其对地方事务的表决权也主要掌握在部分地方精英手中。周松青博士的研究亦表述了相同的看法。[③] 总而言之，上海县的地方自治虽然引进了某些西方地方自治的因素，但其仍然处于行政官厅的严密监督之下，缺乏独立的人格。

再就江宁、苏州、南通等地的地方自治来看，江宁所办地方自治官味最浓，从自治总局局长到参事，基本是以现任官员为主，只是在附设的地方自治研究所中，才“征选各州县之士绅为学员，研究地方自治法理”而已；[④] 苏州则有明显的改观，虽然自治、咨议两局局长与参事是以现职官员为主，但其同时规定：“照会省绅前翰林院侍讲学士邹福保为自治局局长。其余课员以下，由总理会同局长，遴选娴习法理官绅，分别委用。”同时，苏州巡抚陈启泰还常常邀集苏州士绅共同商讨两局的应行事宜，这无疑给地方士绅的参与提供了更大的空间。南通试办的地方自治比较特殊，其多借助于张謇个人的力量来推行。马敏指出：“从19世纪末到20世纪初，张謇以极大的气魄和极坚韧的精神，从实业、教育、水利、交通、慈善、公益诸方面着手，在南通经营地方自治凡20余年，终于把南通从一个经济落后、交通不便、风气闭塞的小县城建设成为一个经济繁荣、民生富足、文化发达的‘模范县’，一个

① 台北教育行政部门主编：《中华民国建国史》（第二卷），台北市编译馆，1987，第752页。
② 周松青：《上海地方自治研究：1905—1927》，上海社会科学院出版社，2005，第102页。
③ 周松青：《上海地方自治研究：1905—1927》，上海社会科学院出版社，2005，第286页。
④ 柳诒征：《首都志》，正中书局，1935，第587页。

‘新世界雏形’。”[①] 但也有研究者认为，其带有更加浓厚的传统绅治色彩，不可避免人亡政息的悲剧。因此，南通的地方自治称之为绅治似乎更加合理。

自治职员的成分与产生是衡量地方自治性质的重要标准之一，而地方自治经费的来源则是另外一个重要指标，其往往影响地方自治的性质。上海地方自治的领导者主要是当地著名绅商，其以雄厚的资金为后盾，不存在太大的经费困难，因此，其拥有更多的自治权。江宁、苏州因为经费来自官厅的借拨，亦不存在多大的困难，如江宁“由财政局先行垫付银三千两为开办经费，不敷之款，随时禀由本堂饬局垫付”[②]。但是，因经费来源官厅，办事时就不得不受官厅的限制，其独立人格不免大打折扣。在南通试办地方自治的过程中，因为经费主要筹自地方，不免困难重重。根据 1907 年张謇的预算，当年通州地方筹设公立民立学校五十五所，常年支款多至八万三千余元，这部分资金正在设法通过地方筹募。然而还有三万余元的自治基本金无从解决。[③] 因而不得不求助于地方官厅。因此，地方自治经费问题实质成为行政官厅监督限制地方自治的有力工具。

性质如此，其成效如何呢？

仍然先看总工程局，上海县城厢内外总工程局成立之后，其“接收电灯厂，改旧有巡勇为巡士，裁印捕，撤水巡，接收十六铺南北中三局，开放警察，编订门牌，接收月捐”等，同时，其仍把主要精力放在改造上海的交通、道路、教育、社会保障等传统绅治事务上，并先后开筑和翻修道路 56 条，改造桥梁 46 座，开辟城门 3 座，疏浚河道 9 条，筑造码头 4 个、驳岸 7 个；增设七所小学校，除一所公立外都为私立；创设医学研究所（在总工程局的支持下，后扩大为中西医院；平价售米，使上海平安度过了光绪三十二年的全国大灾荒等）。“至宣统元年十二月，实施改组，选举告竣，改为上海城自治公所矣。”[④] 可以说，在总工程局存续的四年里，其成绩是显著的。

就南通而言，其初期试办地方自治亦颇有成绩，根据张謇对 1908 年之前南通地方自治成绩的统计可见一斑：学务方面，1901 年即设初级师范学校，

---

① 马敏：《营造一个和谐发展的地方社会——张謇经营南通的启迪》，《华中科技大学学报（人文社会科学版）》2006 年第 2 期，第 41 页。

② 柳诒征：《首都志》，正中书局，1935，第 586 页。

③ 沈云龙主编：《张季子（謇）九录 · 政闻录》，台湾文海出版社，1983，第 1821–1823 页。

④ 《上海地方自治之经过及现状》，《地方自治》1922 年第 2 期，第 1 页。

1903年设初等小学校，1905年设高等小学校，1909年设女师范学校。以1908年为界，已创办之初等男女小学校70处，男女高等小学校4处，师范3处，中学1处，其余关于学务者，还设立教育会、劝学所、宣讲所、博物苑、阅报社等；蒙养院则正在筹办之中。卫生方面，已设立公园戒烟会、施药局等，正在筹办者为城厢之改良厕所、清洁道路、清除污秽等。道路工程方面，已建成者为城镇路灯，而就地筹办者为建筑桥梁、疏通沟渠等。农工商务方面，已建成者为三五工艺厂、州城整理商业，正在开办者为开设市场、筹办水利、改良种植等。善举方面，已成立者为恤嫠、保节、育婴、义仓、积谷、救火会、义棺、义冢等，正在筹办者为保存古迹等。因经费有限，还有不少自治事业未来得及展开，如电车、电灯、自来水等不及办理。[①]

总之，在清末民间试办地方自治的过程中，因各地情形不一，官绅所扮演的角色就不完全一致。对于官督一项，各地仅存在程度差别，因此称之为"官督绅办"并无不妥。这种官督绅办的地方自治既有别于我国传统的绅治，亦有别于近代西方的地方自治，其实质是传统与现代的结合。传统的部分是士绅继续在国家与基层社会之间扮演一种缓冲的角色，如总工程局之设，主要是因为南市马路工程善后局过于腐败，而改善这一不良形象的方法，则莫如由地方上自办，如此不但可以改良行政官厅的形象，也可以维护地方上的利益，可谓两全其美；现代的部分则是对西方民主程序的引进，通过推举或选举的方式组成议决与执行机关，显示出一定范围内有限民主的精神。另外，地方自治的实验还带有国家失序时期地方秩序自我重建的色彩，地方士绅们希望通过引进近代西方政治体制来完成对基层社会秩序的重新构建。马小泉经研究后指出："由于社会日趋分化，离心倾向日增，'清廷之威信已扫地无余'，越来越多的有识之士，尤其是资产阶级立宪党人，均把励精图治的希望寄托于地方政治改革。"[②] 事实证明，地方自治制引介的过程，亦是绅权不断扩张的过程，这一扩张显示了民间社会力量的成长，标志着第三领域的社会化倾向。当这种扩张与清王朝控制、整合基层社会的目标相冲突时，其被行政官厅所主导的地方自治取而代之，也就成为必然。

---

① 沈云龙主：《张季子（謇）九录·政闻录》，台湾文海出版社，1983，第1816–1818页。

② 马小泉：《地方自治：晚清新式绅商的公民意识与政治参与》，《天津社会科学》1997年第4期，第106页。

（二）地方自治的官治化趋势

随着政府正式参与地方自治的筹办，行政官厅开始处于主导地位，从自治法令的制订、颁布到付诸实践，基本是行政官厅在运筹帷幄。同时，行政官厅亦清楚，仅靠自身的有限力量，是难以将各项自治法令贯彻下去的，其必须依靠基层社会中的地方精英。因此，在清末地方自治推行的过程中，真正躬身实践的仍然是基层社会的地方精英们，行政官厅则手持监督的利器，左右其在预设的路径上行走。因此，对于清廷所主导的地方自治，可以定性为“官为主导，绅为主体”，以下结合江苏地方自治筹办的进程，试加以分析论证。

1. 各级自治筹备公所

首先，就各级自治筹备公所的规约来看，其对自治筹备过程中官、绅的作用都有明确的界定。在长元吴城厢自治筹备公所规约中有如下明确规定：“本公所一切事务由地方长官照会郡绅，由各公益团体之领袖及热心士绅协力分任之。调查户口章程第六条调查职员未经选出以前，所有调查事务由本公所酌定相当士绅定期举办，其调查细则另定之。经费在自治公所未成立前议由官绅各半筹垫，其认垫者及垫数别以议案载存之。本公所呈由地方官及省城自治筹办处准办，惟所办系筹备自治公所，不请刊发图记。”[①] 因此，从自治筹备公所之创办者、调查户口人员的确定、自治经费的筹集、合法性来源等几个方面来看，其都能说明自治筹备公所之“官为主导，绅为主体”的性质。

其次，就各级自治筹备公所的成立来看，基本是由行政官厅召集地方士绅集议成立。如在接到苏州巡抚颁发的城镇乡自治章程后，常州武阳两邑长官马上照会劝学所、教育会、商会、乡董公所各团体，筹议办法。6 月 27 日，各团体假商会筹议此事，并请两邑长官莅会，拟以双桂坊忠义祠为城自治筹备公所，公推恽莘耕观察为所长，某绅为副所长，某绅为驻所办事员，俟两邑官长照会后，即可成立。[②] 扬属邵伯镇自治宣讲所于 6 月 22 日开会，参加者均为绅商学界人士。[③] 6 月 30 日邵伯镇官绅借来鹤寺开特别大会，组织自

① 《自治筹备公所订定规约》，《申报》，1909 年 8 月 17 日。

② 《武阳自治公所之开幕》，《申报》，1909 年 6 月 28 日。

③ 《研究自治之一斑》，《申报》，1909 年 6 月 29 日。

治筹备公所，甘泉万县令登台演说并捐贴经费七十千文以示提倡。① 松江青浦县西乡珠家阁镇绅商学界卫家寿等于6月27日午后，在城隍庙米行厅议设地方自治研究公所，演说自治进行程序，推举正副会长等。② 7月3日，华娄张、刘两县令邀集城乡绅士就普照寺会议地方自治事宜，就华娄分合问题、局所、经费、职员等进行讨议，特别是职员一项，“本应公举，现在局所未开，暂由两邑令择委士绅十二人作为干事员”③。7月2日昆新两邑绅商学界借顾亭林先生祠开会，昆山、新阳两县令均到场，城乡各团体到会者一百余人。④ 长洲赵县令会同本地热心公益之绅商，商榷办理地方自治事宜。⑤ 再如扬州之江甘、⑥ 太仓之太镇、⑦ 苏州之吴震、⑧ 无锡之锡金⑨等皆是在地方行政长官的督促下，由绅学商集议设立自治筹办公所的。

根据苏属自治筹办处拟定的各厅州县自治筹备日期详表，在江苏各城镇乡自治机关陆续成立的同时，县自治的筹备亦逐渐展开。1910年7月20日，锡金城乡各绅在劝学所会议县自治筹备事宜。⑩ 松江南汇县城镇乡筹备地方自治总公所，在奉到省自治筹办处颁发的厅州县地方自治筹备日期详表后，即遵令将城镇乡自治筹备公所撤去，改为县自治筹备公所。并邀集四乡各绅，拟于7月26日各在本镇乡地方邀集区内绅士，举定职员，设立各镇乡调查事务所，以为将来县自治之预备。⑪ 常州武阳两邑则拟将原来之乡董公所裁撤，提取原有经费三分之二为筹备县自治经费之用，⑫ 并于6月19日开正式成立研究会。⑬ 松江华娄张刘两县令，于8月5日会同两县士绅会议举办县自治事宜。⑭ 苏省自治筹办处亦札催各属组织县自治筹备公所，“并定该公所内应先

---

① 《劭伯镇组织自治公所情形》，《申报》，1909年7月8日。
② 《珠家阁镇议设研究自治公所》，《申报》，1909年7月4日。
③ 《娄县会议自治事宜》，《申报》，1909年7月5日。
④ 《昆新自治公所成立》，《申报》，1909年7月8日。
⑤ 《照会士绅组织自治公所》，《申报》，1909年7月12日。
⑥ 《江甘自治合办之先声》，《申报》，1909年7月13日。
⑦ 《太镇地方自治研究所成立》，《申报》，1909年7月26日。
⑧ 《江震城厢自治公所成立》，《申报》，1909年7月27日。
⑨ 《锡金自治公所开幕》，《申报》，1909年7月29日。
⑩ 《集议筹备县自治办法》，《申报》，1910年7月27日。
⑪ 《南汇二团乡筹备自治》，《申报》，1910年7月30日。
⑫ 《武阳县自治经费有着》，《申报》，1910年8月2日。
⑬ 《武阳县自治筹备公所成立》，《申报》，1910年8月12日。
⑭ 《华娄筹办自治之进行》，《申报》，1910年8月7日。

多设宣讲所，派员分赴各镇乡宣讲自治原理，开导一切，以免阻滞。”①

总之，从自治筹备公所建立的过程可以看到，行政官厅与地方精英是一种主导与主体的关系。这种合作关系在利益不一致时，亦会发生矛盾。如扬州江甘自治公所在选举自治职员过程中，行政官厅的专制行为遭到与会者施永华的反诘，因县令回答之理由不能服众，集会之绅学商一哄而散。最后，江甘两县令决定指派，以免再生纠葛。② 反对专制的结果导致专制的变本加厉，适见官厅对自治筹备的主导地位。在县自治筹备公所的建立过程中，部分职员是由地方推举产生，如华娄两县的县自治筹备职员皆系推举产生。但更多地是由官厅委定，如武阳县自治筹备公所，则由府县委定恽绅等为县自治筹备公所正、副所长，各乡董及劝学所总董、城自治董事为参议。③ 这是官厅主导的又一明证。正是因为行政官厅的主导作用，严重削弱地方自治筹备过程中的民主精神，民众的主动性与积极性遭到一定的打击。

2. 各级自治机关

在地方各级自治机关成立的过程中，“官为主导、绅为主体”的性质进一步彰显，根据各级自治机关成立的步骤，以下按照城厢—镇乡—府厅州县的顺序分别予以介绍：

首先，与自治筹备期间不同，在地方各级自治机关成立的过程中，行政官厅开始退到幕后，因为它们此时获得一个更加合法的名号——自治监督。虽然实现了各级自治职员由选举产生的形式，但行政官厅仍然掌握着最关键的权力，即由选举产生的主要自治职位仍然要得到行政官厅的认可，如长元吴城董事会之总董、董事及名誉总董在选出之后，应“呈请抚宪加札委用”④。对于各级议事会，行政官厅则施以严格的监督，在长元吴自治公所议事会第一次开会时，自治监督赵、吴、陈三大令均到会监督。⑤ 华娄两县自治公所议事会开幕之际，府尊戚太守、华亭张大令即赴会监督指导。丹徒城厢自治议事会第一次开会之际，监督倪大令亦亲临大会实施监督。⑥ 但这并不影响自治机关中地方士绅为主体的现实。如在青浦县城议、董两

① 《苏省自治筹办催促进行纪详》，《申报》，1910 年 8 月 9 日。
② 《江甘自治选举冲突》，《申报》，1909 年 8 月 1 日。
③ 《武阳县自治将开成立大会》，《申报》，1910 年 8 月 8 日。
④ 《长元吴董事会定期成立》，《申报》，1910 年 6 月 4 日。
⑤ 《苏台自治进行之一斑》，《申报》，1910 年 6 月 25 日。
⑥ 《各省筹办地方自治》，《申报》，1910 年 6 月 15 日。

会（见表2－3）中，议事会正、副议长，董事会总董、董事皆有科举背景，这表明正绅地位仍然稳固，是一个非常典型的例子。另在长元吴城自治公所成立之际，其邀请城厢士绅光临以增加其影响，根据此一邀请名单来看，这些人不是大人，就是老爷，抑或是大老爷。[①] 在“官督”的同时，还颇有“绅督”的意味。

表2－3　清末青浦县城自治机关的组成

自治机关	成　员
议事会	正议长：张毓英（举人）、副议长：叶其松（贡生）议员：蔡钟秀（贡生）、朱鸿恩、徐震民、张濡泽、茅承基、俞师言、施恩霈、支颂尧、李维城、盛作霖、宋宝祁（贡生）、张家樾、董人镜、孙似康、徐正常
董事会	总董：许其荣（贡生）；董事：金咏榴（举人）；名誉董事：沈树敏、章纪纲、吕钟、张汝谐

资料来源　1. 近代中国史料丛刊三编，第五十三辑，江苏苏属地方自治筹办处编《江苏自治公报类编》，卷一至卷三，文海出版社，第45期，第150页。2. 参考《进士举人表》《贡生表》《武科表》《毕业生奖励表》等，《青浦县续志》，第534-543页。

另外，城厢议事会提案的性质亦可以证明自治公所的性质。城厢议事会提案主要分四类：议员建议事件、董事会交议事件、选民请议事件，[②] 还有职业团体如商会等提议事件等。一般非选民的普通民众则无提案权。可见所谓的地方自治实质则是少数人的“专制”（或者说是绅治）。因为各项议案必须经过行政官厅的核准方能执行，所以说，城厢自治确为“官为主导，绅为主体”。

其次，镇乡自治机关成立于城厢自治机关之后，各地成立的日期亦参差不齐。此一点在前文宁属与苏属行政官厅的奏折中已可窥得一斑。并且，在镇乡自治机关中出现了比城厢更加复杂的情况：第一，自治职员往往由旧有乡董充任。除严重违反自治章程者，大部分旧有乡董皆能当选，如在太仓太镇各乡自治选举中，其旧时镇董除吸烟者略加斥退外，其余一律当选。[③] 第

① 《长元吴城自治公所成立之期邀请人员名单》，苏州市档案馆藏，苏州商会（民国）档，I14-001-0274-016。

② 《长元吴三县城自治公所议事会规则》，《申报》，1910年6月26日。

③ 《太镇自治进行之一斑》，《申报》，1911年2月5日。

二，镇乡自治机关仍然受到行政官厅的严格监督。如苏州苏乡浒墅关镇自治分所镇议事会开幕时，各绅则邀请长洲县张大令，前往监督开幕。[①] 第三，乡镇自治机关往往被一班土豪劣绅所把持。如松江金山东一乡地方议事会议员中，就有前曾犯案被罚五百金之沈少秋，及向业地师之子沈子达等，这些人都是通过运动当选的。[②] 另外，亦有与行政官厅相抗衡的案例，如武进金县令批斥议事会呈报禁止吃请茶议决案，引起循理乡全体议员的不满，并以辞职相抗议。[③] 但这种情形实属凤毛麟角，其表明地方精英不断向国家靠拢的事实。

虽然出现了更加复杂的情况，但可以断言的是，镇乡地方自治仍然不脱“官为主导，绅为主体”的窠臼。并且，越是基层的地方自治机关，存在问题越多，旧绅之恋栈，地痞之把持，导致地方自治失去应有之义。

再次，按照自治章程之规定，厅州县自治机关由议事会、参事会、行政官厅三部分组成。而实际上清末自治机关之设置仅止于县一级，且县一级自治机关，成立者亦属寥寥，即使成立者，也往往并未开议。时人对厅州县自治机关的评价是：“其地位介于官府与下级自治之间，兼有官治与自治之性质，故其编制必用官治与自治合并之制度，窥其用意，不过欲夺自治之权归诸官府，名为合并制度，实则官治而已。”[④] 这种完全取法于日本之自治制的方式，进一步凸显行政官厅在上级地方自治中的绝对主导地位。

在县自治机关中，地方士绅仍然是主体。如在青浦县自治机关（见表2-4）中，虽然大部分自治职员的身份不能确定，但是根据自治章程的限定，这些人必是绅商学界中的人士无疑。另外，议长仍然具有科举背景，这表明士绅仍然起着领导的作用。但县自治机关中士绅的人数却比城自治机关中少了很多。[⑤] 这与当时传统士绅在区域社会的不断退却及其渐趋保守的心态是一致的，但是否为当时的普遍规律，还有待于进一步考证。

① 《浒关镇议事会开幕》，《申报》，1911年7月2日。

② 《民部注意自治流弊》，《申报》，1911年6月12日。

③ 《循理乡议员全体辞职》，《申报》，1911年6月28日。

④ 《时评》，《申报》，1910年2月24日。

⑤ 在城自治机关中，有科举背景者达6人之多，占总数的26.09%；在县自治机关中，有科举背景者只占2人，占总数的8.70%。

表 2-4 清末青浦县城自治机关的组成

自治机关	成员
议事会	议长：蔡钟秀（贡生）、副议长 吴保华 议员：席裕寿、徐国士（武举人）、俞达章、倪世基、陈觐丹、黄封、朱光辅、徐申锡、张泽濡、王德培、吴邦墚、王镜清、张筠、何锡勋、陈式蕃、张之珍、徐宗贤
参事会	参事员：唐汝绅、支颂尧、诸光、许启秀

资料来源 1.《青浦县续志》，551-552 页；2. 参考《进士举人表》《贡生表》《武科表》《毕业生奖励表》等，《青浦县续志》，534-543 页。

总之，江苏省各级地方自治机关的成立进一步彰显“官为主导，绅为主体”的性质，并且自治级别越高，行政官厅的干预就越强。

3. 地方自治经费

地方自治经费的来源亦是透视自治性质的一个重要视角。按照自治章程，自治经费是有固定来源的，① 但因为过去地方财政过于混乱，往往把持在一二劣绅之手，一时无法整理。② 苏垣自治筹备公所绅董在清理公款公产时，即遭遇此种困难：“城厢内外各善堂、仓所，历年既久，中更数手，头绪又繁，一时清查匪易。现闻某善堂董会有变卖公产市房等事，因此为难之处甚多。”③ 所以在各城厢自治筹备期间，其经费主要来源于官厅与士绅的垫付。如在武阳筹备自治公所成立时，所有一切经费由恽绅担任。④ 娄县在筹办地方自治时，经费“议由绅士联名具禀抚宪借用浚河经费存息，不足提赈余存款”⑤。苏垣地方自治会在开办过程中，议定经费预算开办八个月，经费大约八百元

① 根据苏抚提议、苏省咨议局的议决，苏省地方自治经费将分为三大块：地方公款公产、附捐特捐、过去吏胥董保所掌握之公款等。除此之外，还特别规定两点：其一，自治区域内如有无主荒地或新涨州地，得由自治公所查报、承领并设法垦辟作为公产；其二，特捐的征收范围：奢侈消费之品，如烟酒捐，茶捐、肉捐之类，一切作为无益之事，如戏捐、经忏捐之类。鉴于宁苏各属地方情形不同，特捐性质应以本地方能否通行为准，不为通省划一。各地应列举可以征收特捐之种类名目，作为标准，使各地方之办自治者，既有法定的范围，又有参酌的余地。至本地方大宗物产如棉花、丝、米、豆、麦之类，亦可酌量地方情形，征收特捐，以助自治之进步，但不得因此妨碍小民生计。《议决案》，《申报》，1909 年 10 月 23 日。

② 东吴：《论地方自治第一次筹款之难（续）》，《申报》，1909 年 8 月 5 日。

③ 《清理公款公产之为难》，《申报》，1909 年 11 月 13 日。

④ 《武阳自治公所之开幕》，《申报》，1909 年 6 月 28 日。

⑤ 《娄县会议自治事宜》，《申报》，1909 年 7 月 5 日。

左右，即以藩署津贴拨充。[①] 苏州长元吴城厢自治筹备公所开办经费先由各公团垫付，[②] 共同担任各一千元，后因预算一切不敷开支，再由县绅各担任五百元等等。[③] 自治经费既然由官绅垫付，其必然要求在地方自治筹办过程中占据主导地位。

杨寿祺认为，在地方自治推行过程中，自治经费划分不明确是首先要解决的问题，因而提出几点办法：第一，以区域范围定之，即厅州县自治经费要与城镇乡自治经费划分清楚；第二，以事务范围定之，防止挖西墙补东墙的现象；第三，宜以管理征收之法律范围定之，防止少数大的士绅把持自治经费的现象出现。[④] 杨寿祺指出了其中存在的部分症结，但在当时情况下，这些建议皆难以立即实现，结果只得采取官绅垫付的方式。而这种官绅垫付的方式严重影响了地方自治的主导权：由官厅来垫付，一切自治事宜往往仰官厅之鼻息；由士绅来垫付，则自治事务往往取决于出资士绅之个人意志。

（三）清末反自治民变问题

自治民变是清末地方自治推行过程中值得注意的现象，原本是增加民权的改革，但为什么不为人们所接受，除了民智较低之外，实际上还存在更加复杂的原因。以江苏反自治民变观之，大致可以从1910年3月为界分为前后两个阶段：第一个阶段以反对户口调查为主，[⑤] 次数频繁；第二个阶段次数减少，但来势凶猛，原因更加复杂。[⑥]

地方自治的推行，以户口调查为入手之法，“调查户口，何为乎？曰将以为自治统计也。调查选民，何为乎？曰将以为自治选举也。”[⑦] 所以，户口调查是所有自治事业的基础。在清末户口调查过程中，江苏各属所制订的规程并不一样，如武阳县自治办理顺序为：先调查选民，然后选举议、董两会，

① 《地方自治会职员议纪要》，《申报》，1909年7月7日。

② 《官绅筹办自治公所情形》，《申报》，1909年7月17日。

③ 《筹办地方自治之纲要》，《申报》，1909年10月13日。

④ 杨寿祺：《论地方自治经费宜速明定权限》，《申报》，1909年10月12日。

⑤ 据有关统计，在1909年、1911年两年间，直接因反对调查户口而发生的民变遍及全国15个省区，其中江苏省37起，是各省中最多的。统计来源：《清末民变表》，《近代史研究》1982年第4期。因此对江苏省的研究较具典型意义。

⑥ 王树槐先生将之分为三个阶段：1910年以反对户口调查及每户收取纸笔费为主；1911年以争夺庙产为主；1911年2月之后，虽有捣毁自治局之案件，但情势总体缓和。王树槐：《中国现代化的区域研究：江苏省，1860—1916》，中央研究院近代史研究所，1984，第208页。

⑦ 《各镇乡调查户口选民浅说》，《申报》，1910年7月8日。

次再调查户口。[①] 丹徒县则先划分区域，设立宣讲所，然后派员调查城内外人民户口。[②] 而后一种先宣讲，后调查的方式，为大多数地方所采取。

为了打消人民的疑虑，在调查户口之先，苏属地方自治筹办处先就调查户口的好处进行了广泛的宣传，其先言及古代圣贤对调查户口的重视，再宣扬当前预备立宪之际调查户口的诸多好处。[③] 苏属自治筹办处还为此制订简明告示：

筹办地方自治，先须选举人民，此次调查户口，即系选举先声，概不假手书吏，办理均用员绅，并无抽收之意，不须耗费分文，选民极为荣耀，全在调查分明，尔等宜知此理，均应从实报陈，切勿稍有疑虑，致启临时纷争，用特明白晓谕，仰即一体凛遵。[④]

这样做的目的无非是“诚恐民间多所疑虑”。但仍不免出现抵制的情况，如苏州长元吴自治筹备公所在调查户口的过程中，就遭遇不少困难，“闻各铺户中明白事理及深悉自治之内容者，皆按照调查各节，逐一答复。无如不悉自治之理由者居多，以及工艺各店铺人等，皆不肯详确报告，且须调查田地房屋纳税之据，多有不肯取出示人者。闻系随口答复者居多，照此情形，所查户口之数，尚难确实，何况他项哉！”[⑤] 除铺户外，富有权势之人亦是户口调查中的一大障碍。在长元吴“西南二路公馆居多，动生阻力”[⑥]。结果导致“各调查员所查之各户口数，皆不能确实”[⑦]。

调查选民则面临更多困难。因为选民调查又要增加更多额外的内容，诸如年纳正税、公益捐等皆须登记，[⑧] 这正好违背了中国人不愿露富的传统心理。在常州武阳县的调查中，虽自治公所事先到处宣讲，挨户遍发传单浅说，但“日来城外坊厢，因有城乡争议，调查尚未着手。城内则均已告竣，计合格者不过千人。闻武阳选民实不止此数，因不知调查为何事者居多，一遇调

① 《武阳自治公所开职员会》，《申报》，1909 年 8 月 9 日。

② 《自治公所会议办法》，《申报》，1909 年 8 月 12 日。

③ 江苏苏属地方自治筹办处：《江苏自治公报类编》（卷四—卷六），文海出版社，1989，第 430-431 页。

④ 《筹办处调查户口之示谕》，《申报》，1909 年 9 月 27 日。

⑤ 《调查户口之困难》，《申报》，1909 年 10 月 6 日。

⑥ 《自治公所筹议调查之进行》，《申报》，1909 年 10 月 27 日。

⑦ 《苏省调查户口困难之原因》，《申报》，1909 年 11 月 11 日。

⑧ 江苏苏属地方自治筹办处：《江苏自治公报类编》（卷二），文海出版社，1989，第 125 页。

查员入门询问年龄，税额，疑忌多端，密不相告，甚有将调查员挥之门外者，地方情形如此，可怜亦复可笑!”① 在自治筹备之初，大部分地方的选民调查，尚无过激行为。此大概是因为选民多为殷实富户，多少有些见识。当城镇乡自治机关成立之后，各地复对户口及选民进行全面调查，此次调查因涉及面扩大，结果引起此伏彼起的抵制户口调查的民变。

江苏省最早的民变当属宜荆民变。1910 年二月份，当调查员在常州宜兴和桥镇调查户口时，恰逢该处瘟疫流行，死人无数，有无知之徒藉端造谣，引起乡民疑忌，结果一唱百和，聚集千余人，于二十七日蜂拥至该镇鹅山学校，发生毁学事件，并与前来弹压的官员发生冲突。② 不久常州荆溪之蜀山镇亦因调查户口酿成毁学重案。③ 时人一般称之为宜荆民变。此后在各地人口调查过程中，民变不断发生，如武进矜孝、淮南两乡，在宜荆民变影响下，乡民亦群起暴动，矜孝将调查原薄索回，淮南并将办事诸人殴伤。④ 其他如镇江丹阳县属南门外各区、⑤ 苏州吴县香山地方、⑥ 常州阳湖丰南乡、⑦ 苏州震泽县属震泽镇落乡五都区吴溇地方、⑧ 镇江镇郡南乡西十村、⑨ 镇江镇属金坛县、⑩ 扬州扬子县城厢⑪等皆发生民变，可谓民变蜂起。时人评论到：“调查户口为筹办自治第一手续，而乃风潮迭起。即以江苏论，扬州也，常州也，通泰也，此倡彼和，闻者寒心，……此风不息，自治终难进行，有筹办之者，竟无策以善其后耶。”⑫

普通的户口调查，为什么会引发如此众多的民变？笔者认为，原因大概有以下五点：

第一，在民智未开之时，一般民众对于新生事物往往持排斥心理。“问天

① 《调查选民之困难》，《申报》，1909 年 10 月 24 日。
② 《宜兴调查户口之风潮》，《申报》，1910 年 3 月 11 日。
③ 《宜兴调查户口风潮续闻》，《申报》，1910 年 3 月 16 日。
④ 《调查户口风潮之滋蔓》，《申报》，1910 年 3 月 22 日。
⑤ 《乡民因调查户口聚众滋事》，《申报》，1910 年 4 月 15 日。
⑥ 《香山自治公所被毁详情》，《申报》，1910 年 4 月 16 日。
⑦ 《阳湖调查户口之风潮》，《申报》，1910 年 4 月 19 日。
⑧ 《震泽镇又因调查户口滋闹》，《申报》，1910 年 4 月 24 日。
⑨ 《调查户口风潮寝息之原因》，《申报》，1910 年 4 月 25 日。
⑩ 《金坛调查户口闹事详记》，《申报》，1910 年 4 月 29 日。
⑪ 《扬子县调查风潮详记》，《申报》，1910 年 5 月 31 日。
⑫ 《时评》，《申报》，1910 年 5 月 30 日。

氏”对遍及江苏省的自治民变有如此评论：“开通知识之教育尚未遍及于闾阎，故惟学士大夫能明夫新政之深意，与其不可不行之故。若夫野老乡竖，于一切新政既为平素所未见未闻，一旦接触于耳目间，自不免传为异事，演成不经之说。”[①] 户口调查过程中，之所以出现荒诞不经的谣言，与民智未开有着必然的联系。

第二，民众怀疑调查户口是为了抽丁抽税。因为户口调查并非仅仅涉及人口及性别的调查，其还涉及很多相关的名目，根据清末调查户口表式可以看到，其调查项目包括尊属、亲属、同居、佣工的姓名、年龄、籍贯、职业、住所等各个方面。[②] 在民智未开的情况下，这种欲将户籍、自治人口调查毕其功于一役的做法，很容易让人联想起过去派捐派饷的行为，因此，很多人不愿透露实情。加上新政推行以来，“各省督抚因举办地方要政，又复多方筹款，几同竭泽而渔”[③]，不免进一步增强了人们的抵触情绪。

第三，莠民大肆制造谣言。据苏属自治筹办处的调查，莠民可分为两种：第一种是那些不安分的人，他们“要有事，怕太平，巴不得村庄上有些事情，他好从中取利，或是与本地方有钱的人有些私怨，掀风作浪”；另一种则是师巫邪术，说神道鬼，造言生事，信口胡言的人。[④] 谣言也分两种，一是利用一般民众的迷信心理，宣传调查户口摄人灵魂的谣言。二是利用人们害怕征税的心理，宣传此次调查户口是政府为了派捐派税。更多的是两者兼具。如在对扬州泰兴民变的调查结果中，宁属藩台樊方伯认为，“此次谣诼飞流，始自宜兴，延及东泰，近且上江两县，……江苏虽号开通者，仅止士大夫，非所论于匹夫匹妇也。益以好乱乐祸之奸民，造言煽诱蛊惑。愚民者本不知宪法有何益，调查为何事，其妄相揣测者，疑伏抽丁纳税之根，而素性愚迷者，遂信摄魄勾魂之说，惟其先有疑惧之心，故鼓之而易动。”[⑤]

第四，户口调查员在调查过程中借机需索的现象。因为调查员素质良莠不齐，在调查过程中，借机向民众摊派的现象在所难免，结果引发民众的群

① 《中国大事记》，《东方杂志》第 7 卷第 4 号。

② 江苏苏属地方自治筹办处：《江苏自治公报类编》（卷二），文海出版社，1989，第 122 页。

③ 《光绪朝东华录》（第五册），中华书局，1958，第 525 页。

④ 江苏苏属地方自治筹办处：《江苏自治公报类编》（卷四—卷六），文海出版社，1989，第 491-492 页。

⑤ 《宁藩对于调查滋事之政见》，《申报》，1910 年 5 月 18 日。

起抵制。在扬子县城厢调查户口所引发的风潮中，就有坊保“大肆需索，每名须出钱数十文以为纸笔之费。乡愚苦于骚扰，造作浮言，遂有造铁路招生魂，造洋桥取时辰之说。”① 泰州调查户口激起民变，原因亦是因有乡约借调查之机索取费用，“每名索钱十文，嗣经该庄董柳浩然知觉，限令将所得之费尽数交换各户，并不准再与闻此事。某遂挟嫌煽惑乡愚，谓此次调查，实系官绅将百姓庚卖与洋人，使用魂魄为之造桥云云，于是风潮因之而起”。苏州昆山县因调查户口之民变，亦有“令每户各出纸笔费三十或五十文”的说法。②

第五，户口调查宣传不到位，结果引发谣言，造成民变。如镇江镇属金坛县乡民闹事即“系未多设宣讲所所致。愚民因闻宜兴、荆溪两县棍徒宣传，此次调查姓名以为填造洋桥之用。时适洋人过坛卖药，遂造作谣言，聚众至自治公所，肆意冲打，专与调查各员董为难，滋闹不已，并要求退还调查户口各册”③。

其实，更多的民变往往是综合以上几种因素，如在对震泽县属震泽镇落乡五都区乡民闹事的调查中，官厅有比较详细的分析：“（一）上年各省筹还国债会之事，有四万万人，按人分摊，每人摊若干等语，乡民以为此次调查户口，必按人摊还国债之用。（二）自治经费议定每亩带收五文，乡民已完粮者，近日又纷纷饬令补缴，各乡民多有不愿捐者。（三）各乡调查户口当事者因有镇乡关系（凡满五万人口者为镇，不满五万者为乡），调查时格外详细，凡妇人年岁及母家姓氏住处等项皆一一详询入册，乡民以为别有用处，故如是之详细。（四）调查之后，适某乡有瘟疫，人口死去甚多，乡民以为因此而死，凡入册者恐尽要死矣。有此数事，印入乡人脑筋，故万众一心，无可理喻云。”④

以上诸端表面上看是绅民关系的激化，而深层的原因仍在于官民之间的隔阂。以往官对民往往是以盘剥为能事，官民之间缺乏基本的信任感。因此，当官厅宣传推行地方自治，赋予人们权利时，不但得不到支持，反而引起人们的猜忌。地方士绅因秉承行政官厅的意旨调查户口，其必然成为直接被打

① 《扬子县调查风潮详记》，《申报》，1910年5月31日。

② 《中国大事记》，《东方杂志》第7卷第6号。

③ 《金坛调查户口闹事详记》，《申报》，1910年4月29日。

④ 《江震乡民反对调查户口详情》，《申报》，1910年4月29日。

击的对象。这其实是官民矛盾的一种变形。在《论调查户口》一文中，其明确指出："今之一言调查而事变卒起者，以现象言之，固仇视绅董也，而其原实始于仇视官。"①

以上评论不无灼见，但就当时情形看，马上解决这些深层次的矛盾是不可能的。所以，只好先从简单易行的方法入手，即广开宣讲所，通过各种宣传来化导人心。这一点引起督宪、苏属自治筹办处、江南筹办地方自治总局，以及各级地方官厅的重视。

督宪主张通过张贴告示的方式来加强对户口调查的宣传，并特地制订几则白话宣传告示，以下特录告示一则：

督宪调查户口禁止谣传白话告示

照得调查户口系奉旨饬办之事，专为保卫百姓起见。从前办保甲、查门牌与此相仿，不过门牌久成具文，现在既要调查，不得不认真办，即如查问年岁，又问一家男几口，女几口，本是从前查门牌的旧法，凡乡间读书年长之人，必定知道的，朝廷与地方官要保护这地方，先要晓得这地方有多少人口，也是一定的道理，既不是为抽丁，更不是为抽税，大众都可放心。不料江苏各州县近日有人乱造谣言，说调查户口八字是摄人灵魂，此种荒唐奇怪的话，尔等何以公然相信，无论八字叫人知道，也决不会送命，况调查户口只问年岁，决不问八字，至于铁路打桩要用灵魂，更是荒谬绝伦的话，可怜尔等不读书不识字，以致受人之愚。大抵造谣言的，多是匪人，原想趁此闹事，抢劫得财，尔等跟着胡闹等，到拿人问罪，悔之晚矣。本部堂深悯尔愚昧无知，误信谣言，反致身家不保，是以谆谆告诫，不惮苦口。尔等此后须安分守法，听凭调查，才无祸患。此次各属所用调查员，多本县本乡明白之人，由地方官发给费用，断不扰累，民间如有跟随人役，或有需索，以及冒充调查员想来需索的，尔等尽可赴县申诉，或通知公正村董及本地读书人，必能为尔等理直，如尔等凭空滋闹，无故犯法，便怨不得地方官了，凛遵特示。②

在该告示中，其对自治人口调查的目的、方法、原因，以及近期谣言惑

① 《论调查户口》，《申报》，1910 年 3 月 20 日。

② 江苏苏属地方自治筹办处：《江苏自治公报类编》（卷七—卷八），文海出版社，1989，第408 页。

众、人们的误信和谬行等都有所提及，是一个相当全面的告示。

苏属地方自治筹办处则颁布《厅州县流通宣讲章程》，详细规定自治宣讲的办法。如每厅州县筹备自治公所应设宣讲员十人，按期派赴各镇乡人口众多地方流通宣讲，其各地方自设之宣讲所照常设置。宣讲内容包括人民宜有爱国之思想，国家预备立宪之德意，调查户口之缘因，居民与地方之关系及选民之资格，城镇乡自治公所设立之缘因，地方自治之有益，普及教育之有益，谣言惑众之不可误听，测量绘图之缘因，关于地方自治之各种文告等。宣讲地点应设于各乡镇墟集或庙宇等人群密集之处。每赴一地宣讲以十日为期，每日以两小时为限。宣讲时适用地方土语，宣讲员并注意记录人数之多寡。宣讲完毕并详询听讲人，若有识字者则发给白话讲义等。① 在该处拟定的《整顿自治办法十三条》中，还特别规定“预防乡愚之被煽之方法”，“由本处详请抚院通饬各厅州县，约束书吏、差役，访拿无赖棍徒，毋任反对自治，煽惑乡愚；其热心自治人员如川沙等处之家被毁者，一律传谕温语抚慰，务令力图地方公益，毋稍灰心；其川沙、南汇、丹阳、丹徒各处应请抚宪派员调查，如有莠民应查照清乡成案办理。”②

江南筹办地方自治总局亦对此前一段时间出现的反自治民变提高警惕。其一面取消户口调查所需纸笔费用，一面订立新的办法以防止民变发生，如要求调查员须明白宣示：一不拉捐，二不抽丁，同时禁止需索。先贴布告，7日后再开始调查。敦请有声望的人士演说，明示不抽捐、不需索之意，凡纳税当兵之套话及缉奸查匪之危言，皆屏勿谈。调查员应择性情平和公平晓事者任之，调查先以联络本地人为主，不可贸然前往。地方官应勤加抽查，使造谣之顽民及办事之随从，皆有所警惕。③ 当泰州出现士绅控诉人口调查员不肖的风言时，江南筹办地方自治总局马上派人进行调查，调查结果认为，此并非调查员之问题，而是谣言所致，但为平息谣言，仍要求重新委定“和平诚实，乡望素孚”之调查员。④

地方官厅更是把宣传作为防止自治民变发生的良方。泰兴县因民变迭起

① 江苏苏属地方自治筹办处：《江苏自治公报类编》（卷四—卷六），文海出版社，1989，第131-132页。

② 江苏苏属地方自治筹办处：《江苏自治公报类编》（卷一—卷三），文海出版社，1989，第27页。

③ 《中国大事记》，《东方杂志》1910年第4期。

④ 《调查户口或可改弦更张矣》，《申报》，1910年6月18日。

暂停户口调查，拟先派人大力宣讲，然后再行调查。[①] 华娄两县在县自治筹备公所时，“议定乡镇自治所，亟宜先聘宣讲员，逐处演讲，以开民智，为将来乡自治之基础。”[②] 武阳城厢户口调查之前，做了更加充分的宣传。[③] 因为有事先的告示宣传以及城中缙绅的示范作用，武阳城人口调查进展比较安静。[④] 可以说，宣传的效果是比较明显的。在镇乡与县自治筹备的过程中，民变的次数明显减少。即使出现抵触情绪，也往往是小规模的。如武进县鸣凤乡卜弋桥镇某绅不准调查户口者将其所开当铺记入调查簿，有更夫与调查员发生冲突，撕毁调查簿，而呈县调查。[⑤] 这是典型的因怕课税而引起的冲突。

但是，好景不长，在自治推行过程中，因为捐税的征收、官厅的推诿、莠民的煽动、迷信的盛行等原因，导致民变再次发生，并且比前一阶段来得更加迅猛。其中以松属各地最为典型：

1911 年 1 月某日，松郡东乡浅蒲泾镇因捐罢市；罢市后，乡众又分数队至新桥镇挨户强赊，导致该镇市面闭歇。之后，民众以市面闭歇，无米可籴，要求新桥自治局负责，结果发生民众捣毁自治局的事件。[⑥] 据时人记述，此次事件之发生，与捐税征收有极为密切之关系。[⑦] 时隔不久，南汇川沙乡民亦起反对自治。川沙厅西北乡自治事宜由董事吴荫卿主持，其办事处所系暂借唐墓桥镇西南之俞公庙，该地与南汇接壤，俞公庙又是由川南人民集资公建，南汇乡民以川南公立之庙为川沙人独自占据，大为不满，迷信之人，尤以惊动神庙，必有灾殃等词，辗转传说，遂产生拆毁乡董房屋的反自治风潮。浦东川沙乡民则因加捐之说迁怒于新选自治董事，亦相继出现打毁绅董房屋及学校的行为。[⑧] 而另有传闻说，风潮的背后是因为自治公所的烟赌禁令损害了部分人的利益。[⑨] 此次风潮从发生到最后解决，耗时五个月之久，可以说是清末反自治民变中持续时间最长的一次。[⑩] 川沙厅长人乡自治副议长艾曾恪对此

① 《泰兴禀报暂停调查户口》，《申报》，1910 年 5 月 8 日。

② 《华娄筹办自治之进行》，《申报》，1910 年 8 月 7 日。

③ 《武阳城厢调查户口先声》，《申报》，1910 年 12 月 27 日。

④ 《武阳城乡开始调查户口》，《申报》，1911 年 1 月 7 日。

⑤ 《卜弋桥调查户口之小风潮》，《申报》，1911 年 1 月 19 日。

⑥ 《钱蒲乡民捣毁自治局之真相》，《申报》，1911 年 2 月 26 日。

⑦ 《乡民与自治公所为难之又一说》，《申报》，1911 年 2 月 28 日。

⑧ 《南汇川沙乡民反对自治之骇闻》，《申报》，1911 年 3 月 5 日。

⑨ 《四记川南乡民反对筹办自治之暴动》，《申报》，1911 年 3 月 7 日。

⑩ 《川沙自治风潮之结果》，《申报》，1911 年 7 月 1 日。

次民变的原因如此总结：第一，川境自治提前成立，出台严禁烟赌政策，而临邑较宽松，因此引起部分既得利益者的不满；第二，地方行政官厅对肇事者的宽容态度导致事态进一步扩大；第三，巡警对肇事者拿办不力，等等。[①]另外，武阳[②]、华亭、南汇、金山、阳湖、邳县等地亦接连发生反自治的风潮。[③]

与前一阶段的自治民变相比，此一阶段的自治民变又出现新的特点：

第一，民变与自治职员素质不高、行政官厅放纵宵小有关。在自治职员中，有不少武断乡曲，劣迹昭著，唯利是图之徒，他们的不法行为是惹起民变的重要原因。如吴县某乡自治副议长借自治名义敲诈乡愚，得洋四十元，乡评啧啧，举国皆闻。[④]而官厅对宵小的放纵则使矛盾进一步激化，如常城北境丰西乡民因夹城庵事灼伤自治所长戴彬，并两次哄闹公堂。官厅的处理结果是戴彬辞职、闹事者从宽处理。此一结果引起周围各乡筹备自治士绅的反对，皆认为这样会刺激民变，应该严惩闹事者。[⑤]官厅之所以放纵，大概是慑于前一时段自治民变之威力，而放纵的结果，导致民变一再扩大。

第二，民变与权利和义务的不平衡有关。时人曾如此评论："在办理地方自治者，则曰我辈为地方谋公益，则地方应担纳捐之义务。此言固甚正当，而乡民则谓我辈权利未享，而义务先增加无已，于是两相口枘而冲突以起。"其进一步举例说："他县我弗知，即以某县城区自治局论，自开办至今八阅月中之费用，观决算表约四千五百元，而用之于公益事业者，仅四百余元而已，此外皆用之于薪水、装饰及一切杂用之途。所谓用之于公益事业者，不过筑一模范路及修一二桥脚而已，而所谓模范路者，石子棱起，平民怨声载道，咸谓不如不修之。为愈自治如此，而欲愚民之欢然，无间岂可得耶？窃愿此后之办理自治者，切实撙节，不求形式，量力而后动，庶可以弭祸乱而望发达。"[⑥]另外，在地方自治筹办的过程中，"小民无知，未见自治的好处，先

① 《川沙厅长人乡自治副议长艾曾恪上苏抚禀》，《申报》，1911年3月21日。

② 《武阳又有自治风潮发现》，《申报》，1911年3月16日。

③ 《清谈》，《申报》，1911年4月3日。

④ 江苏苏属地方自治筹办处：《江苏自治公报类编》（卷四—卷六），文海出版社，1989，第531-532页。

⑤ 《常守对付自治风潮之物议》，《申报》，1911年4月4日。

⑥ 《危哉自治之前途》，《申报》，1911年4月3日。

受捐钱的影响”[①]，自然容易被人煽惑，激起民变。

第三，民变与部分既得利益者的煽动有关。如那些师巫邪术的人，平日胡说乱道，专以鬼神哄人，一旦自治发达，迷信被破除，其发财之道必然受阻，所以竭力破坏。再如一些顽钝之人，平时恃符横行乡里，或依善堂为窟穴的，一旦自治兴起，便觉不便于己，因屡思推倒自治。而地方上的失业无赖，则趁机兴风作浪。[②] 即如禁绝烟赌一事，本来是国策，但是其发布文告及执行者皆为地方自治机关，因此必然引起那些既得利益者的不满，而将这笔账记在地方自治机关的头上。在川沙自治风潮中，部分胥吏实是烟赌的获利者，其对于民众的反自治行为，采取的就是教唆与煽动的态度。[③] 有人指出，地方自治推行之后，自治公所在地方事务中的地位大增，但是其所推行政策对大部分人有利，对另外一部分人可能有损，故容易引起反抗。另外，长久生活于专制之下的人民对与官厅的命令视为当然，对于地方绅董的命令则往往不屑，因此，自治机关所颁布之章程并不为一般人所重视。加之官厅往往将地方事务皆委之于地方，自己不负责任。这势必导致自治公所在政策推行过程中负担增加，并成为责难的对象。[④] 同时，地方上公款公产以淫庙荒寺及僧道观院为最多，在崇鬼祀神之迷信一时难以破除的情况下，一旦庙宇遭到侵犯，必然引起民众的反对。[⑤]

由此可见，此一阶段反自治民变的发生，有着更为复杂的原因，民众的迷信心理、官厅的放纵心态、既得利益者的教唆、自治职员的行为不当等，都是导致民变发生的原因。

当然，前后两个阶段亦有相同之处。如民变往往与民众的迷信心理有关。自治推行过程中，皆有投机者利用人民迷信鬼神的心理，来煽动民众来反对自治。如川沙之民变，即有“惊动神庙，必有灾殃”的说法，而武阳阳湖丰西乡之民变的直接原因则是因为自治公所设于僧庵内，该庵因盗案被封充公，而乡人却迁怒于自治公所。[⑥] 再如，民变与自治加捐的传闻有关。如川沙之民

---

① 江苏苏属地方自治筹办处：《江苏自治公报类编》（卷四—卷六），文海出版社，1989，第531-532页。

② 江苏苏属地方自治筹办处：《江苏自治公报类编》（卷四—卷六），文海出版社，1989，第529页。

③ 《川沙自治风潮讯供之魔障》，《申报》，1911年4月14日。

④ 《论办理地方自治亟宜改变方针》，《申报》，1911年3月14日。

⑤ 《论办理地方自治亟宜改变方针》，《申报》，1911年3月13日。

⑥ 《武阳又有自治风潮发现》，《申报》，1911年3月16日。

变，就有自治加捐的传闻。“松属绅民冲突之风潮可谓烈矣！华亭也，川沙也，南汇也，金山也，其近因虽各有不同，而远因则终不外乎民穷财尽四字。”[①] 因此，一旦有加捐谣言，便极易引发民众的骚动。时人对此评论道：“如欲执行地方政事，势非另筹款项不可，欲筹款项，又无他策，惟有抽收捐款，取之于民而已，小民不见办理自治之益，但闻剥削小民之事，于是众愤难遏，风潮遂由之而起，是则自治风潮之起。”[②] 另外，学校往往占用旧有之祠观庙庵，久为笃信鬼神之民众所不满，且是自治捐税的分享者，以及地方自治的宣传之所，不免殃及池鱼。《东方杂志》曾记载几例，很能说明问题：江都县嘶马镇一所初等小学堂被焚毁，堂长及庶务员均遭毁辱；杨家桥蒙学堂被捣毁，教员两人被殴伤，以上两案皆因“抽取学捐，乡民积忿而起”。梁垛场西堤一所高等小学堂被拆毁，“则缘改佛寺为学堂，乡民不悦而起，适遇毁学风潮极烈之时，遂乘机暴动。”[③]

总之，在清末地方自治推行的过程中，反自治民变是相伴始终的现象之一。除上文所列民变产生的直接诱因之外，更深层次的原因则在于地方自治的推行使士绅阶层进一步分化，成分的分化则导致其功能的异化。王先明认为，在清末新政时期，士绅阶层出现多向流动的现象，“不仅使它所拥有的‘功名’身份逐步失落而不再构成一个特定封建等级，它还被日趋细化的新兴社会职业所接纳而趋于分化”[④]。具体到地方自治，则是在地方自治推行的过程中，造就了一批“新官绅”[⑤]，如在江苏省自治人口调查的告示中，其直接把自治职员比喻为“从前的秀才举人”[⑥]，很能反映一般人的心理与认识。这些人因依靠体制内强制力量而成为区域社会的管理者。与传统士绅不同，他们既然以体制内强制力量为权威源泉，其必然以国家代理人的身份来执行行政官厅的政令，这无形中增加了民众与地方士绅之间的新隔阂，“昔之所患在

---

① 《危哉自治之前途》，《申报》，1911 年 4 月 3 日。

② 《论办理地方自治亟宜改变方针》，《申报》，1911 年 3 月 13 日。

③ 《中国大事记》，《东方杂志》第 7 卷第 4 号。

④ 王先明：《中国近代绅士阶层的社会流动》，《历史研究》1993 年第 2 期，第 94 页。

⑤ 魏光奇把清末地方自治推行之后，占据基层社会主导地位的所有地方精英统称为“新官绅阶层”。参见魏光奇：《官治与自治——20 世纪上半期的中国县制》，商务印书馆，2004。

⑥ 江苏苏属地方自治筹办处：《江苏自治公报类编》（卷七—卷八），文海出版社，1989，第 425–426 页。

官与民隔膜，今之所患又在绅士与民分畛域。”[①] 同时，地方自治把士绅阶层纳入到体制内，导致绅权的扩张，其在分享本属于行政官厅的职能的同时，也使官民之间的矛盾转变为绅民之间的冲突。事实证明，在反自治民变中，民众矛头多直指地方绅董等自治职员，其进一步证明绅民关系的紧张。在王先明的研究中，其将“绅民冲突”骤然升高的趋向视为清末新政的时代特征。[②] 这进一步证明此一阶段绅民关系的紧张具有积累性和普遍性。在绅民冲突中，一些刁滑之徒利用一般愚民的迷信心理，推波助澜，最终造成此起彼伏的反自治民变。从理论上讲，因为第三领域领导成分的变化，导致其缓冲作用逐渐削弱，使原本处于相对“隔绝”状态下的国家与基层社会直面的机会增多，当利益对立时，博弈成为常态，矛盾的激化成为必然。

二、清末地方自治的反思

（一）民主形式与专制实质

从形式上看，清末地方自治的确具有时代的进步性，最为明显的表现就是规定地方自治职员的选举制度。但是，选举与被选举资格的限定是否合理，选举的程序是否公平、公正，选举的结果是否能够代表人民大众的意志等，这些衡量指标是清末地方自治是否民主的试金石。

在地方自治筹办之前，宪政编查馆就指出地方自治重在得人，并警示说：“地方自治，以本乡之人办本乡之事，情亲地近，功效易见，而流弊亦易生。选举苟不得人，则假公济私，把持垄断，将利未形而害先见，全在地方州县于监督选举时，慎之又慎，必使当选者皆得正人，乃能收相助为理之益。……应请旨饬下各督抚，慎选牧令，严切诰诫，务令所选之人皆合资格，不得使品行悖谬营私武断之徒滥厕其列，以期扶持善类，屏黜奸豪，仰副朝廷扬清激浊好恶同民之至意。”[③] 但根据清廷所颁地方自治章程，一般民众是被排除在选举与被选举范围之外的，这就形成事实上的不平等。其实，即使在狭小的范围内，选民的态度及选举程序的公正性仍然值得商榷。

事实证明，在城镇乡地方自治职员的选举中，即使获得选举权的人们，

---

① 《论化导人心为今日地方绅士之责》，《申报》，1910 年 4 月 6 日。

② 王先明：《历史记忆与社会重构》，《历史研究》2010 年第 3 期，第 9 页。

③ 故宫博物院明清档案部：《清末筹备立宪档案史料》，中华书局，1979，第 727 页。

其积极性仍不高。如苏州长元吴城厢，甲级选民八十三名，乙级选民约四千八百名。[①] 在乙级选民投票时，五城区共到二百九十二人，不及总数的6.08%；[②] 在甲级选民投票时，到者仅三十八人，结果导致次日开票时被选举人不足额。[③] 锡金城厢自治职员选举略胜于长元吴，其甲级选民八十一名，乙级选民一千八百九十四名。[④] 在乙级选民投票时，到者也仅二百七十人，占总数的14.26%。[⑤] 丹徒县在城厢地方自治乙级选民投票时，共投四百四十票，未投者约有八百余人之多。[⑥] 由此可见人们对自治选举之冷淡。

为什么人们对选举的态度如此冷淡？这在传统士绅之处世态度中可以找到某些答案。苏州巡抚程德全指出："地方自治为一国行政之基础，故议事会、董事会及乡董乡佐均得其人则基础完固，然乡党自好之士不肯问事，已为中国社会上心理之习惯。"[⑦] 另外还有一部分人认为，自己已经成为这个时代的落伍者，与其入世，不如退隐，"一个传统的比较正直的绅士，他明白自己已成为这个时代的落伍分子，在政治上又遭受了前所未闻的压迫，若是他真能以社区人民的利益为重，为了不愿意得罪农民，或者甚于慈善的心肠，他就宁愿洁身退隐"[⑧]。因此在江苏省自治职员选举过程中，传统士绅往往不屑于参选，或被选后不遴位，或频频辞职，结果导致自治职员之职位多被地痞流氓趁机篡取。下录长洲某绅复县令的信函进一步说明：

豹文公祖大人阁下，

敬复者，前奉大照，承委弟等设立自治公所，尅期举办。弟等猥以菲材，年力不逮，弥惧不能胜此重任，惟会城镇乡地方自治为目前必不可缓之举，业奉大宪议决，于宣统元年就城厢地方首先具办。而省垣为观瞻所系，自治机关尤不可缓，现拟暂借元妙观方丈内未办公之所，该口地适居中，集议较为便利。独弟等以衰耄之躯，滥竽其间，易致丛胜，且设立以后，一切手续头绪纷如断，非衰躯所能胜任，尚祈阁下，选择年富力强，公正明达者，以

① 《自治筹备公所编造选民总数》，《申报》，1910年1月9日。
② 《各省筹办地方自治》，《申报》，1910年2月18日。
③ 《各省筹办地方自治》，《申报》，1910年2月20日。
④ 《城厢自治筹备之进行》，《申报》，1910年1月28日。
⑤ 《各省筹办地方自治》，《申报》，1910年2月18日。
⑥ 《各省筹办地方自治》，《申报》，1910年2月23日。
⑦ 江苏苏属地方自治筹办处：《江苏自治公报类编》（卷一—卷三），文海出版社，1989，第19页。
⑧ 吴晗、费孝通：《皇权与绅权》，上海书店出版社，1991，第128页。

善其后，是所祷切。专复。敬请台安，准照不宣。[1]

根据此一信函可以看到，该绅在自治筹备其间应县令之命积极参与，但在自治公所成立之后，却急流勇退，反映了当时部分士绅的一般心态。正直之士对自治选举不热心的另一面却是部分钻营之徒对自治选举的“过度热心”。此由运动选举之盛行可以管窥选举之实态，以下略录几则时人评论予以证明：

自治选举谈一：地方自治无地不叹乏才，此次城镇乡选举，其秀而能者，已搜罗净尽，且不得已而求其次矣！运动而得者，比比矣！吾不知他日府厅州县自治之选举将人才安出？

自治选举谈二：一次运动不得当，则二次运动；代人运动不得当，则自行运动；坚忍卓绝，百折不回，不达其目的不止。然则我苏风尚号称柔懦，或者甲级当选，诸公可以一雪此耻。

自治选举谈三：纳税不多可以入甲级，乡评不齿可以得多票，甘牺牲地方公益者而竟举此人。然则匿税不报放弃权利者，其尚为乡党自好之徒欤。[2]

从以上议论中不难看到，部分钻营之徒在自治选举中使尽了浑身解数。这进一步强化了清高之传统士绅不愿参加选举的心态。一冷一热的态度对比，进一步证明自治选举的程序遭到了严重的破坏。

程序的非正义性从自治职员选举诉讼中亦复不少。“我苏选举自治议员以后，其被攻讦之人，至居当选者之半数，则各议员之不满人意可知。”以至于出现不管恶名善名，只要常常闻名，便选举之，于是“刁矜劣董联翩携手来矣”，但闻某人能办某事，便选举之，导致被选者始终是寥寥数人，还有碍于情面而选举之者。[3] 有人把松属某地自治议员选举写成竹枝词，传唱里巷：

府厅州县近时忙，新政遵行日未遑，咨议局员刚举罢，又将自治办城厢。
结党营私运动人，茶坊酒肆暗梭巡，点头知照低低嘱，名字君须认得真。
举人乙级定期先，甲级偏教后两天，毕竟主持尊甲级，一单传后一单连。
踌躇满志费疑猜，某氏如何尚未来，几日前头曾重托，今朝失信不应该。

---

① 《为拒任自治公所职位复长洲赵邑尊函》，苏州市档案馆藏，苏州商会（民国）档，I14-001-0274-021。

② 《时评》，《申报》，1910 年 2 月 24 日。

③ 《时评》，《申报》，1910 年 3 月 5 日。

翌日忙开投票筒，姓名高唱耳边口，一心主念都因己，哪管音同字不同。
滥竽充数互相争，诉讼为难一县尊，请示姑口筹办处，尽致两造口输赢。①

总之，通过考查地方自治选举与被选举资格的限定、选举程序、选举结果等几个方面，可以看到，其仅仅是少数地方精英所主导的自治。选举程序的不公正导致自治职位被少数钻营之徒所霸占，其结果必然是以私害公，这引发了民众对地方自治的反感，削弱了地方自治应有的效果。所以，这一民主形式并没有为民众争取多少权利，只是基层社会从传统的绅治进入官绅共治。进一步而论，以“自治补足官治之不足”的初衷就已明确限定了地方自治的民主“精神”。真正的地方自治应是根据各地实际，充分发挥地方人民的参与精神，促进地方经济社会的发展。对于属于地方的自治事务，官方不应该随意插手，但根据清末自治章程的规定，行政官厅对地方自治事务有最终的决断权，加上几千年传统已经形成的“肉食者谋之”的心态，国家公民精神的培育便成为镜中花水中月。王萍一针见血地指出，根据《城镇乡地方自治章程》和《府厅州县地方自治章程》的内容来看，其“都是抄袭日本的制度”，日本的地方自治仍然停留在官治阶段，中国的地方自治当然大打折扣，“人民除了选举自治职员外，别无权力可言。”②

（二）建构理性与认同危机

清末地方自治效果不佳的原因，除却地方士绅的诸多不足外，行政官厅的管理艺术不容忽视。有效的管理需要对国情民意诸端的考量，但就清末地方自治推行过程行政官厅的角色看，其最明显的不足之处是施政过程中浓郁的建构理性，表现主要如下：

第一，通过立宪缓和阶级矛盾的企图注定其强烈地现实主义色彩，强烈的目的性又导致制度决定论的产生。这一点在载泽的密折中已经非常清楚地表达出来，更有甚者，立宪的进度之决定因素不在于国情，而视社会矛盾的激烈程度和舆论导向。一般地说，宪政是制度近代化的主要表现之一，如何通过立宪推进民主、法治等是正相关命题，但清廷意图把立宪与专制共治于一炉，则犯了原则性的错误。另外，在预备立宪的过程中，清王朝更是根据“民意”随意变更立宪的年限，而所谓的“民意”更多是部分忧患中国命运

① 《松属某邑选举自治议员》，《申报》，1910年3月4日。

② 《广东省的地方自治——民国二十年代》，《中央研究院近代史研究所集刊》第7期，第485页。

之有识之士的臆想。总体而言，清廷最关心的是专制统治的存续，而不是中国的实际国情。这种根据主观意志而非客观实际所做出的决定实际就是建构理性的重要表现之一。杨幼炯认为，“清末地方自治制度，多系模仿日本制度，且应清廷欲藉此以缓和革命风潮，初无实行民治之诚意，故其结果，自治徒有其名，官治其实。”① 这一评论揭露出清末地方自治之真实意图。

第二，不顾民智而全面推行地方自治。地方自治强调的是本地人治本地事，因此，本地民众总体的认知水平则成为当局者必须考虑的因素。就清末国人的智识水准看，明显较低且区域差异大。“中国民数有称为三百兆者，有称为四百兆者。今姑以三百兆为率，则其幼孩之当入学者，约有七十五兆，成人而当识字者约有二百二十五兆，此数合男女计之。乃今中国女子识字者约不过一兆十二万五千，为百人中有一人；中国男子之识字者约不过十一兆二十五万，为百人中有十人而已。”② 也就是说，此时国人的识字率还远远达不到十分之一。而“社会中识字之人通文者不过什一”③，则更显民智水平低劣。就区域差别来看，大体来说，沿海地区如江浙一带属于文化繁盛之地，民众知识水平较高，对于近代西方制度的接受能力就较强，而内地因为经济社会等诸多因素影响而明显处于劣势，民众认知水平较低，其对地方自治本无清晰概念，效果必然会大打折扣。

第三，不顾各地差异而推行统一的自治法令。这首先表现在自治法令细致入微的规定上。中国疆域辽阔，无论是经济文化，还是风俗习惯，各地都存在很大的差异，而地方自治讲究因时制宜、因地制宜，其必然需要在充分考虑各地实际情形的前提下制定自治法令，所以，无论是《城镇乡地方自治章程》还是《府厅州县地方自治章程》，其过细的规定，非常不利于地方之自治精神的发挥。其次，还表现在清廷对各地推行自治的进度做出的统一要求上，既然各地存在差异，地方自治的推行必然有迟缓之别。但是，当清廷制定地方自治的时间表时，其已经给地方自治套上了另外一层枷锁。“差之毫厘，谬以千里”，各地方为了完成上级安排的任务，过激行为与不法行为泥沙俱下，在一定程度上成为清末反自治民变此起彼伏的诱因。

---

① 杨幼炯：《近时我国地方自治之演变与今后改进之途径》，《集成》1936 年第 1 卷第 3 期，第 31 页。

② 季理斐：《中国普通教育之亟》，《万国公报》1906 年第 206 期，第 24098 页。

③ 《东方杂志》1905 年第 2 卷第 8 期，第 165 页。

正是因为以上诸多因素，清廷强力整合基层社会秩序的行为不但没有获得民众的认可，反而引起权威资源的迅速流失。这一结果告诉人们任何制度的建构都应该建立在尊重客观事实前提下，无论是超越还是滞后，都会导致严重的危机。进一步而言，如果一项制度不能获得民众的广泛认可，无论其设计再细密严谨，都形同虚设。

综上所述，无论是对清末自治选举过程的单项分析，还是对清末自治制度的总体性论述，都表明了这样一个事实：第三领域的传统领导者——正统士绅逐渐退出国家与社会调和者的角色。新选举出的区域社会代表，虽不乏传统士绅和正直之士，但也掺杂不少通过运动而入围的地痞无赖，这些人无论在资历上，还是在道德自律上都不能与传统士绅相比，他们的加入加剧了士绅队伍的劣化。无论是把执行国家政令看作最高目标，还是把谋取私利作为第一要求，这些人都不能代表区域社会的利益，势必导致地方精英与民间社会关系的紧张，国家与民间社会之间“弹簧”的硬化和两者之间的矛盾激化。

第三章　民初地方自治的内在困境及反思

辛亥革命结束了清王朝的统治，并建立了一个全新的政体——民主共和制，但是中国的命运并未因此而彻底改观，而是随着政权的让渡，进入另外一条歧途。袁世凯的专制及袁世凯之后军阀割据局面的形成把近代中国带入一个政局动荡、民生维艰的年代。在这一时期，秩序的探索与重建出现了不同的选择，地方自治的推行亦经历了一个复杂的过程。事实证明，民初地方自治基本继承了清王朝的政治遗产，只是在制度设计上增加了科学与民主的成分，如民政长的选举制度，行政官厅与自治机关行文程式的变化等。但是，制度的理性并不能决定行为的理性，在军阀割据时代，军阀专制代替了旧时王朝专制，地方自治多沦为军阀政权的某种点缀。是时盛行于各地的联邦制，亦可视为自治制度的一种，在军事强力之下，知识分子对联省自治的诉求最终湮没于地方军阀追求割据合法的残酷现实之中。

第一节　民初地方自治的赓续办理与沉浮
——江苏个案

民国肇造，中央并未制颁统一的自治法令，各省多自为法制，颁行各种暂行的基层社会管理制度，就江苏省颁布的暂行县市乡制来看，其与清末的自治章程有着继承与发展的关系。

一、民初赓续办理地方自治

（一）省议会与暂行县市乡制

1911 年 11 月 5 日，江苏巡抚程德全响应国民革命军的号召，在苏州宣布独立，成立中华民国军政府苏军都督府，自任都督。11 月 13 日，苏军都督府拟订并公布《江苏临时议会章程》。11 月 21 日，由程德全在苏州拙政园召集会议，宣告江苏临时省议会成立。江苏临时省议会设议长、副议长各一人，会议期间，设财政、法律、请议三个审查会，由议长分别委任若干议员为三个审查委员会委员，每个审查会设股长、理事各一人。临时省议会还设办事处，办理议会文牍、会计及其他庶务，办事处设书记长一人，书记一人，由议长委任。在临时省议会存续期间，共召开两次大会，第一次由程德全召集；第二次为临时会，由张謇召集。以江苏临时省议会的议案观之，其主要分为三种：都督交议、议员提议和人民陈请，而主要工作则是为光复后的江苏省之各项事业立法。因此，临时省议会实际上是继江苏咨议局之后江苏省的临时立法机关。①

因为江苏临时省议会是由江苏省咨议局更名而来，议员并未进行改选，其身份的合法性始终让苏人质疑，"查临时省议会为从前咨议局变相，已经大不正当"②；另外，光复后部分议员参与新政府的组织工作，违背了议行分离的原则；加之在实际工作中窒碍重重，"自十月闭会后，既无常任委员会，又无一定地点，忽而苏州，忽而南京，江苏一省重要之事，亟须议会解决者，均未能解决，是江苏六十县既无府之联络，又无省会之联络，然成各个独立，此非江苏人之幸也。"③ 以上情形促使临时省议会向正式省议会转变。

1912 年 5 月，北京政府通电各省，令饬早定省议会及议员选举法，完成从临时省议会向正式省议会的过渡，以解决省议会的合法性问题。④ 1912 年 8 月，省议会即将届开会之期，但省议会法及选举法尚未颁布，江苏都督程德全致电北京政府，请示是继续召开临时省议会，还是等省议会法及选举法颁布后再行筹备召开。⑤ 国务院指示，国会选举办理在即，必省议会先期成立，参议院议员才能举出，政府已草定法案，各省正式议会，限于当年十月内必须召集。议员选举法同时提交参议院，很快议决公布，各省临时议会，到时

① 江苏省地方志编纂委员会：《江苏省志》，江苏人民出版社，1999，第 25-30 页。
② 《苏省公民函请控告省议会》，《申报》，1912 年 4 月 24 日。
③ 《江苏县议事会联合会记事》，《申报》，1912 年 3 月 8 日。
④ 《黎副总统电》，《申报》，1912 年 5 月 4 日。
⑤ 《江苏召集省议会之前提》，《申报》，1912 年 8 月 11 日。

即应消灭等。[①] 一面是法令未颁布，一面是限期十月召集省议会的命令，江苏省不得不催促参议院“从速议决”[②]。但是这种从速却因省制问题的争论而陷入延宕。[③] 最终袁世凯政府以自行颁布地方制度，解决此一省制问题。[④] 省制改革草草结束。

1913 年 1 月 10 日，北京政府通令各省长官，发布省议会议员召集令，其中规定：凡复选已竣各省，限于 1913 年 2 月 10 日前召集。至于复选延期各省，限该省省议会议员复举完成后，由该省行政长官约定日期召集。就江苏省来看，第一届会议于 1913 年 2 月 22 日由都督程德全召集，会址设于原咨议局会所。省议会设议长一人，副议长二人，由议员分次以无记名单记法互选产生。其规定议员改选时，议长、副议长一并改选。省议会设秘书若干，由议长任免。秘书按照议长的规定，管理文牍、会计及其他庶务。[⑤]

临时省议会与省议会是一省之立法机关，在二者存续期间，其曾为江苏省设计一套地方制度——江苏省暂行县市乡制。临时省议会为创始者，正式省议会成立之后，则做了进一步的修订，但仍以江苏省暂行县市乡制命名。修订后的县市乡制又被时人称为“民二自治制”。为了方便起见，我们把这两个文本分别称之为 1912 年文本（临时省议会制订）与 1913 年文本（省议会制订）。

1. 江苏省暂行县制（结构如下图 3－1 所示）[⑥]

把 1912 年文本与 1913 年文本相比较，江苏省暂行县制最大不同之处

---

① 《展限两个月正式省议会限期召开先声》，《申报》，1912 年 8 月 20 日。

② 《南京去电》，《申报》，1912 年 8 月 21 日。

③ 省制问题的改革源于清末，辛亥革命爆发后，各省形成实际上的独立状态，为了进一步整理中央与地方的关系，省制问题再次成为焦点。1912 年 7 月至 12 月，北京北洋政府就省制问题展开大讨论，其中主要提出三个方案：第一个方案是将省与中央关系事权关系进行划分，省设总监，监理自治行政与官治行政，后因在省总监与省议会权力的规定上产生重大分歧，而不得不将原案撤回；第二个方案是仿普鲁士将省总监与省议会二分，前者权限在推行官治行政，并监督自治行政，后者权限在致力于自治行政，但因为事权难以厘清而必然导致两者矛盾的激化，此草案再次被否定；第三个草案则是虚三级制的提出，在省—道—县三个级别中，省纯属国家行政区域，道、县则自治行政与官治行政分立，并逐渐废除省之一级，但此方案亦因北京北洋政府的消极态度而陷于停顿。（参考《民国初年的省制改革》，《华东师范大学学报》，2007 年第 5 期，第 39-40 页）

④ “暂行划一地方各级行政官厅组织办法，规定地方上为省、道、县三级，事权仍旧，各级行政长官皆须经中央任命，且在各省设立中央直辖特别行政官厅，将外交、司法、盐、关、税、捐等项事权皆收归中央，实现国家行政在一定程度上的统一”。《民国初年的省制改革》，《华东师范大学学报》，2007 年第 5 期，第 40 页。

⑤ 江苏省地方志编纂委员会：《江苏省志》，江苏人民出版社，1999，第 30-45 页。

⑥ 《江苏暂行县制》，《申报》，1911 年 12 月 8 日、12 月 9 日、12 月 10 日、12 月 11 日。

有二：

第一，确定县议事会议员名额的标准不同。1912 年文本以纳税额为标准，“纳税总数在二十万以下者，以二十五名为定额，自此以上，每加税额三万元，得增设议员一名，至多以六十五名为限。”① 1913 年文本以人口为标准，“人口总数在三十万以下者，以二十五名为定额，自此以上，每加人口三万，得增设议员一名，至多以六十五名为限。”②（后者之标准与市乡公所议事会议员名额之标准是一致的）因此，各县议员额数分配所属各选举区之方法，也由“以各选举区纳税之额多寡”转变为“以各选举区人口之多寡”为准。

第二，行政官厅名称上的变化。如 1913 年文本将民政长改称县知事，都督则改称民政（行政公署）长等，这一变化源于省官制的变革。③ 除此之外，两个文本再无本质区别。

江苏省暂行县制示意图
- 民政长：由县议会选举产生
- 议事会
  - 议长、副议长：由议员记名单记法互选
  - 议员：由选民选举产生
  - 文牍、庶务：由议长遴选派充
- 参事会
  - 会长：民政长兼任
  - 参事员：由议事会互选，以议事会议员十分之二为额，但不得兼任
  - 文牍、庶务：会长遴员派充

注：1. 县行政得酌设委员（分常任委员和临时委员），辅助民政长执行行政事宜。
2. 议事会分常会（每年一次，以八月份为期，一个月为限）与临时会（十日为限）两种；参事会分常会（每月开会一次）与临时会（可随时开会）。

图 3－1　江苏省暂行县制示意图

① 《江苏暂行县制》，《申报》，1911 年 12 月 8 日。

② 《江苏暂行县市乡制并选举章程》，《申报》，1923 年 7 月 21 日。

③ 江苏都督府成立之后，颁布暂行地方制十四条，其中规定：“凡地方旧称为州者曰州，旧称为县者曰县，旧称为厅者该曰县，所有民政事宜统于州县民政长，从前之道府直隶厅均裁，知州知县均改易名称，同城州县均裁并为一。”（《苏省地方官制之大改革》，《申报》，1911 年 11 月 18 号）不久民政长改称县知事。

下面以1912年文本为依据，从选举权与被选举权、县市乡各部分之职任权限、经费来源等方面做进一步的比较分析：

（1）关于选举权与被选举权的规定

根据《江苏暂行县制》规定，各县所属市乡公民，① 除现任本地方官吏者，现充军人或巡警者，现为僧道及其他宗教师者之外，均有选举县议事会议员之权。同时规定“凡居民合市乡制第十六条第一、第二及第四款之资格，而在本县接续居住至三年以上者亦同”。为了防止当选者逃避责任，该条文同时规定：凡被选举为县议员者，非有正当事由，不得谢绝当选，亦不得于任期内告退。所谓正当事由，即确有疾病，不能常任职务者；确有职业，不能常居境内者；年满六十岁以上者；连任至三次以上者；其他事由，特经县议会允许者等。对于那些无故谢绝和告退者，经过县议事会议决，于一年以上三年以下，停止其公民权。② 与清末《府厅州县地方自治章程》相比，除了选民之年龄资格从二十五岁降低到二十一岁之外，其又增加了对谢绝当选的限制，此大概是对清末地方自治中正绅退避、地痞篡位的一种反思与补救。

（2）县议事会、县参事会、县民政长的权限

县议事会之职任权限主要有：议决关于全县应兴应革之事件，议决本县岁出入预算及决算事件，议决本县经费筹集及处理方法，公断和解市乡争执事件，其余依据法令属于议事会权限内之事件。③ 县参事会应办事件主要有：议决议事会议决事件之执行方法及其次第，议决议事会委托本会代议事件，议决县知事交本会代议事会议决之事件，审查民政长提交议事会之议案，议决本县全体诉讼及其和解事件，公断和解市乡之权限争议事件，查核各项经费收支项目，其余依据法令，属于参事会权限内之事件。民政长应办事件主

① 对于公民的规定，出现在《江苏暂行市乡制》中，其资格如下：一、有本国国籍者；二、男子年满二十一岁者；三、居本市乡接续至三年以上者；四、年纳直接税（合国纳省税地方税而言）二元以上者。居民内有素行公正，众望允孚者，虽不备前项第四款之资格，亦得以市乡议事会之议决，作为公民。若有纳税额较本地公民内纳税最多之人所纳尤多者，虽不备第二第三款之资格亦得作为公民。但是，如果有下列各条规定之范围者，仍当取消其公民资格：一、品行悖谬，营私武断，确有实据者；二、曾处徒以上之刑者（政治犯不在此列）；三、营业不正者（其范围以规约定之）；四、失财产上之信用，被人控实，尚未清结者；五、吸食鸦片者；六、有心疾者；七、不识文字者。《江苏省议会议决市乡制》，《申报》，1912年12月1日。

② 《江苏暂行县制》，《申报》，1911年12月8日。

③ 《江苏暂行县制》，《申报》，1911年12月9日。

要有：执行县议事会或参事会议决之事件，提交议案于县议事会或参事会，掌管一切公牍文件，其余依据法令，属于该县知事职权内之事件。根据条文之规定可以看到，县议事会、县参事会、县民政长三者之间存在相互制约的关系，如其规定议事会或参事会之议决案，如民政长认为妨害公益或违背法令者，得说明原委事由，交令议复。若议事会或参事会仍执前议者，由民政长请省议会公断。当民政长提交议案于议事会时，应先将议案交参事会审查，若参事会与民政长意见不同，应将其意见附列议案之后，提交议事会等。① 其最明显的进步之处在于规定民政长的选举制度，而最大的不足在于议事会、参事会存在明显的权限重叠现象，另外，参事会之会长由县民政长兼任，同时履行决议与执行两种职能，不免有悖于议行分离的原则。

（3）关于县经费来源

县经费以下列各款之收入充之：县公款公产，县地方税，公费及使用费，因重要事故临时募集之公债。当各县遇有下列各项事由时，得募集公债：为全县永远利益，为救济灾变，为偿还负债等。②

2. 江苏省暂行市乡制（结构如下图 3－2 所示）③

根据《江苏省暂行市乡制》，其对市乡公所职员的选举权与被选举权、市乡议事会，董事会（或乡董）之权限，以及市乡经费来源等方面都与暂行县制有极为类似的规定。两者最大的不同在于：与《江苏省暂行县制》相比，暂行市乡制严格地执行了议行分离的原则，这种明确的横向分权更加符合地方自治的精神。如其明文规定：议事会议决事件，由议长呈报该管民政长查核后，移交市董事会或乡董按章执行。议事会有选举市董事会职员，或乡董、乡佐及监察其执行事务之权，并得检阅其各项文牍及收支账目。议事会于市董事会或乡董所定执行方法，视为违背法令或妨碍公益者，得声明缘由，止其执行；若市董事会或乡董坚持不改，得移交县议事会公断；若于县议事会之公断有不服时，得呈由本管民政长请省议会公断。④

---

① 《江苏暂行县制》，《申报》，1911 年 12 月 10 日。

② 《江苏暂行县制》，《申报》，1911 年 12 月 11 日。

③ 《江苏省议会议决市乡制》，《申报》，1912 年 12 月 12 日、12 月 15 日、12 月 16 日、12 月 19 日、12 月 21 日、12 月 28 日。

④ 《江苏省议会议决市乡制》，《申报》，1912 年 12 月 21 日。

江苏省暂行市乡制示意图

- 市
  - 议事会
    - 议长、副议长：议员用记名单记法互选
    - 议员：本市乡公民互选任之
    - 文牍、庶务：由议长遴选派充
  - 董事会
    - 总董、董事、名誉总董：由该市议事会选举
    - 文牍、庶务：由总董遴选派充
- 乡
  - 议事会
    - 议长、副议长：议员用记名单记法互选
    - 议员：本市乡公民互选任之
    - 文牍、庶务：由议长遴选派充
  - 乡董
    - 乡董及乡佐各一名，由该乡议事会选举
    - 文牍、庶务：由乡董遴选派充

注：1. 总董以本市公民，由该市议事会选举，呈由该管县知事申请民政长委任。董事以本市公民，由该市议事会选举，呈请该管县知事委任。名誉董事，以本市民由该市议事会选任之。

2. 乡还设乡公民会议，以本乡公民全数充之，乡公民会设议长和副议长，均由会员互选。

图 3－2　江苏省暂行市乡制示意图

另外，与清末地方自治制相比，江苏暂行市乡制体现出更加明显的民主精神，其主要表现有二：

第一，民政长的选举制度。根据《江苏省议会议决县民政长选举章程》之规定，“县民政长，由各本县公民用复选举法选举之，先由公民选出初选当选人，再由初选当选人选定民政长”①。此一规定更加有利于地方上的自治行为。江苏人亦十分珍视此一权利，如奉贤光复后，民政长一席是由苏沪委派的，这引起奉贤绅民的不满，该邑一城四乡绅民特于旧历十二月十八日开联合大会，决定嗣后民政长仍由地方公举。② 最终改换公举之杨荫安接任。③ 高邮县议事会严格按照此一规定，于 1 月 24 日选举民政长，当日到会议员二十二人，吴辅勋得票最多，遂当选为民政长。④ 在此一制度实施过程中，往往受到行政官厅的干扰。苏军都督府即曾建议实行选举委任折中制，即“各县照

① 蔡鸿源主编：《民国法规集成》（第 1 册），黄山书社，1999，第 180 页。

② 《奉贤迁治后之议案》，《申报》，1912 年 2 月 8 日。

③ 《奉贤迁治问题之解决》，《申报》，1912 年 3 月 11 日。

④ 《高邮两受虚惊》，《申报》，1912 年 1 月 25 日。

章选举合于民政长资格者三人，由都督择任一人。至民政长之罢免，经议事会指实纠举或由人民控告得实或由都督考查，实系不称职者，均由都督罢免，照章另选”；并且，“变通民政长选举施行之期，凡县议事会、参事会、市乡各职均已成立之县，照章选举，在未成立以前，暂由都督委任。”[①] 可见苏军政府都督仍欲把县级行政人员的任免权把持在自己手中。但其最终还是遵循了暂行县制，当江浦公民陈士沂等具呈都督府公举民政长请委任办理时，都督庄蕴宽认为，该公民呈请核定委任民政长一事与民政长选举章程不符。[②] 有人专门撰文对选举与委任之利弊进行论述，结论则是选举、委任皆有利弊，但两害相权取其轻，选举更加有利于伸张民权。[③]

第二，行政官厅与地方自治机关之间行文程式的变化。在清末地方自治章程中，“府厅州县议事会或参事会行文府厅州县长官及监督官府，用呈；府厅州县长官行文议事会或参事会，用照会，监督官府用札；议事会及参事会互相行文及与咨议局互相行文，用知会。”[④] “城镇乡议事会、城镇乡董事会及乡董，行文该管地方官，用呈；彼此行文，及与府厅州县议事会、董事会互相行文，均用知会；地方官行文城镇乡议事会、城镇董事会及乡董，用谕；城镇乡议事会、城镇乡董事会及乡董，行文本省咨议局，用呈；本省咨议局行文，用知会。”[⑤] 清末江苏金山县张堰镇自治职员认为地方官对自治团体用谕，是降其地位于保甲胥吏之列，导致地方之人都轻视自治而不屑顾问，而一般刁生劣监得以乘机窃取其权，危害百姓等，因此建议一律改称照会。[⑥] 这一愿望在《暂行市乡制》中得以实现，其明确规定民政长行文市乡议事会、市董事会，及乡董用照会。另外，在江苏暂行县市乡制中还有其他变化，“县议事会或参事会行文民政长，用移；行文都督，用呈；都督、民政长行文议事会或参事会，用照会；议事会及参事会互相行文，及与省议会互相行文，用移。”[⑦] “市乡议事会、董事会及乡董，行文该管民政长，用呈；彼此相互

---

① 《苏都督咨临时议会文》，《申报》，1912 年 3 月 25 日。
② 《苏都督令示一束》，《申报》，1912 年 4 月 22 日。
③ 《中国用人制度宜从选举不宜从委任》，《申报》，1912 年 6 月 28 日、6 月 30 日。
④ 《国风报》，第 1 年第 5 号，第 11 页。
⑤ 故宫博物院明清档案部：《清末筹备立宪档案史料》，中华书局，1979，第 740 页。
⑥ 《江苏金山县张堰镇自治职员呈请改正文书程式文》，《申报》，1911 年 8 月 13 日。
⑦ 《江苏暂行县制》，《申报》，1911 年 12 月 11 日。

行文，及与县议事会、董事会、省议会互相行文均用移”等。[①] 虽然只是行文程式上的变化，但却进一步彰显平等精神。当然，也不能无限夸大这种进步精神，时人曾有如此公允评价：

江苏暂行县制及市乡制，其大部分固多采自治章程，然市乡权限，新制（指江苏暂行制）与旧章（指前清自治章程）所差者，惟市总董选举正陪一事，其他虽稍有出入，无甚重要。想县会权限，则新旧比较相差甚巨，旧制府厅州县长官，对于议事会与参事会之议决有迳行撤销之权（见五十六条），有停止议会之权（见五十八条），监督官署对于县会议决之预算有消减之权（见九十七条），有更正及批驳议案之权（见九十八条），至行文程式，议事会、参事会对于府厅州县长官须用呈，是议参两会直生活于县行政官厅权力之下，一任其指挥监督。[②]

在专制盛行的情况下，制度的理性并不代表行为的理性。江苏都督即认为新的地方机构是官治与自治的结合体，“各县之地方行政，官治自治虽未显然划分，而暂行之地方制近似地方官制，实仍含有官治性质；暂行之县制本于前清县自治章程，实仍含有自治性质。民政长之列入县制，系以参事会会长之资格为监督自治起见，而委员即为自治中之一人，应受民政长之监督，故亦列入县制。若佐治职，既办署中公务，有官治性质，纯由民政长进退监督，自不待言”[③]。此一认定将对此后江苏省地方自治的推行产生重大影响。

（二）暂行县市乡制的推行

随着江苏各地的次第光复，一个极为尴尬的局面出现了：清末地方自治刚刚起步，但马上就面临被取消的命运。在新制度未颁布之前，各地不免陷入迷茫状态。如新成立之苏州公权研究会[④]即呈请都督设立参事会，而瓜州镇自治公所则呈请设立民政支部处理各项地方事宜。对此，程德全皆答以等新的地方制度法令颁布之后再行办理。[⑤]

南京临时政府成立之后，基层政权的第一个变化是把知府、知县更名为民政长，如苏州光复之后，新任民政长江绍杰马上发表示谕一道：

① 《江苏省议会议决市乡制》，《申报》，1912 年 12 月 28 日。
② 《商量恢复地方自治之制度》，《申报》，1916 年 9 月 8 日。
③ 《江苏都督府令汇录》，《申报》，1912 年 4 月 1 日。
④ 由前出使奥国参赞汪钟霖等号召多人组织成立。
⑤ 《苏州新记事》，《申报》，1911 年 11 月 30 日。

奉都督府札饬，将苏州府长元吴三县裁撤，并除去知府、知县等名目，设立苏州民政长一员，驻扎苏城，管理三县民政事宜等。因查府治原领九县，长元吴三县附廓辖境较广，今既设州，凡州境民政事宜，均归本州管理，不兼领各县。其余各县均归都督府管领，所有州境，除词讼、监狱、警察各事应归提法司、审判厅、巡警总监直接管理外，其余民政事宜，如租税、学务、实业等项，均在本民政长职权以内之事，兹于十月初四日开始办事，合行示谕，阖属绅民人等一体知悉，凡地方应办事宜，仰即迳行来州呈请办理。①

此一更名预示着地方制度将发生新的变革。但在新制度未颁布之前，旧有之地方自治机构继续履行职责。1911 年 12 月 1 日下午，苏州州议事会在元妙观方丈市公所开了临时州议会，城镇乡自治职员到者六十人，议长周祖培主持会议，讨论关于泗泾乡自治提议该乡汛防裁撤等案。② 在州议事会召开的同时，苏省临时议会亦进入紧张的工作中，相继审查并通过新的县制、③ 民政长选举章程、市乡制等。④ 这些规章制度成为未来相当一段时间内江苏地方自治立法的基础。

暂行县市乡制章程（1912 年文本）颁布之后，苏州城自治公所即呈请都督要求更名为市公所，此举得到程德全的认可，并批示不必另行选举，并可暂用旧时图记，如果该公所已届自治职员改选之期，可照新章程如期改选。⑤不久，苏州城将“城自治公所改为市公所”⑥，这种只变更名称而不重新选举的方式表明民初对清末制度的继承性。

更名之后的市公所，很快便进入工作状态。1912 年 1 月 2 日，苏城市公所召开议董两会联合谈话会，会员到者三十余，主要议决议、董两会的人事变动问题。⑦ 市董事会则根据市乡制暂行选举章程进行改选。⑧ 前任总董刘雅宾因迁居乡间，具书辞职，该市议事会特于二十四日召集议员，用记名投票

① 《苏州新记事》，《申报》，1911 年 11 月 30 日。
② 《苏闾言论机关之近状》，《申报》，1911 年 12 月 3 日。
③ 《新苏州纪事》，《申报》，1911 年 12 月 4 日。
④ 《苏闾新气象》，《申报》，1911 年 12 月 6 日。
⑤ 《自治公所之改名》，《申报》，1911 年 12 月 31 日。
⑥ 《新苏州咫闻尺见》，《申报》，1912 年 1 月 15 日。
⑦ 《金阊新气象》，《申报》，1912 年 1 月 5 日。
⑧ 《苏州通信》，《申报》，1912 年 2 月 23 日。

法重行补选，并决定将即日定期补开冬季议会。[①] 另外，市公所还积极接收属于职权范围内的各种公款公产，如育婴堂、男女普济堂、保婴局、仁济堂、洗心局等。其议案主要来自民政长交议、董事会交议。[②]

随着基层改革的不断深入，江苏都督程德全，批准江苏省临时省议会的议决，根据暂行县市乡制将旧时州厅县一律改为县，县设民政长。同城州县均裁并为一，府及直隶州均行裁撤。[③] 此一指令的下达，促进江苏地方省县二级制的确立，但是进程比较缓慢。1912 年，江苏省民政司在给江苏都督庄蕴宽的呈报中称：暂行市乡制、暂行县制及办理市乡选举事宜期限表、办理县选举事宜期限表已颁发多日，而各县呈报者，大半是临时机构，且其组织方法互有异同。亟应厘订办法，统一县级建制，并督促各县迅速设立市乡职及县议事会、参事会，准县议事会议员额数由清末之以人口为准变为以税额为准，以尽快完成基层组织从临时机关向正式机关转变，此一建议得到庄蕴宽的支持。[④]

在省署的一再督促下，江苏省市乡公所在部分地区陆续成立并展开工作。如苏州城自治公所在改为市公所之后，于 1912 年 4 月 7 日，召开议事会临时会议。[⑤] 因为从城镇乡自治公所向市乡公所过渡时，未届选举日期，为了方便起见，只是更名而已。等市乡选举届期，各地市乡公所才按照《江苏暂行市乡制》进行改选。苏州城市公所在 1912 年 4 月 17 日、20 日才相继选出市之乙级、甲级议员。[⑥] 松江市公所则迟至 7 月 29 日、30 日才相继选出乙级、甲级议员。[⑦] 议员选出之后，则是议长、副议长、董事会成员的互选事宜。

改选之初的市公所，显示出更加积极的面貌。在 6 月 20 日苏城市公所召开的夏季议会中，议员到者共五十人左右，一片热心为从前城自治公所所未有。[⑧] 但是这种热情并未坚持多久，在 11 月 16 日召开的苏州市议事会冬季常

---

① 《新苏州咫闻尺见》，《申报》，1912 年 1 月 15 日。

② 《苏州通信》，《申报》，1912 年 2 月 22 日。

③ 《江苏都督府指令一束》，《申报》，1912 年 1 月 19 日。江苏省地方志编纂委员会：《江苏省志》，江苏人民出版社，1999，第 29 页。

④ 《江苏都督府令汇录》，《申报》，1912 年 4 月 1 日。

⑤ 《市公所记事》，《申报》，1912 年 4 月 9 日。

⑥ 《苏市公所乙级议员揭晓》，《申报》，1912 年 4 月 19 日、4 月 21 日。

⑦ 《松江甲级选举揭晓》，《申报》，1912 年 8 月 1 日。

⑧ 《苏市公所议事会记事》，《申报》，1912 年 6 月 22 日。

会中，自“开会以后，连日议员到者不过数人或十余人，均未达半数之额，从未开议一次”。最终市议会汪议长不得已特别通告各议员，请自28日起，连开全日会三天，以期将各议案草草议决，并且不再拘三读之例，“务乞准时早到”①。这种类似乞求的做法并未打动各议员，以致“到会者终不及法定人数，故提议要件每多因循，虽经催促，到会者仍不及半数，无法开会”②。

更为不理想的是，部分地方市乡公所迟迟不能成立，导致县级与省级选举窒碍丛生。6月，苏都督即令饬该省各县民政长督促各县市乡按照既定时间表加快自治职员的选举；③ 9月，其再批评说：“查照办理市乡选举事宜期限表，将届乙、甲两级公民投票之期。除市乡公所已经成立各县甚属寥寥外，其余呈报办过调查资格、编造名册等事宜者，尚不多见。如此因循，市乡各镇未能成立，县议事、参事二会无从组织，自治前途，其将奚赖？凡我公民须知，县市乡制所定之选举权、被选举权，在个人固视为权利，在地方则视为义务，长此放弃公权，莫明责任，必至市乡公益事宜，欲求地方自办，转成一事不办。影响所及，即国家行政亦将无所措施，民国前途，何堪设想！地方行政官厅负责督促之责任，试问能当此重咎否耶？因此令催各民政长再次督促办理。”④ 从市乡公所之成立及运行状况来看，当时人们公权思想尚不发达是非常明显的。

与市乡公所的成立与运行相比，县级议事会、参事会之筹办更显拖沓。以吴县议事、参事二会为例。

1911年12月1日下午，苏州州临时议事会开会，重点讨论当前州临时自治机关之地位问题。城自治职员吴本善等认为，以城镇乡自治职员组织临时州议会，互选正副议长，而议员无从确定名额，究竟非正式机关。在州县制未颁布之前，先准备案，等州县制公布，再行重新组织。都督程德全指示，应等省议会议决公布新制后再行遵办，但可以暂时备案，等正式州议会组织成立后，再行刊发钤记。州临时议会认为，既然承认本会会员确系公民资格，应继续议事，以为临时言论机关，于是照章投票选举审查员。⑤ 12月2日下

① 《市会暮气》，《申报》，1912年11月30日。

② 《市会议案》，《申报》，1912年12月5日。

③ 《苏都督府通令一斑》，《时报》，1912年6月12日。

④ 《苏都督催办市乡选举之通令》，《申报》，1912年9月21日。

⑤ 《苏阊言论机关之近状》，《申报》，1911年12月3日。

午，继续开州议会，议决提交各案。① 12 月 3 日下午，再开临时州议会，又对州议会及议员名额问题进行争论。议员汪炳台所提重行组织州议会案被否决；而王宗保所提暂行临时州议会议员名额案却得到与会人员的积极响应。②

根据江苏暂行县制，长、元合并于吴县，原临时州议会应向县议事会过渡，而实际情况是在新的县市乡制颁布之后，临时州议事会继续行使职权，并且有向正式州议事会发展的可能，“副议长孔康侯君仍于二十一日开会集议补选议长。是日，市乡自治职员代表到会者仅有三十余人，不过三分之一，当推孔君为正议长，补选汪纲之为副议长。”③ 旧有自治职员的恋栈行为由此可见一斑。

为了督促县议事会早日成立，5 月 28 日，吴县叶德澍、汪炳台二议员，邀集当选之县议员，暂借城市公所开会集议，督促进行事宜。并由汪君具呈都督请速撤临时州议会，以促使正式县议会组织完全。④ 叶、汪之建议得到都督的支持，而吴县民政长却持一再拖延的态度。因此，苏州城区县议员不得不再次发出通告，召集市乡被选议员，并于 7 月 21 日在元妙观方丈市公所开谈话会，集议进行方法，公推代表拜谒都督，恳其限催民政长赶速召集议员，正式开会。⑤ 在上、下双重的压力之下，苏州民政长才有所行动，对于“尚未选举之各乡，亦一律限催选举，以便汇齐知会，定期召集”。7 月 12 日，县议员叶、汪等通知各市乡当选县议员，在元妙观方丈市公所内开谈话会，预备组织开会一切事宜。⑥ 民政长委托叶小峰主持预备开会前的一切事宜。⑦

通过以上种种努力，吴县县议事会于 9 月 11 日在元妙观方丈市公所内开成立大会，⑧ 县议事会在千呼万唤之下，终于诞生。但很快又陷入另外一个困境，因县议员缺额太多，不能召开。⑨ 在补选议员时，吴县又陷入无穷尽的选举诉讼中。⑩ 直到 12 月 23 日，吴县议事会才正式开会议事，并于 24 日、

① 《新苏州纪事》，《申报》，1911 年 12 月 4 日。
② 《新苏州纪事》，《申报》，1911 年 12 月 5 日。
③ 《苏市议会补选议长》，《申报》，1912 年 4 月 23 日。
④ 《苏州市县两议会之近况》，《申报》，1912 年 5 月 29 日。
⑤ 《苏州县议员之热心》，《申报》，1912 年 7 月 23 日。
⑥ 《吴县议会成立先声》，《申报》，1912 年 8 月 26 日。
⑦ 《议会将成》，《申报》，1912 年 9 月 9 日。
⑧ 《吴县县议会开幕纪事》，《申报》，1912 年 9 月 13 日。
⑨ 《县会先声》，《申报》，1912 年 11 月 30 日。
⑩ 《吴县又定期改选县议员》，《申报》，1912 年 12 月 3 日。

25 日、27 日相继召开会议,[①] 然后逐渐步入正轨。从章程颁布到正式开议,吴县县议事会经历了一年之久，可见动作之迟缓。

吴县议事会之所以长久迁延不决，原因主要有三：一是因为县自治筹备公所筹备工作迟缓；二是临时州议会从中梗阻;[②] 三则是因为民政长的动作迟缓。临时州议会从中阻梗是因为有地方精英害怕权力交割会失去旧日社会地位，而民政长之所以迟迟不肯执行定章，大概与暂行县制规定民政长由县议事会选举产生有关。只要县议事会不成立，旧有各员都可以安坐其位，一旦县议事会成立，则前途未卜。“迄今各县议事、参事两会及市乡各职，遵照现行定制及迭颁通令正式成立者，尚属无多，缘此，县民政长选举章程能施行者实鲜。本年时届十月，核诸选举章程所定四月选举日期，将逾半载，所有县民政长初选和复选事宜，统限于本年内遵照法令正式组成，县市乡各职俟呈候核准。”[③] 从这个通令中，略可以猜测民政长的一般心理。

与县议事会的迁延相比，参事会之行动效率略高。参事会员一旦选出，便积极开展工作。吴县参事会于 11 月 2 号在民政长署开成立会，参事员十三人，全数均到。共同议决多件议案。[④] 并均能按章办事。[⑤]

以上并非个别现象，在苏军都督府的一则饬令中，对江苏各县议事会、参事会的成立速度极为不满：“各县应设市乡职及县议会、参事会，叠经府令通告，并刊发暂行市乡制县制各在案，迄今为日已久，而各县呈报成立者尚属寥寥，且多临时机关，未尽正式组织，亟应督促进行。”[⑥] 由此可见各县行动之迟缓。

但是，这并不能抹杀此前一阶段江苏在地方自治推行过程中所取得的成绩。据统计，江苏自治至民国初年已规模大备，“全省市乡议事会、董事会有一千数十所，议员有一万五千四百人，乡市董事三千三百余人；经费合附加七成，征收特税约百万元。”[⑦]

总之，在暂行县市乡制推行之初，江苏都督程德全曾命令各自治机关在

---

① 《续开县议会》,《申报》, 1912 年 12 月 29 日、12 月 30 日。

② 《苏州县议会之迁延》,《申报》, 1912 年 7 月 8 日。

③ 《苏都督催办自治机关之通令》,《申报》, 1912 年 10 月 8 日。

④ 《吴县参事会成立》,《申报》, 1912 年 11 月 5 日。

⑤ 《续开参事会》,《申报》, 1912 年 11 月 7 日。

⑥ 《江苏都督府令汇述》,《申报》, 1912 年 3 月 21 日。

⑦ 《江苏要闻》,《申报》, 1916 年 7 月 20 日。

未届选之前，人员可以补选而不必改选，直至届选之期。因此，在地方自治职员改选之前，清末之自治职员仍然在新的自治机关中占据着主导地位，地方精英的成分并未发生大的变化。改选之后，自治机关中地方精英的成分才发生进一步的变化。以青浦县为例，据《申报》记载，按照县市乡制，青浦县重行选举自治职员，新当选的自治职员，“新多旧少，如内阁制推翻重建者然。”[①] 在新的青浦县自治机关中，只有钱静方一人具有科举背景，占总数的5%。与清末青浦县自治机关的8.70%相比较，其比例进一步下降。并且，钱静方的特殊身份更让人能感觉到时代的变化。钱静方原名钱学坤，青浦镇人，幼习举子业，清宣统元年（1909）为岁贡生。后赴日本留学，入士官学校专攻警务。在日期间，接触民主思想。辛亥革命青浦光复，钱静方担任《青浦报》主编。县民政署成立后，钱静方与章汉秋等人发起组织青浦政论会，效法西方民主，协助民政长，办理县政事务，钱静方任副会长。[②] 根据钱静方的经历，可以肯定，其虽然具有贡生的身份，但此时更属典型的新式士绅。作为此次重组自治机关中的核心人物，势必对青浦县地方自治的发展产生重大影响。

二、袁世凯政府停办地方自治

1914年2月，袁世凯政府下令停废地方自治，江苏地方自治一度陷入沉寂状态。此后之中央政府即使作出某种恢复地方自治的姿态，而能够贯彻执行者甚是寥寥，此种局面之形成有诸多因素的影响：第一，是中国政局之动荡严重阻碍了地方自治的恢复；第二，行政官厅缺乏恢复地方自治的诚意与决心；第三，地方精英在地方事务中始终处于弱势地位。

1914年2月，袁世凯根据各省民政长呈文，以各属自治机关“良莠不齐，平时把持税捐，干涉词讼，妨碍行政”[③] 为借口，下令停办地方自治。2月3日，袁世凯下令停办各级自治机关，2月6日，停办京师自治会，2月28日，下令解散各省省议会。

时任江苏省省长的韩国钧于2月9日通令江苏省各县知事，停办各县市

① 《青浦城自治之新议员》，《申报》，1912年7月6日。

② 《青浦县志》（卷十四），第785-786页。

③ 《政府公报》，民国三年二月四日，第627号。

乡自治机关。2月12日，韩再通电各县知事，为了顺利完成自治机关之交接事宜，制订执行细则九条，[①] 要求“各该县知事迅即参酌习惯，慎选本县市乡公正士绅，分别委任接收保管地方财产款项，并责成维持现状，保留旧有精神，以为将来设施基础”。

根据停办地方自治九条细则，江苏各县次第停办地方自治。镇江丹徒县遵照省长训令，一律停止进行各自治机关。但为防止议案、文牍散失，由县刘知事派委王某等四人为接收自治机关委员，所有自治学务、慈善、公款公产收支各委员亦于一月末日撤销，其执行诸事务由县知事所委派四人接手。[②] 上海县洪知事亦派委人员对上海县各级自治机关进行接收。[③] 吴县宗知事电陈该县县市乡，定三月底为自治停止之期。[④] 但是，此次停办地方自治所带来的影响是深远的。上海县在自治停办之后，还出现了索还公款的事情，原来在上海县自治机关存在期间，曾向地方商人与团体借款，现在自治机构取消，引起债权人的担忧。泉漳会馆在致前市政厅董事会的函件中写道：“敝会馆所借与市政厅之公债，一为地方自治因公益而需款，一为诸公历年以来热心任事，为众商所信仰，故允为借款。今既停止自治机关改为官办，以前公债即应清还，以昭信用，盖所借之款乃借与自治机关，非官治机关也。”在华成总公司致前市政厅董事会的函件中，亦如是说：“尊处市政厅另改名称，已归官办，所有上年底尊处向敝公司押款规元二万五千两，现在既归公家办理，此

---

① 《南京政闻纪要》，《申报》，1914年2月13日。细则九条的具体内容：第一条：本省各级自治机关应遵令一律停办，所有各该机关经理事项及所管财务，限三月三十一日以前完全结束，悉数移交，并将钤记图记缴销，勿得逾限；第二条：县议事会、参事会所有文卷、房屋、文件及用余银款，由各该主管人造册，移交县知事收保管之；第三条：凡县公署有之公款公产及其收入款项，现由地方士绅以自治委员名义经理者，改由县知事委任经理之。前项经理士绅受县知事之委任，须将不动产或存典公款生息之收入及开支各款，细数按月造具四柱清册，呈请县知事查核；第四条：凡向为市乡不能担任经费，认归县办之学务公益各项事宜，由县知事委任本县士绅分别继续办理；第五条：凡各市乡自治公所所有文卷房屋物件及用余银数，由各该主管人造册呈送县知事验收，由县知事委任本市乡士绅保管之；第六条：市乡公款公产及其收入款项现由市总董或乡董经理者，改由县知事委任各该市乡士绅经理之，前项经理，士绅按月造报，准第三条第二项办理；第七条：市乡现已举办之各项公益事宜，由县知事委任各该市乡士绅继续办理，委任员数得由县知事酌量事务繁简委任之；第八条：凡现充自治委员或市董事会职员及乡董乡佐，管理公款公产而未得县知事继续委任经管者，非交代清楚，不可擅离职守，如有侵蚀情事，即予按律追办；第九条：全县地方现设之自治机关一律停办后，由县知事将接收日期汇报省公署查考。《苏省停办自治之执行细则》，《申报》，1914年2月14日。

② 《接收自治机关办法》，《申报》，1914年2月13日。

③ 《接收自治机关之手续》，《申报》，1914年2月14日。

④ 《南京政闻录》，《申报》，1914年2月16日。

款应得厘楚，因清界限。”①

虽然江苏省在下令停办自治机关的同时，还就某些地方必办事项做了补充说明，② 但是，并非所有的地方事业均能赓续办理，特别是在附加税通归省财政厅支拨之后，地方事业陷入困顿。如扬州江都县农务分会因开办无资，因请县署在自治机关附加税之中拨给部分经费，而省令是：附加税已拨充行政经费，不能拨用。③ 因此，地方人士为争取办理地方事业的主动权，把争取附加税的支配权作为一项重要目标。吴县教育会以附税名目取消，入款提归省库，地方教育公益事业恐致停滞，亟应研究维持方法为由，特定于7月9日下午三时邀集各市乡教育会会长、学务委员及学款绅董并县立各校校长，在旧学前本会事务所开特别大会。④ 太仓县公款公产经理稽核士绅陈某等则具禀县知事请转详省署，认为“地方附税一项系人民自行担负，以为地方教育、慈善、积谷、河工各项善举之用”，理应归诸地方管理。⑤ 亦有人借助舆论，发表意见，“前此自治名目取消，政府曾声明地方教育及公益各事照常进行，省长亦力任维持，此自治之所以不尽消灭也。今因地方税名目取消，而饬将地方收入，由省支配，将来之支配如何，诚不敢事前逆料。收缩与否且缓论，惟当此通盘筹划之际，支配决非一时所能了如，必俟其确定而后支用，则事业之停滞已多。……当道既有维持之宏愿，又有通饬照常进行之誓言，其必能鉴此苦衷也乎！”⑥

县市乡制被取消，地方精英被排除到体制之外，地方事业之创办撤掉了一股重要的力量。没有自治制这一合法渠道，地方精英马上感受到一种前所未有的压抑。

---

① 《停办自治机关之余闻》，《申报》，1914年3月4日。

② 在地方教育事业方面，韩国钧函电各县知事说，自治机关虽奉令停止，但地方教育仍应积极进行，该县市乡设立各学校，务照地方行政预算支拨经费，毋稍停滞。（《南京政闻纪要》，《申报》，1914年2月12日）镇江在市乡自治机关取消后，就对学务与善举两项做了较好的善后工作，该地善举原来向由同善、安仁各善堂经办，学务则由市乡自治机关向公署领取附加税提拨，自治机关停办之后，学款由知事署支配，按期分拨，所节省之自治机关用费则仍归公益之需（《自治取消后之办法》，《申报》，1914年2月16日）又如，在瓜州东岸至扬子桥一带圩岸的修筑问题上，因前瓜州市总董沈廷铭，善里市议长刘世廉等曾经呈请县知事转恳省长拨款兴修，自治机关虽然停止，韩国钧仍饬令县知事在解省附加税内如数支拨（《瓜州修圩费有着》，《申报》，1914年4月25日）。

③ 《附加税不能拨用》，《申报》，1914年3月21日。

④ 《苏垣教育会定期开会》，《申报》，1914年7月8日。

⑤ 《江苏又有力争附税者》，《申报》，1914年7月8日。

⑥ 《市乡用款可停滞耶》，《申报》，1914年6月26日。

当袁世凯政府停办地方自治时，并不见江苏地方人士的反对之声，此种局面之出现，大概与此前一段时间自治职员选举过程中层出不穷的舞弊与不法行为有关。既然政府暂停了地方自治，人们寄希望于新的自治制。然而实际情况却是，旧制已废，新制未立。因为袁政府迟迟不颁布新的自治法令，人们则开始怀念已经停办的县市乡制了。“各县办地方自治，诚不敢谓其处处得力，然其利赖地方亦自不少。今撤销将及一年矣，据各地报告，因自治废而停闭学校者有之，因自治废而农田水利道路工程无人顾问者有之，因自治废而地方秩序荡然，伤风败俗之事公行乡曲，而无人为之董正者有之，夫不欲授人以权，亦宜尽力行使官权，以弥其阙，今则因不自治而遂不治矣。恢复！恢复！改良！改良！迟之久，迟之又久，杳乎！未有闻民未享自治之福，先受不治之苦，民怨气有所归哉！”①

在自治机关停办的同时，政府透露出此次停办只是暂停，而非终止的信息。当湖南民政长拟将自治经费提请省用时，遭到内务部的拒绝，“今自治虽奉令停办，其机关仅一时中断，并非永久废止，本部正在厘订新章，自治机关转瞬即将重组”②。袁世凯在召见某国驻京公使时亦说：“中国国体已永决为共和，自不能无立法机关，惟各旧机关既不良善，自不能（不）舍旧谋新云云。”③ 此为袁氏之自治制出台埋下了伏笔。

因为此前一段时间办理地方自治效果不佳，对于将来推行什么样的地方自治，官方进行过一次讨论，《地方自治之最近主张者》一文对各省意见作了如下总结：

严格监督：湖南民政长对于自治制度，主张采严格的官督自治制。其理由谓我国自治制度发生五载，于兹未见自治之效，首蒙自扰之害。官厅发一布告，自治会每以有碍商民，不便施行为词，不知受人指挥，甘心反对。收税则从中渔利，办事则朋比为奸，尤其小者。今若改订，非严格监督不能收效监督之责，县知事负之，县知事对于该会有指令改革及惩戒议员之权，冀清流弊而收实效云。

折中干涉：陕西内务司长杨开甲来电，对于自治主张采用折中之干涉。

① 《地方自治之去思》，《申报》，1914 年 7 月 21 日。

② 《内务部保存自治经费之坚决》，《申报》，1914 年 3 月 3 日。

③ 《民国近今两要题》，《申报》，1914 年 2 月 20 日。

略谓近来民气大开，法律智识亦其进化，倘采严行监督，非共和原意；若采放弃主义，非目前所能，舍折中干涉外，别无良法。惟应注意者，即扩张县知事之权限。民国成立，凡县知事应有之权，如判词讼、征收钱粮、捕拿盗贼、均放弃责任，甚至匪势危迫，弃城而逸。现既重订，非使知事有监督之权，断难见效云。

变通办理：闻某司员上书内务部，废弃自治制度，规复旧时保甲。所陈利害，切中时局，故日前考试县知事时，朱总长以之命题，……①

总体来看，舆论较倾向于保守地对待地方自治。另外，古德诺亦宣扬中国当前应该师法古代的乡官制，由富人、大地主、儒士及曾任高等文官的人组织地方参事会（省参事会、道参事会、县参事会），辅助官治之不足。“夫然后使民知所以参与政事之方，以渐扩充于地方自治之组织也，夫然后直接由民选举之参事会，或得免于凌杂也。吾窃谓中国改革，事事取法欧美，而失其自然之正治修事也。”② 此亦为袁氏自治制的出台提供了铺垫。

纵观官方之态度，实以对地方自治实施限制为主，如此一来，地方自治即使恢复，必将陷入官治的泥淖。

1914 年 12 月 29 日，在地方自治停办将近一年之后，袁世凯政府颁布《地方自治试行条例》，该条例因浓厚的官治味道，而倍受后人訾议，“地方政权，一切操诸县知事”③，即便如此，仍是拖延不行。1915 年 4 月 19 日，袁政府再颁布《地方自治条例施行细则》，把地方自治分为调查、整理、倡导与实行几个时期，实则是把地方自治的推行延宕到遥不可及的未来。

事实证明，袁政府所颁布的自治条例并未付诸实施，而是成为袁世凯政府的陪葬品，“自治停辍后，续订施行条例，不久随袁政府以俱废”④。袁世凯死后，黎元洪递补为大总统，地方自治有再次复活的迹象。

三、黎、徐时期江苏各级地方自治的复活

袁世凯死后，黎元洪继大总统位。国会、省会相继恢复，此举激起了地

① 《地方自治之最近主张者》，《申报》，1914 年 3 月 7 日。
② 《古德诺氏之中国地方官制说》，《申报》，1914 年 4 月 17 日。
③ 《苏社社员整理省政之意见书》，《申报》，1923 年 3 月 30 日。
④ 《赞复地方自治意见书》，《申报》，1922 年 3 月 20 日。

方绅民重新推行地方自治的热情。江苏士绅亦奔走呼号，在各地县市乡掀起恢复原有之自治机关的运动，显示出民气的高涨，对此，申报如此记载："共和再造，民意大伸，省会已着手预备开会手续，市乡议员已有为一区域之运动者，惟事关全省，似应联合为组织之预备，有志者正在进行中。"[①]

袁世凯时代的结束，被江苏人民视为行政官署帝制时代的结束，虽然有人认为县市乡会员额数众多，三年以来，人事变迁，必然难以组织，应徐缓进行。[②] 但是这种顾虑并未削弱人们要求恢复基层自治机关的热情。在恢复地方自治机关的运动中，镇江丹徒县议会走在了时代的前列，其认为自治机关在"癸丑年奉令取消，即行停办，今旧约法已奉明令恢复，则县议会自然有效，本县各议员已会议恢复之法，会议后即经杨议长将办事处仍设于万寿宫内，并将该会从前一应案牍及未完事件逐项清理，以资筹备"[③]。丹阳县紧随其后，该县议员王某，特具函县市乡各议员，请开临时会议，共同要求恢复。[④] 扬州之江都县公民张某等认为旧约法已经恢复，县议会有连带之效力，因请积极筹备县议会之恢复。[⑤] 松江县议会亦积极呼应，筹备县议会恢复事宜。[⑥] 南通县会议长于振声则在有斐旅馆延请议会议员及官绅，讨论议会召集办法。[⑦] 上海市议会在也是园开谈话会，商讨恢复自治的问题。[⑧] 由此可见人们要求恢复地方自治的强烈心声。

为了推动地方自治尽快恢复，江苏省各团体还建立起联合组织，准备协同进行。为此，丹徒县议会函请江苏各县市乡议会发起江苏县议会通讯处（又称江苏县议员通讯处）。丹徒县的号召首先得到松江县五库乡议会的积极响应，在其致丹徒县市议会的函件中如此写道：

读七月十日申报载贵会通告，具证诸公伟见，无任赞同。敝议会自奉令取消，即行停办，三年以来，深受官厅压制，有甚于清之季世者。所有乡公所卷牍公件，均被县署接去，自治两字早成风流云散。现约法业已规复，县

① 《江苏要闻》，《申报》，1916 年 7 月 20 日。
② 《江苏要闻》，《申报》，1916 年 7 月 8 日。
③ 《恢复自治之筹备》，《申报》，1916 年 7 月 10 日。
④ 《县议员请求开会》，《申报》，1916 年 7 月 14 日。
⑤ 《函请筹备县议会》，《申报》，1916 年 7 月 18 日。
⑥ 《县会预备之动议》，《申报》，1916 年 7 月 30 日。
⑦ 《议会长□宾》，《申报》，1916 年 7 月 31 日。
⑧ 《恢复自治之谈话会》，《申报》，1916 年 8 月 14 日。

市乡议会为约法之一部分，当然继续有效，急□进行。若待官厅召集，则自治会固不便于官吏之行为，必至延三约四，闭会无期。此事全在吾民，以一致之行动，为积极之筹备。一面依法请求县署，发还公件。贵会拟设自治联合会，务希急起直追……①

除此之外，江苏各县市乡议会纷纷致函表示赞同。如泗泾乡议员共表赞同，并建议地点设于上海。② 太仓县议会公推陆元华、张文华为赴申代表，共商县市乡议会恢复问题。昆山县对于江苏县议会通讯处之设立深表赞同。③ 吴江县议会推举费玄韫、周维新为驻沪县议员通讯处代表。仪征县临时县议会公推周恩均、欧阳洛书为赴沪代表。沛县议会对县议会通讯处之行为甚表支持，并表示将派员前往。④ 此外，还有宝应县议会、兴化县议会、江阴县议会⑤、金山县议会⑥、松江县议会⑦、南汇县议会、靖江县议会、江都县议会、盐城县议会⑧、宜兴县议会、砀山县议会、无锡县议会等，均次第函复表示赞同。⑨

1916 年 8 月 26 日，江苏省议会通讯处在上海也是园召开联合大会，莅会者共计上海、吴江、金山、常熟、东海、如皋、丹徒、江阴、青浦、松江、吴县、昆山、嘉定、宝山、泰县、阜宁、泰兴、沛县、宜兴、宝应、江都、太仓、川沙、奉贤、丹阳、武进、仪征、砀山、丰县、崇明、金坛、无锡等三十二县代表。有部分县虽未派代表参加，但致函深表赞同。会上通过联合会临时规约：一、定名：江苏县议员联合会，以江苏各县县议员代表组织之；二、宗旨：联络感情，交换意见，取共同促进，恢复县会之志趣；三、职员：选举干事员若干人主持会务；四、权限：干事员权限于促进恢复县会范围以内之事件，得有完全行使之职权；五、经费：由承认各县先行筹垫，俟县会

① 《五库乡议会答丹徒县市议会书》，《申报》，1916 年 7 月 15 日。
② 《泗泾乡议员复丹徒议员函》，《申报》，1916 年 8 月 1 日。
③ 《江苏县议会通讯处之函牍》，《申报》，1916 年 8 月 12 日。
④ 《江苏县议会通讯处之函牍》，《申报》，1916 年 8 月 14 日。
⑤ 《江苏县议会通讯处纪事》，《申报》，1916 年 8 月 15 日。
⑥ 《江苏县议会通讯处之函稿》，《申报》，1916 年 8 月 16 日。
⑦ 《县会推定代表》，《申报》，1916 年 8 月 20 日。
⑧ 《县议会通讯处之函稿》，《申报》，1916 年 8 月 20 日。
⑨ 《县议会通讯处之函稿》，《申报》，1916 年 8 月 24 日。

恢复后，平均摊还等。①

江苏县议员联合会一成立便积极开展活动，其首先致电北京大总统、国务院总理、内务部总长、北京参众两院、江苏齐省长等，以求得到行政官厅的支持，现将电稿三件②摘录如下：

北京大总统国务院总理内务部总长钧鉴：国省会先后召集，县会及市乡自治自应连带回复，应请明颁明令，尅日恢复，以继法治而餍人望。江苏县议员联合会叩

北京参众两院公鉴：省县议会同时停止，今省会已奉明令召集，县会尚未同时回复，自治停顿，民意不宣，应请主持提议县市乡自治机关一律回复，迅咨政府明颁命令，以遵约法而顺舆情。江苏县议员联合会叩

江苏齐省长钧鉴：地方自治为宪政基础，省议会已奉明令召集，县会及市乡自治尚未回复，法无偏废，众望喁喁，乞公主持电呈中央，迅复各级自治机关，以振法治精神，而餍人望。江苏县议员联合会叩

同时，江苏县议员联合会还致函参众两院江苏省籍参众议员，请他们立即提出紧急动议，咨请政府命令各县市乡自治机关一律回复。在致江苏省议会函中，则请求其对县市乡自治的恢复予以主持。③ 另外，县议员联合会还委托干事员杨左熙赴京请愿；通函各省县议会正副议长协力进行；通告各县议员通讯处调查各该县议员额数、姓氏及现在有无缺额，是否需要补选等情；对于县议会有未经成立者，函请各该县教育会、农会略告情形，协谋进行之法等。④

而联合其他省的县议会一致进行，则是该组织进一步发展的表现。1917年，江苏县议员联合会拟联合各省县议会所举代表进京请愿，是年2月11日下午二时各省代表在京开会，到者有福建、湖北、江苏等三省代表，并得十二省表示赞同之复函。会议提出议案四条：一、函请各省县会速推全省代表于3月1日以前来京请愿；二、具呈国会请愿，迅速恢复自治原状，以餍民望；三、设立请愿恢复地方自治代表通讯处；四、北京通讯处费用暂由江苏、

① 《县议员联合大会旁听录》，《申报》，1916年8月27日。
② 《县议员联合大会旁听录》，《申报》，1916年8月27日。
③ 《江苏县议员联合会要函》，《申报》，1916年8月28日。
④ 《县议员联合会第一次干事会记》，《申报》，1916年8月29日。

福建两省代表筹垫，下次开会议决公摊等。[①]

就整体情形看，恢复自治运动主要是苏南各县，苏北地区热情不高。如通海地区各县就没有派代表参加全省各县议员联合大会。为此，通海旅沪公民张吉丞、沈邦桢等致函本籍各级自治机关，极表遗憾与鞭策："吾通海素号开化之区，距沪咫尺，交通之便利，消息之灵通，实为全省各县冠。且辖地不广，可朝呼而夕应，召集同人计议进行，事甚易易。诸公之对于沪县议员通信处，毫无表示，慑于前此之积威耶，抑别有原因欤？诚百思而莫得其故也。然亡羊补牢，犹未为晚，兹届地方自治将行回复之时（得确息与省会同日召集），一切筹备宜着手进行。若再悠游林下，置若罔闻，必待令始动，不特于组织上之手续，至多仓卒不及之虞，而天职上之责任，恐亦难免。群情之诘难，且向日号为开化之名誉，亦即与之俱堕。"[②] 但是，苏北之情形亦不能一言以蔽之，如淮安县，在地方自治被停办之前，其自治机关尚未建立，此次面临复活，则能积极接受苏省县议员联合会的建议，由淮安县教育会、农会协助组织。[③] 而丰县则被称为自治恢复的好模范，原来，丰县县议会在取消之时，得到县知事孙君的维护，根基得以保存，值恢复之际，积极而迅速。[④]"讷"还专门著文对此一模范进行赞扬。[⑤]

在这次声势浩大的恢复运动中，除了江苏县议员联合会的努力外，还有上海地方自治研究会、上海策进地方自治会等组织。

上海地方自治研究会由上海县公民沈润挹、贾季英等发起，其宗旨在于"为地方谋公益，为自治求进步"。该会草章如下：

一、定名：上海地方自治研究会，集合全县公民组织之。二、宗旨：联络感情，交换意见，研究地方自治事宜，以促进改良为志趣。三、权限：凡关于地方应兴应革事宜，有共同讨论，随时陈请之权。四、会费：由发起人担任，暂不收费。五、会员：凡有公民资格者，由会员二人以上之介绍，均可入会。六、职员：先选举干事员若干人主持会务，其各项职员暂不设置。七、会期：每年开大会一次，每月开常会一次，如有发生特别事件，由会员

① 《自治请愿代表函告在京会议情形》，《申报》，1917 年 2 月 15 日。
② 《通海旅沪公民张吉丞沈邦桢等致本籍各级自治机关书》，《申报》，1916 年 9 月 3 日。
③ 《淮安县筹备自治之报告》，《申报》，1916 年 9 月 20 日。
④ 《恢复地方自治之好模范》，《申报》，1916 年 9 月 26 日。
⑤ 《丰县之自治》，《申报》，1916 年 9 月 26 日。

若干人以上之请求，得开临时会。八、会所：假定也是园。[1]

与县议员联合会相比，该组织规模较小，会员主要来自上海县，提议也相对缓和，以研究自治为主，故而比较容易得到政府的认可，“今上海自治研究会已膺政府之认可，或者政府以人民程度为不足，故许其研究而未许其回复，然而上海人得此，亦聊胜于无矣。”[2] 但是该组织因为得到上海士绅的支持，能量并不小。

1917年3月2日，上海自治研究会开会，并邀请前内务总长孙洪尹、国货维持会会长王文典到场演说。[3] 政府的认可及孙洪尹等人的演说进一步激发人们对地方自治研究的热情，各地纷纷设立自治研究会或分会，如苏州[4]、无锡[5]、丹阳[6]、溧阳[7]等县，皆有自治研究组织的出现。

策进地方自治会亦是上海一地的组织，系由该县公民谢强公发起，以联络客民，对地方自治共策进行，以期实行地方自治之实为宗旨。[8] 因此，该会亦可视为地方自治研究会的姊妹会，有相互补充之妙。在开会时，谢强公曾进一步阐述此一组织的宗旨：“现今共和复活，国民责任繁重，对于地方皆有应尽之义务，欲食共和幸福，须从自治做起来，欲求完全自治，须从剃弊着手，鄙人发起是会，即本斯意。”[9] 由此可见，策进自治会的主要目的在于探究以往地方自治之弊端，以策进美好制度之恢复。策进地方自治会不但关注本地方自治事业，对国内外局势亦颇为关注，1917年3月11日，上海策进地方自治会邀请地方各团体讨议当前外交问题，会后致电北京大总统、国务院、参众两院：“外交危迫，本日特开大会讨论利害，加入协约国实背民意，国民誓不承认，电请遵从民意，勿徇私利，以固国本。”[10] 这表明该组织已经超越了区域限制，力图成为更广范围内之民意代表。

---

① 《发起地方自治研究会》，《申报》，1916年9月5日。
② 《自治研究会立案》，《申报》，1917年2月28日。
③ 《自治研究会开会记》，《申报》，1917年3月3日。
④ 《自治研究会成立》，《申报》，1917年3月7日。
⑤ 《自治分会成立》，《申报》，1917年3月11日。
⑥ 《自治研究会开会记》，《申报》，1917年3月14日。
⑦ 《自治研究会成立》，《申报》，1917年3月27日。
⑧ 《发起策进地方自治会》，《申报》，1916年9月10日。
⑨ 《发起策进自治会续纪》，《申报》，1916年9月12日。
⑩ 《策进自治会讨论外交问题》，《申报》，1917年3月12日。

在苏南要求恢复自治运动的影响下，苏北亦有联合组织之成立。如地方自治促进会，该会发起人即前番反对选举金钱运动之徐淮海松四属省议员，该会会址设在龙王庙堂子巷。1916 年冬省议会闭会后，曾借金陵春开成立会一次，驻会干事为许苏民、刘伯昌、杨友熙等。“据闻该会徐淮海松四属议员仍抱定打破金钱运动选举之弊，以达人才选举之目的。”①

总之，在此一阶段，地方精英无疑成为自治恢复运动的主角，他们在地方纷纷建立联合组织，或以恢复旧自治制为目标，或以研究地方自治为宗旨，总体上表明人们对地方自治制认识的加深。

受民间自治恢复运动的感染，江苏地方行政官厅亦有所表示，但是显得顾虑重重。在省行政官厅看来，地方自治复行举办，在今日已刻不容缓，只是停办时久，一切经费挪用殆罄，一时回复，恐怕不易。但是听说中央将有明令恢复自治，为防止临时措办不及，时任江苏齐省长在 1916 年 7 月 29 日通饬各县知事，先期预备，“各县知事，迅即查明各该县，自地方自治停办后，每年收入自治经费若干，支用于地方公益事宜者若干，抵作他用者若干，现有存款若干，限十日内分别详列细册，报明核办，毋稍漏延。”② 接命令后，松江县李知事请各自治委员，在十日之内，将市乡自治经费来年收入支出及现存数目详细开报，为改组市乡议会之预备。③ 无锡县公署则调查自治停办后之余款④。镇江丹徒县公署则规定所有丹徒县地方自治经费不得挪为他用⑤。

但是，从中央政府一再拖延的态度看，其对于县级自治机关的恢复似乎并无兴趣。在地方不断吁请之下，中央最初的反应是恢复前清旧制。⑥ 这引起江苏绅民的强烈不满，江苏县议员联合会赴京代表杨静山认为，县议会恢复前清旧制有阻本省自治之进行。⑦ 并致函江苏县议员联合会，将此情况加以通报。当接到杨静山的信函后，江苏县议员联合会马上召开谈话会讨论此事。⑧ 结果一致反对当局此一行为，其认为“咨议局章程之不能适用于省议会，犹

① 《地方自治促进会》，《申报》，1917 年 2 月 10 日。
② 《苏省地方自治之筹备》，《申报》，1916 年 7 月 30 日。
③ 《规复自治之预备》，《申报》，1916 年 8 月 3 日。
④ 《饬查地方自治停办后余款》，《申报》，1916 年 8 月 5 日。
⑤ 《通令禁挪自治经费》，《申报》，1916 年 8 月 26 日。
⑥ 《恢复各级自治之京讯》，《申报》，1916 年 8 月 30 日。
⑦ 《县议员联合会之要函》，《申报》，1916 年 9 月 2 日。
⑧ 《县议员联合会定期集议》，《申报》，1916 年 9 月 7 日。

府厅州县自治章程不能适用于县议会也”[①]。时人对此一事件评论是：“前清地方自治之旧制，不能适用于今日，此显而易见之事也。盖前清为专制时代，前清之地方自治集权于县行政官，虽曰自治，仍专制之自治也。以专制之时代而欲行自治，不得不计如此之自治制。今则为共和时代，而非专制时代矣，如谓共和时代之自治，仍可沿用专制时代之旧制，其将来何以解于共和之真义乎？此而曰可，则共和二字，亦可以专制二字易之矣，其如世界仅有共和民国，而无专制民国何？”[②] 在另一篇文章中，他还对赞成恢复前清旧制的人进行了严厉的批判。[③] 在官绅博弈的过程中，实质上是把自治恢复一事搁置下来。最终，中央政府认为，以往地方自治之所以“成效未彰，非自治之不良，实由于立法未周，易滋误会，废止不举”等故，[④] 因而“拟将各项自治法案从速编订，提交国会，议决施行”[⑤]。这不啻又一拖延之法。

在反对恢复前清旧制的同时，江苏省县议员联合会提案争取民元暂行县市乡制的恢复，但是该提案需要经过参众两院、国务院、内务部等复杂程序，在政府对此并不感兴趣的情况下，结果必然导致拖延现象。当省议会向江苏省公署转请恢复自治机关时，省公署的回复是：“查恢复各级自治机关一案，业经国务会议，议决缓议。”[⑥] 镇江县议会先遵省电，进行筹备，已布置就绪，后因部令暂缓召集，所以并未正式开议。[⑦] 在《自治延宕之真因》一文中，时人如此评价：“参议院恢复自治议决案之提交复议也，政府固谓拟将各项自治法案从速编订，然是项法案今方经由国务院会议，退回内（务）部修正，即使内务部迅速办理，而修正后之程序，既须经过国务会议提出两院，而议决而公布而着手筹备，其施行之期，正不知何日，而况内务部之修正，尚未闻有所进行耶！政府之处理此事务，取纡徐为妍，已辜国民之望矣！”[⑧]

不久，内务部致电各省，命令各省分三期切实调查各地现在情形：在第一期内，调查地方原有公益事业办理情形及公款公产之管理方法；在第二期

① 《商量恢复地方自治之制度》，《申报》，1916 年 9 月 8 日。
② 《旧制之不适用》，《申报》，1916 年 9 月 14 日。
③ 《专制之臭味》，《申报》，1916 年 9 月 15 日。
④ 《大总统地方自治法令》，《政府公报》，1917 年 1 月 20 日。
⑤ 《恢复自治案又交复议》，《申报》，1917 年 2 月 9 日。
⑥ 《恢复各级自治机关之失望》，《申报》，1916 年 10 月 31 日。
⑦ 《会议回复自治问题》，《申报》，1917 年 1 月 26 日。
⑧ 《自治延宕之真因》，《申报》，1917 年 2 月 22 日。

内，调查自治事业因革兴废及自治经费之筹办方法，并收入成数；在第三期内，调查自治事业停止继续及自治经费保存移拨情况等。并将“利弊得失之所在，比较指陈，造具清册，随时承转咨部，以资考鉴”①。当内务部要求各省对地方自治发表意见时，江苏省长齐耀林在复内务部电中说：“自治制度，各国不同，要在体察国情，方能导扬民气。前清自治章制，取法东临，行之数年，不无扞格。弊在分区过多，资格过宽，员额过繁冗，监督过于放任，成事不说，来轸方遒。及此厘订之初，应有折中之论，拟请规定办法，以组织县地方自治为第一期，俟完全成立，再就其县酌划第三四或五六区，定名为区自治，不必再标为城镇乡名称，以杜争议。至资格、员额、监督三者，皆为重要问题，因噎废食，固属不宜，得鱼忘筌，尤非真谛，深望权衡至当，制定良规，自治前途庶其有豸！”② 齐之言论对江苏省恢复民元县市乡制的运动无疑是一种打击。

因此，就行政官厅之态度来看，其对地方自治之恢复并无诚心。仅无穷尽的讨论就把地方自治陷入无限期的延宕之中。怪不得江阴县参事代表费洪声痛陈道：

> 吾江苏之县自治，继省自治而组织通讯处，而成立联合会，兹一年于兹矣。期间请愿于省会，省会非不介绍也，而省长则以未奉命令为辞！请愿于国会，国会非不建议也，而开议又以重行组织为辞！千呼万唤，尚未产出，……今幸矣，齐省长上意见于内务部，对于自治以组织县自治为第一期；五月八日之阁议，又以县市乡制决交国会；吾知一转瞬间，其范围自治当然产出，吾于未回复之前，为自治之旧议员勉急起直追，踵省自治而发起县自治之研究会，省政既需研究，县治转付阙如，可乎哉？③

1917 年之后，中国政局进入更加动荡时期，府院之争余波未平，又有张勋借调停府院之争复辟帝制事件。大总统黎元洪被迫躲进外国使馆，江苏督军、副总统冯国璋代理总统职务，联合段祺瑞声讨张勋。张勋战败，冯国璋出任总统，段祺瑞出任国务院总理兼陆总总长，中央政府处于皖、直两派军阀的共同控制之下。两派实力军阀共掌政权，为争权夺利而钩心斗角。在此

---

① 《内部分期调查各省自治》，《申报》，1917 年 3 月 29 日。
② 《苏鄂滇三省长之自治意见》，《申报》，1917 年 5 月 4 日。
③ 《费鸿声之县自治感言》，《申报》，1917 年 5 月 13 日。

种情况之下，把地方自治之恢复寄希望于中央政府，无异于痴人说梦。

就江苏省来看，其仍然把自治恢复建立在呼吁当局认可的基础之上。有人在《说江苏人》一文中，如此批评道："江苏人者，事事后于人者也，证之前例，已不少矣，人皆谓宜急，而江苏人则曰需之，人皆谓宜急抗，江苏人则曰待之，至需之无可需则稍举焉，至待之无可待，则稍抗焉，此江苏人之习性也。虽然江苏人之习性即中国人习性之代表也，特江苏人为中国人中之尤甚者。"①

1918年2月，江苏省议员李国铨、马骏"以地方自治恢复在即，此项经费应长款存储，以免临渴掘井"为由特别提出议案，"咨请省署重申前令，通饬各县知事一体遵照"。齐省长根据其请，通令各县不准挪用。② 但是，并不见有恢复自治的迹象。

1918年9月，江苏省长再颁发地方自治编制大纲六条，内容如下：一、上级自治县会提前办理，其选举应择限制主义；二、下级自治市乡会应采取直接选举主义；三、应以省议会选举之资格为限，以免滥竽；四、权限及公费均为限制的，监督机关为积极的；五、议员均为名誉职，不准额外增加公费；六、其预算制须经上级官厅照会计法核准。③ 在此一大纲中，可以看到其限制颇多，进一步突出官厅监督的角色。然而，在无实际行动的情况下，此仍不啻于一张空头支票。

1918年，在民国政府第二届总统选举中，冯、段矛盾尖锐，徐世昌渔翁得利，于是年10月出掌中央权柄。以非军阀背景的徐世昌出任总统，给人以自治恢复的新的希望。江苏省议会对地方自治的关心也增加了不少，在当年江苏省第五号议事日程中，即有多项议案涉及地方自治问题，如徐瀛提议请愿政府先行恢复县自治紧急动议案；顾希曾提出请咨电部速定地方自治制度建议案；屠宜厚提议恢复本省县市乡自治并联合各省请求中央速颁地方自治法制案；宋铭勋等提议恢复县市乡自治案；盛元音提议各县应宣布自治经费案；朱积祺等提议各县带征附税杂捐，均应切实公布以维地方公益经费案；顾作宾等提议清查各县自治经费案等。④ 姑且不论议决结果如何，但就如此集

① 《说江苏人》，《申报》，1918年8月24日。

② 《自治费不准动用》，《申报》，1918年2月28日。

③ 《奉到地方自治大纲》，《申报》，1918年9月17日。

④ 《苏议会之第二次大活动》，《申报》，1918年10月10日。

中提出议案的情形，即可见地方自治与政潮之间的密切关系。

徐世昌继位后，首先忙于调停军阀之间的矛盾，其希图通过南北议和达到偃武修文的目的，对于地方自治则持暂时搁置的态度。直到 1919 年 9 月，徐世昌政府才颁布《县自治法》，地方自治又有复兴的势头。但是《县自治法》颁布后，地方自治并未立即推行。中央政府认为，当前之急务在于培养自治人才，其方式则是由“内务部拟于中央设一地方自治模范讲习所，俟毕业后送回各道以次推行”。对于这一方式，江苏省会议员卢瀚荫提出异议，其提议江苏六十县应自行组织地方自治讲习所，无俟中央为之代谋。又有高议员等提议，“地方自治讲习所应由人民组织，以发挥民主之精神”，并在提案中详细分析由中央统一培养自治人才的弊端，以及由各地自行培养自治人才的益处。[①] 比较中央与苏议员所提两种方式，后者更加适合于江苏省，既然自治为当前之急务，辗转传授不如就地办理为宜。由此亦可以揣度中央政府的诚意。果不其然，江苏省建议并未被采纳，中央仍坚持设地方自治模范讲习所，各省选派人员进京培训。实际情况正如所预料的那样，自治人才培养的效率明显低劣。就江苏省来看，1921 年 1 月，方有江苏省的金陵、沪海、苏常、淮扬、徐海五道筹设自治讲习分所之说。[②] 1921 年 4 月，才有苏常道自治讲习分所之设立。[③] 如此培养自治人才，真不知何时才能普及。但是，既然中央有所表示，江苏省绅民也就未放弃恢复县制的希望，并在此后一个阶段又有进一步的活动：

第一，苏社及其他地方自治组织的成立。

1920 年 4 月 1 日，江苏地方人士，鉴于本省各项事业，渐落后于他省，遂由张季直、韩紫石、黄伯雨等十八人筹商，分函各地同志，共同发起苏社。其宗旨在于谋江苏地方自治之发展，并以实业、教育、水利、交通四者为先，且郑重声明，“不涉政党，不为私人利用，不与官治为敌”。后经各地同志函复加入，定于 5 月 11 日在南通开成立大会。

松江县为此建立地方自治筹备会。其宗旨为：甲、促成地方自治；乙、废除障碍地方自治之制度；丙、研究地方自治学；丁、唤起全县公民注意地

---

① 《苏议会对地方自治之提议》，《申报》，1919 年 12 月 13 日。

② 《筹设道自治讲习分所之省批》，《申报》，1921 年 1 月 5 日。

③ 《道自治讲习所开学》，《申报》，1921 年 4 月 17 日。

方自治。[①] 上海市公民姚文枬请恢复上海南市地方自治，公民吴履平等则要求收回上海闸北两市自治款产等。[②]

第二，江苏省会议员亦主张恢复地方自治。

江苏省议会部分议员认为，是年为恢复地方自治的最佳时机，“近段徐失败，安部逃亡，刷新政治，此其时也。然以武力铲除武力，吾民若不乘此时机，自悟自决，从严监督，难保有武力者不再受此客播弄，酿成二次军阀之争。”因而提出四点主张：一、裁减军队；二、取消军阀傀儡之旧国会，安福国会；三、恢复县市乡自治；四、省县行政长官，概由民选。对于地方自治的恢复，其表现出更大的热情，“吾国县市乡自治，自被袁逆非法取消后，万恶官僚，视此为愚弄吾民压抑吾民之良好时机。故七八年来，从无提及恢复者。共和其名，专制其实，腾笑外人，贻祸苍生，莫此为甚。宜从速恢复县市乡自治，以符共和之实。”[③]

1920 年 10 月，又有关于政府制定自治推行时间表的说法，“政府决定于下月实行地方自治，以本年七月一日起，至本年十二月三十日止，为筹备时期，明年一月起，为试办时期，明年七月起，为实行时期，至民国十二年十二月，为普及时期，内务部已预备顺序，施行计划，并于九年度预算，增加地方自治之经费”等。[④] 不久，内务部又咨行各省，“筹备自治，为现在紧要之举，对于潮流所趋，自须积极进行。各地方所原有之自治经费，应饬所属妥为保存，以待举办自治之用。兹定十年一月起，先将县自治提前恢复，至十年七月，则各地自治机关，须依次成立，务期恢复二年时自治之状况云”[⑤]。另有电报说：“内部订明年元旦起，先将省自治恢复，七月朔起，各地方自治机关，依次成立。”[⑥] 总之，苏省绅民关于恢复自治的呼声在此一阶段充斥文末报端，对当局产生极大影响。

在地方自治恢复的声浪之下，中央拟召开地方行政会议，由各省派代表讨议自治恢复事宜。但对此一行为人们并不买账，有人揭露说：

---

① 《松江地方自治筹备会章程草案》，《申报》，1921 年 1 月 13 日。
② 《电请恢复自治》，《申报》，1921 年 1 月 15 日。
③ 《苏省议员之四主张电》，《申报》，1920 年 8 月 8 日。
④ 《实行地方自治先声》，《申报》，1920 年 10 月 23 日。
⑤ 《政府筹备自治消息》，《申报》，1920 年 11 月 8 日。
⑥ 《北京电》，《申报》，1920 年 11 月 29 日。

自治必先有办法，今日之办法，中央方召开地方行政会议，待各省派员赴京，而后会议，会议之后，又须经若干手续，则办法之公布，遥遥不知何日也。

自治必先有经费，然从前之经费，各地早已挪用罄尽，欲另筹的款，而各省财政之穷，又如出一辙，则欲经费之有着，又遥遥不知何日也。

如此情势，而欲待官力以希望自治，则自治之恢复，安有希望！故今日地方人士果热心自治者，惟有就已成之办法，固有之款产，而尽力自谋之，向之办有基础者，就其基础而扩张之自治，乃得早日实现。……①

此文进一步揭露中央政府拖延恢复地方自治进程的行径。

对此，张内长的解释是，政府对于地方自治并无阻挠之心，主要是因为各省对地方自治之范围要求各有不同，难以制订一部让各省都满意的法令，因此延宕至今。② 既然制订让各省都满意的法令被政府视为复活地方自治的主要障碍，人们的目光开始集中到地方自治法的制订上。根据中央命令，负担此一任务的机构是地方行政会议。1921 年 5 月 6 日，中央地方行政会议召开，第一议案即为内部提出之《县自治施行细则》。③ 该条例共 21 条，对县自治法的施行做了详细的规定。④ 同时该会还制订《县议会议员选举规则》《市自治制》《乡自治制》等。但是这些条例很快便引起人们的质疑，江苏省议员徐瀛于 5 月 28 日致电北京内务部地方行政会议，诘问市乡自治为什么反不如前清城镇乡自治制。⑤

一个署名“默”的人在《申报》上撰文写道：“中央新公布之自治制，在人民视之为非法，不过一种缓和自治潮流之作用而已，无研究内容之价值也。然即宽一步以论，政府纵有实行自治之诚意，此次行政会议纵为合法之会议，所议决之自治制纵为依据民意之自治制。而以自治之原理言之，市之组织各地情形不同，各有个性之存在，非普通市与特别市两种所能包尽，若必欲强立一法，以范围一切，表面上非不整齐划一，然究其实际，则终不能强使一律执行，既行亦足以阻碍其个性之发展。故与其立一有名无实之法，

① 《上海之自治》，《申报》，1921 年 1 月 15 日。
② 《张内长之选举自治谈》，《申报》，1921 年 2 月 19 日。
③ 《北京电》，《申报》，1921 年 5 月 7 日。
④ 《北京通信》，《申报》，1921 年 5 月 15 日。
⑤ 《南京快电》，《申报》，1921 年 5 月 29 日。

徒供人指摘，则毋宁听任民自谋之，为愈盖欲以自治制缓和自治潮流，用意故非，即欲以自治制迎合自治潮流，亦未为得也。”①

可以说，中央地方行政会议召开并颁布新制，是自治被停止后，中央政府又一次恢复自治的表示，但是因为新制中官厅气氛过于浓厚，因而遭到地方人士的强烈反对，并由此卷入了一场是执行新制还是恢复旧制的争论之中。

四、新制与旧制之争

在新市乡自治制制订的过程中，江苏省议会认为内政部所召集地方行政会议几乎被各省省长代表所控制，省议会代表几无发挥作用之余地，为防止被官方利用，江苏省议会首先撤回代表。② 这实际表明，江苏人对此次会议所制订新自治制度并不认可，这一点为此后之新制与旧制之争埋下了伏笔。事实上，在新自治制颁布之后，并未马上付诸实施，就上海县来看，“今岁九月，始奉县知事训令饬调查，如有可以施行自治者，先行认定，切实声叙呈复，以凭核转。当将可以施行自治情形，切实声复在案，事隔数月，尚未奉到指令施行之期，故尚未着手筹备，合即奉复。”③

1922 年 1 月，开始有人在报纸上揭露政府自治言论之虚假。④ 更有人警告，慎勿为非驴非马之官僚式的自治所迷惑。⑤ 根据内政部八月通电，江苏省长对江苏省恢复地方自治的条件及筹备情形做了一个大致的概述：

查苏省滨江界海，本为文化之区，民智开通，多数倾心于自治。惟各县原有自治经费，前经令饬查复，均以民国三年自治停办后，移作他项用途，现图自治恢复，亟待设法筹还。适值上年各属水灾，地方凋敝，求饥拯溺之不遑，更难别有所筹集，虽同抱依法程功之愿，寓多怀无米为炊之忧。迭经令催各道尹，调查所属各县，凡可以施行自治者，均令切实认定具报，其实系被灾经费难筹各县，姑准暂从缓办，仍随时筹备进行。兹据各该道尹先后分别呈报前来，本省长复核无疑。除将未能施行自治之县，令准暂缓一年为

---

① 《新自治制》，《申报》，1921 年 7 月 8 日。
② 《苏省会议撤行政会议代表》，《申报》，1921 年 5 月 26 日。
③ 《市经董答复询问自治函》，《申报》，1921 年 12 月 25 日。
④ 《元旦自治令》，《申报》，1922 年 1 月 4 日。
⑤ 《恢复自治与市政督办》，《申报》，1922 年 1 月 17 日。

限外，相应分别开单咨送。所有认定施行自治县分，即希查照县自治议员选举法所定程序，以本年四月一日为施行日期，转呈公布，俾资筹备，实纫公谊。调查表册，俟另案咨送，合并声明。①

经调查，认定之各县有江宁、六合、句容、溧阳、金坛、上海、松江、崇明、青浦、南汇、金山、川沙、太仓、嘉定、宝山、奉贤、吴县、常熟、昆山、吴江、武进、无锡、宜兴、江阴、靖江、南通、如皋、泰兴、淮阴、江都、仪征、东台、泰县、宝应、铜山、萧县、砀山等三十七县，拟请转呈大总统教令，以是年四月一日为自治施行日期。展缓之各县有：溧水、高淳、江浦、丹徒、丹阳、扬中、海门、淮安、泗阳、涟水、阜宁、盐城、兴化、高邮、丰县、沛县、邳县、宿迁、睢宁、东海、沭阳、灌云、赣榆等二十三县，拟准暂缓一年施行自治。② 非常明显，暂缓者以苏北各县为主，苏南基本上能够按时筹办。

根据以上江苏省长的呈文，其意图按照内政部所颁新制在江苏推行地方自治，这与江苏人要求恢复暂行县市乡制（旧制）的呼声产生冲突。

先是江苏各县议会及团体纷纷响应恢复旧制。1922 年 3 月，上海县议会通函全省各县议会，呼吁恢复民国三年被袁氏解散之县议事会。③ 不久，常熟县第一届县议会议员狄恩霖等致上海县议会，主张沿用元年制："缘我国自癸丑以还，地方自治，本由中央以命令停办，即今日无难以命令回复，正不必舍旧谋新，强人民以未完善之法制，使各级自治团体，亦如国会之发生新旧疑问也。……翌年（1921）六月，始由部召集地方行政会议，惟于根本法并未遵令修正，谨将县自治法施行细则，及县议员选举规则，省参事会条例，乡自治与市自治法等草案，提交会议。我江苏省议会，以所议各法不完不备，当开议省参事会条例时，即电部反对，撤回代表。第三届省议会成立，复一致否认省参事会预算案，咨还省长，是我苏对于中央，实无民意公认之地方法案。施行自治，与其强制更张，转为省宪期成之口实，孰若暂行旧制，可免另案筹备之分歧，况停办之与复活，原为对待。则主张沿用元年制，似较

① "以地方自治，所有施行区域及施行日期，亟应呈请公布实行，嘱为迅速调查，将可以施行自治之县份，先行认定电达，并照调查册式造具表册，另案送部，其余暂时未能施行县份，可俟具有施行之资格时，随时咨部，呈请公布。"《苏省施行自治之筹备》，《申报》，1922 年 3 月 3 日。

② 《苏省施行自治之筹备》，《申报》，1922 年 3 月 3 日。

③ 《江苏自治之鼓吹声》，《申报》，1922 年 3 月 16 日。

有充分理由。”[①] 吴县各社团集议，号召恢复旧县议会。[②] 松江、青浦、泰县、金山[③]、宝山、太仓[④]、阜宁、常熟[⑤]、沭阳、灌云[⑥]、嘉定、太仓[⑦]等县，纷纷响应，主张恢复旧制。

江苏县议员联合会的提倡，增加了恢复旧制的砝码。在4月22日的会议上，该会提议各县应取一致态度，方家珍认为，“地方自治，以议会为主体，但亦有良否？官治分子多，民治分子少，诸君请注意组织善良之团体，乘此机会，尽力做去”。梁鸿卓指出，“本会主张恢复，不是反对中央命令，只因中央所布之令，不适用于现在。故主张恢复旧会，本会不是命令取消的，是无形解散的，最要之点，在主张恢复自治之决心，积极进行，咨请省长，恐未必违背民意。”陈传德说：“各省比较起来，以江苏自治为最善，现在遵照命令做事，从前是停顿，现在是继续，并无违反命令之处，以本人地位论，恢复职权，亦是人民应尽之义务。”[⑧] 据此，县联会拟派代表赴省请愿一致恢复旧制。[⑨] 同时，县联会还致江苏六十县各法团函电，请求主持公道，协力进行恢复民国元年旧自治制。[⑩] 并要求江苏诸父老昆弟赞助。[⑪] 5月22日，县联会代表赴南京省议会，其以“自治新制，官治太重，民治太轻”，请愿恢复旧自治制。[⑫]

其中，亦不乏个人与舆论界的呼吁，如松江教育会会长张芝请恢复旧县市乡议会。[⑬] 国闻通讯社亦云，“推行自治之实行方法，各方面尚多意见，最重要者，即一部分人士，颇以为政府所颁行之自治法规，实系违法性质，宜由苏省议会自订法条，以重民意”[⑭]。

---

① 《赞复地方自治意见书》，《申报》，1922年3月20日。
② 《恢复旧县议会之运动》，《申报》，1922年3月30日。
③ 《又有四县主张恢复县自治》，《申报》，1922年4月6日。
④ 《恢复县议会之继续响应》，《申报》，1922年4月9日。
⑤ 《又有三县赞同恢复县自治》，《申报》，1922年4月13日。
⑥ 《关于恢复县议会之函牍》，《申报》，1922年4月15日。
⑦ 《又有二县赞成恢复县议会》，《申报》，1922年4月16日。
⑧ 《江苏县议员联合会纪》，《申报》，1922年4月22日。
⑨ 《江苏县联会致省会电》，《申报》，1922年4月25日。
⑩ 《县联会致全省各公团函》，《申报》，1922年4月29日。
⑪ 《江苏县议员联合会继续开会宣言书》，《申报》，1922年4月29日。
⑫ 《县联会代表赴省请愿》，《申报》，1922年5月21日。
⑬ 《恢复旧县市乡议会之请议》，《申报》，1922年4月16日。
⑭ 《苏省自治问题》，《申报》，1922年3月27日。

对于新制与旧制之争，有人指出："近者苏省以自治之施行，起官民之争执，在人民方面，则要求恢复元二年之条例，在官厅方面，则筹备中央行政会议议决之条例，盖一则欲实行民治的自治，一则欲制造官治的自治，根本相差过甚。"[①] 时人曾如是评价："地方自治一问题，究竟何时解决乎？县自治也，民曰恢复，官曰新组；自治筹备处章也，民曰单行章程，官曰部令；特别市自治也，民欲速复，官则主缓。"[②] 其生动地反映了当时官民之间在自治恢复问题上的激烈矛盾。

1922年7月，内务部颁布新的市自治施行细则[③]，江苏省要求恢复旧县制的呼声也随之鹊起。江苏县议员联合会上书韩省长国钧，请求恢复县议会[④]。韩国钧比较支持县联会建议，但认为应待省议会召开并讨论之后行之，韩的允诺让苏人看到了一丝希望[⑤]。

9月12日，江苏县议员联合会致电北京众议院要求迅速议决恢复旧自治制案，其中转述8月16日众议员张善舆提议恢复县自治一案，"公道在人，深慰海内喁喁之望，嗣付审查，尤殷翘企，乃时逾浃旬，尚未公决。今日阅报，悉贵院定于18日闭会，而此案尚在悬搁，殊深惶骇。总之，同属议会，贵会两次恢复，省会一次恢复，独令县会向隅，不平孰甚。当此宪法尚在审议，正式县制未定以前，惟有恢复非法停办之各省县自治，藉以发展民治。伏乞贵院将此案，于闭会前议决，以符法案，而顺舆情，自治幸甚！全国幸甚！"[⑥]

不久，江苏县议员联合会又函电内务部，摆明了对新自治制的看法，"县自治法为第二届国会所议决，而县议员产生之选举规则，仅由贵部拟议，业经公布在案。惟比者第三届国会议员，尚以徐大总统退位而同归无效，则此项县自治法，人民更无公认之理由。况参众两院，合开宪法审议会，县制问题，正在讨论起草，第三届开会时，必有解决。然则县自治法于法律上、事实上，苟属可行，两院亦何必另行审议，其为不承认明甚。应请贵部对于各

① 《提议制定江苏自治单行条例》，《申报》，1922年5月2日。
② 《问力争地方自治者》，《申报》，1922年4月11日。
③ 《内务部新订市自治施行细则》，《申报》，1922年7月22日。
④ 《请求恢复县议会之新进行》，《申报》，1922年7月24日。
⑤ 《县联会请愿代表返沪》，《申报》，1923年7月28日。
⑥ 《县议员联合会致北京众院电》，《申报》，1922年9月13日。

省省长咨请遵行新自治制时，加以郑重考虑，静候国会解决，勿谓案关公布，将来决无纷扰也。自治幸甚！全国幸甚！”① 10月18日，江苏县议员联合会致参众两院江苏议员电，请其在第三届国会常会中，提议恢复地方自治机关。②

在县联会坚持不懈的努力下，恢复自治制之呼声产生了一定的效果。10月20日，江苏省署电令委派内务部模范讲习所毕业学员金克荣赴各县，对各县有关水利、风俗、交通、农业、教育、卫生、地方款产、保卫团、慈善事业、清查户口等自治事项进行调查，以为自治恢复之张本。③ 江苏省议员杨而墨等提出折中办法，各县市乡议会，应否恢复原有议会，抑依新颁法制重新组织，宜听各县自决。④ 最终，江苏省议会议决，拟于1923年1月1日恢复旧制。⑤

同时，此事还得到江苏省参众议员的支持，在其致上海县议会的函电中，明确指出赞同江苏省恢复自治，并在京积极运动。⑥ 同时指出“内务部所订条例，未经国会议决，当然无效。现由省议会议复旧县会，系本省单行法，能否支用县款，应由各地方自决，尚希尊重民意，立予回复”⑦。

但是，江苏省长韩国钧因中央未颁明令而陷入犹豫不决的状态，此一态度对江苏省自治的恢复产生决定性影响。先是韩省长伪造省议会议长徐果人的私函，“通令六十县知事禁阻县会动支公款”⑧，后是韩省长提出另一个办法，即仿照山西办法，办理村自治。⑨ 可以说，后一种办法既不违反中央命令，又对苏民有所交代，可谓两全其美。但实际上已有不少县份根据省议会

---

① 《县议员联会对新自治制意见》，《申报》，1922年9月24日。

② 《县议员联合会致国会苏议员电》，《申报》，1922年10月19日。

③ 《实行地方自治之先声》，《申报》，1922年10月26日。

④ 《举办自治通融办法之提议案》，《申报》，1922年10月27日。

⑤ 《恢复县会声中之又一办法》，《申报》，1923年1月31日。

⑥ 《参众议员赞同恢复自治》，《申报》，1923年1月10日。

⑦ 《参众议员电促回复自治》，《申报》，1923年1月11日。

⑧ 《恢复县会声中之又一办法》，《申报》，1923年1月31日。此一事件很快便被揭露出来，县联会曾通电如是说：关于自治恢复问题，“韩以不利己身，百端遏抑，据捏名徐果人伪函，通令全省禁支公款，迨徐声明，迄未撤销，已成故意行为”。《县联会催复自治之通电》，《申报》，1923年4月21日。

⑨ 《恢复县会声中之又一办法》，《申报》，1923年1月31日。

的决议进入实质性恢复阶段，“现苏省各县县议会，于本月已开会者，计有三十七县。”① 其已难以忍受这种长久拖延不决的状态。

既然省长是在等待中央明令，县议员联合会又转而加强对中央政府的吁请，请其依照恢复自治原案从速公布，并对政府不恢复旧制的两个理由进行批判。② 2月30日，江苏县议会联合会，又分致南京韩省长、北京内务部电，催促其恢复旧自治制。③ 在3月30日的苏社大会上，有社员提议说：“去岁十一月九日，省议会又议决恢复，迳咨省长，省长不负责任；咨请内务部核议，延宕至今。本年二月三日，众议院又咨催政府公布恢复自治。总之，苏省自治，议员任期未满，自应继续有效。如谓单行制不能全国统一，试问各省省议会是否单行制，此案凡在苏人，亟应共同援助，毋令官厅遏阻。苏籍国会议员既已一致赞成，岂吾社诸父老反置之度外乎！”④ 可以说，苏社的加入使恢复旧制的力量进一步壮大。

同时，江苏人对江苏省长不敢于负责的态度表示不满，⑤ 在4月18日江苏县联会大会上，主席李味青指出，省长对于恢复县议会问题，全无诚意。有人提议重行请愿省议会恢复自治；有人请省议会弹劾省长，并向国会请议查办；也有人主张各县自行定期开临时会，并分别质问省长及向省议会请愿；还有人要求通电在京同乡赞助，这些提议，皆获多数人赞成。⑥

与省长相比，省议会的表现比较积极。6月11日，江苏省议会议决恢复县议会，并迳咨省长执行⑦。在省议会的支持下，江苏省县议会联合会开会，一面致电省长迅速恢复自治，一面致电各干事出席会议讨议办法⑧。并公推李味青等三人赴宁向省署催请恢复自治⑨。在多方压力下，韩省长正式通令六十县知

① 《县会联会致苏籍国会议员电》，《申报》，1923年1月31日。

② 《县议员联合会致众议院电》，《申报》，1923年2月27日。

③ 《县议会联会催复自治之近电》，《申报》，1923年3月1日。

④ 《苏社社员整理省政之意见书》，《申报》，1923年3月30日。

⑤ 对于自己的态度，韩国钧曾屡次以部令示众（《省长咨询恢复自治之难点》，《申报》，1923年5月14日；《苏省长请复县自治之部复》，《申报》，1923年5月15日；《恢复县自治之省署复函》，《申报》，1923年5月30日）。表示自己有不得已的苦衷，但是其对恢复自治态度之不坚决，已甚为明显。

⑥ 《江苏县联合开会纪》，《申报》，1923年4月20日。

⑦ 《省议会议决恢复县议会电讯》，《申报》，1923年6月12日。

⑧ 《恢复自治声中之县联会要讯》，《申报》，1923年6月14日。

⑨ 《县联会代表催请恢复自治》，《申报》，1923年6月22日。

事，恢复县市乡各级自治[①]。省令下达之后，县联会即通告各县派代表赴沪，共同讨议恢复自治后之进行办法[②]。至此，江苏省各县恢复旧制成为大势所趋。

新制、旧制之争暂告一段落。在此阶段，江苏省地方精英以各种方式与行政官厅展开博弈，并最终获得了胜利，进一步彰显民气上升的事实。

五、江苏各级地方自治的“黄金时期”

在县自治恢复的过程中，县联会仍然起着主导作用，其不但负责各县恢复自治过程中疑义的解释[③]，而且还直接指导各县自治事务的筹办，以为各县在恢复旧制时争取最多的权利[④]。

1923年8月，江苏省署颁布县市乡选举期限表[⑤]，根据此项期限表，江苏省的县自治恢复工作进入到实质阶段。在自治恢复过程中，因各县自身情形不同，不免有参差不齐的现象，“兹查颁定市乡选举事宜期限表内列县知事发给当选执照，并呈报省长，以一月八日为止；县选举事宜期限表内列县知事分配各选举区应选议员额数，发出选举告示，并呈报省长，以一月十三日

① 《南京快信》，《申报》，1923年6月23日。

② 《省令恢复自治后之县联会电》，《申报》，1923年6月25日。

③ 《恢复县议会后之疑义》，《申报》，1923年7月6日；《县联会解释县制》，《申报》，1923年7月18日。

④ 《电请诠释参事会与知事权限》，《申报》，1923年8月27日。

⑤ 具体内容为：甲、办理市乡选举事宜期限表：县知事查明所属应办选举各市乡分别揭示并呈报，九月十日止；选举人名册成立，十月二十日止；宣示人名册，十月二十二日；本人声明错误遗漏及请求更正，十一月十一日止；乙级投票，十二月二十一日；乙级开票，十二月二十二日；甲级投票，十二月二十三日；甲级开票，十二月二十四日；榜示当选人姓名，及知会书，十二月二十五日；当选人答复应选，或答复应何级之选，十二月三十日止；县知事发给当选执照，并呈报省长，十三年一月八日止；议员会集互选正副议长并总董董事及名誉董事或乡董乡佐，一月十三日止；议长将议事会选举总董姓名履历及得票数目册，呈报县知事，申请省长任用，及呈请县知事任用乡董乡佐，给予执照，并由县知事申请省长存案，一月十八日止；县知事给予总董事及名誉董事市乡董乡佐执照，一月二十三日止；议事会开会，二月二十一日。左列期限，凡新选及期满改选者，照此办理，其补选而同时人名册尚未逾选举期限者，仍应适用旧人名册，其旧人名册，已逾期限，或已减失者，均照规定期限办理。乙、办理县选举事宜期限表：县知事分配各选举区应举议员额数，发出选举告示，并呈报，十三年一月十三日；选举人名册告成，二月十三日止；宣示人名册，二月十五日；本人声明错误遗漏及请求更正，三月七日止；投票，四月八日；开票，四月九日；榜示当选人姓名并呈送县知事，四月十日；县知事发通知书，四月十一日；当选人答复应选，四月十六日；发给当选执照，四月十九日；议事会互选议长副议长及参事员，四月二十六日。左列期限，凡县市乡议会未成立地方，应即如限举办，其有市乡议会，已完全成立，而县议会未成立者，得将县选举提前筹办，由县知事查照表列期限，依次缩短，分别开具日期，呈报候核。《省长定办理县市乡选举期限》，《申报》，1923年8月31日。

为止。现在限期已满，而各县具报者尚属少数，甚至已经成立者，应补办各县，亦有延不具报。如此玩视要政，殊属不成事体”，因此，省署通饬各县“合在通令严催，凡各级自治原未成立各县，务遵表列期限遵办；必须展期办理者，统限于文到三日内，将不能如期遵办理由，详细具报侯核”①。如苏州就发出恢复市议事会的通知，其文如下：

迳启者，案准吴县公署函开本年六月二十日奉江苏省公署第5541号训令，迭准省议会咨请恢复旧县市乡议会。查县市乡各级自治为民治基础，徒以新旧法制争执久未解决，兹准省议会以根据去年建议案，应将各县市乡议会先以省令恢复，讨论结果，多数赞同，答复前来，自应查照，将民国元二年间全省县市乡制各级自治一律恢复，合亟通令各该县知事遵照办理，……查县市乡各级自治为民治基础，前经停办兹准前因，理应即时恢复，兹于本年七月一日遵照省令将苏州市议事会恢复，除呈报恢复日期外，相应函请，查照。此致　苏州总商会苏州市议事会启　七月二日②

在县自治恢复过程中，县联会以自治筹备处原为奉行新自治制而设定，现在该机构对于各县解释法案，枝节横生，是对地方自治推行的障碍，请求裁撤③。该请求很快得到省署的同意④，此又是民气上升的一种表现。对于自治恢复态度消极各县，县联会亦加以督促，“南通、江宁等八县县知事玩视通令，延不举办自治机关，昨（十日）呈请省长厉行自治”⑤。

不久，江苏已有五十二县恢复旧制。此后一段时间，可视为江苏地方自治推行过程中的“黄金时期”。之所以有此结论，主要证据有二：第一，因为民国元年旧县市乡制本身具有较强的自治精神，现在各县自动恢复，原有议员亦自动复职，少了选举不法，多了实际效果；第二，各县市乡自治机关，在经过长时间的停办之后，更加珍视这来之不易的恢复，其大部分能够就本

① 《通饬各县赶办自治之训令》，《申报》，1924年1月21日。

② 《本地七月一日起恢复议事会通知》，苏州市档案馆藏，苏州商会（民国）档，I14-002-0127-054。

③ 《县联会请裁自治筹备处》，《申报》，1924年1月5日。

④ 《自治筹备处已裁撤》，《申报》，1924年2月11日。

⑤ 南通、靖江两县，旧时向有县市乡自治机关，迄今并无举动；江宁、六合、江浦、淮安、宿迁、扬中六县，旧时尚无自治机关，现亦延宕不办。《县联会呈请厉行自治》，《申报》，1924年2月11日。

地方之自治事务，切实办理，取得一定成绩。

以下就恢复初期的松江县市乡自治机关的活动为例做一简单分析：1923年10月13日，松江市议长吴前枢，总董闵飞，为办理选举及市乡附税问题，召集二十四市乡议董联席会。其中主要议案如下：

表3－1　1923年松江市二十四市乡议董联席会议决案统计表

议　案	决　议
县市乡选举调查，应取如何方针案	县市乡选举调查，一致取严格主义，核实调查
县知事行文各市乡议董会，应用照会案	应根据民国二年，经省议会修正之暂行市乡制第一百零六条办理
郁崇光提议组织市乡联合会案	就松市公所，设二十四市乡联合会，推吴叔子起草简章
蒋薇章、陆元爵、杨绍时提议，撤销自治委员案	由未移交各市乡，函知县署，请知照各自治委员即行移交
蒋薇章、杨绍时、陆元爵提议，将附税款产归自治机关管理案	由漕泾、张泽、叶榭、泗泾、钱河、小西泾、龙兴、亭林、五库、金山卫等市乡，用戴怡僧君呈稿，请县□执行
联合会经常费案	由各市乡将县立工场借款四千之息金三百二十元，作为经常费用

资料来源　《市乡议董联席会议纪》，《申报》，1923年10月14日。

此次会议对于松江县市乡自治的恢复，有着极为重要的作用，如选举调查的指导思想、行政官厅与自治机关之间的行文格式、肃清官治弊端、增加自治经费来源等几个方面确立了恢复时期的重要原则。

1924年1月1日下午松江市议会开临时会，议案如下：

表3－2　1924年松江市议会临时会议决案统计表

议　案	决　议
审查员报告收回米捐案	审查员报告书，照案通过，应请董事会酌定办法，妥速进行（三读会省略）
董事会交议追缴金山劝学所拉租案	应请董事会开明细账，再行严追

（续表）

议　案	决　议
董事会查复收回寿嗣双延局办理棘手案	该案即据董事会报告，催请县署论保召佃，仍无消息，应请董事会依法诉追，以重市产
董事会查复验看电灯公司合同案	该案前经电灯公司签订合同，现接吴董报告，该公司所执合同并非正式，应由董事会另订办法，或收回自办，或与该公司续订合同，请择一办理
董事会交议接收盐基地，应否树立界石案	该案前经会期内决定，请董事会收回树立界石，自应查照前案办理
董事会交议归出警所市有各捐，呈请县署久搁不复，如何进行案	市款异常支绌，市有各捐，应请董事会尅期再催县署，请于本年一月一日起，划归本所接收
董事会查复收归谷水道院，请定入手办法案	该案应请董事会查照本会三读议决案，从速收回，自定入手办法
董事会驳复清洁河道案	该案董事会复称，顷据报告，究系何人，又称该地系宋吴二姓自产，有何契据验看，模糊答复，本会无从核议，至复称本会议案似误，应毋庸议等语，似与市乡制规定权限不符，碍难承认，当即退回
董事会交议电灯公司收费案	俟本市电灯，由本会订定办法后，再行核办
董事会交议修理南门水关桥梁案	该桥既当南内要冲，自应从速估价修理，以重路政
催请董事会速交本会审查预算案暨辅德预算案	本年度预算，前经本会审查，复交董事会核复在案，现常会已满，尚未复到，本届预算，无从结束，现定于本月十五日再开临时会，请董事会于十日以前，将预算案交到，以便油印复议，至辅德预算，亦请一并提出，庶本所预算案，得以完全成立，俾便结束呈报

资料来源　《松市议会开临时会》，《申报》，1924 年 1 月 3 日。

通过市议会十一项提案的议决情形来看，其严格按照议行分立的方式进行，当议事会、董事会在清洁河道产生不同意见时，出现驳复与退回的争执，自治机关显示出较强的独立人格。当行政官厅在收回寿嗣双延局一事拖延不办时，议事会议决由董事会依法诉追，这种维护自身权益的自觉意识是自治精神发展的表现之一。另外，预算、自治经费问题仍然是议事会讨论的主角。

松江县参事会是在县议会之前召开的。1924 年 1 月 6 日和 7 日两日，松江县参事会连续召开会议，主要讨论金山卫乡选举人李楠申诉选举争议请公断无效一案，在县参事会的审查下，其对李楠申诉一案严格按照自治法规进行解决，被诉当选人姚崇德是现任松江县警察所检查员，属警察官吏之一，应判当选无效。[①]

松江县第一次县议事会不久亦召开临时会，这次临时会共开五次会议，一次举行开会式，四次大会讨议提案。开会式于 1 月 10 日举行[②]，12 日、14 日、16 日、19 日召开四次大会，四次大会共讨论 32 次，现将主要议案列表如下：

表 3-3 1924 年松江县议事会部分议决案统计表

议案	决议
署交议筹集户籍经费，带征忙漕串捐案	朱文彦以本案既已规定开办经常等费，自属省办性质，毋庸县费补助；李修则以前清政治虽属恶劣，然永不增加人民赋税定案，尚属差强人意，况县署征收忙漕手数料每元四分，实用只二分八厘，今议会恢复，不但所余之一分二厘不予发还，以欲增加人民负担，无异加议员以恶名，本席实难承认；周樸请以成立不成立付表决，多数起立，认为不成立
县署交议烟案发封房屋，如何执行处分案	李修则以本署交议意旨，实欲使县警察所得一巨款收入，本席极端反对；朱文彦以没收房屋，房屋非供犯罪之物，自属非法处分，本席认为应即启封发还，主席主付法律股审查，多数起来赞成
县署交议十二年度县经费经临门预算案	主席主付全体审查，多数可决

① 《参事会连日开会记闻》，《申报》，1924 年 1 月 8 日。

② 《县议会正式开会》，《申报》，1924 年 1 月 11 日。

（续表）

议　案	决　议
县署交议漕粮带征经费案	李修则以警费应取省款，万无增加人民负担之理，况本县无漕田亩不在少数，若照原案办理，事涉偏枯，尤难承认；朱文彦赞成李说，主席即以李说付表决，多数赞成，认为不成立
县署交议补列县农事经费预算案	蒋议员认为农场为县有事业，应由县费担负，主席拟与十二年度预算案并付审查，众无异议
烟案发封房屋如何执行案审查报告	周复谓，本案照法律论，房屋本非犯罪物，照事实论，系县知事查封后之处分方法，就事论事，该项房屋，应由市乡董估定价格，呈报县署处分，该款充市乡公益，主席以此表决，多数赞成，即付三读书，修改为“议决烟案发封房屋，由县知事委任各该市乡董，估定价格，呈报县署处分，该款充所在地市乡公益之用”
十二年度县经费经临时门预算审查报告	陆家麟以经常门内，银行息典当息等款，均未列入，不啻是张一览表，主即退回，周复主照审查报告，由本会备文退回，主席以周说付表决，全体赞成
李修则提议催促县志纂修，从速出版，紧急动议案	（初读）周复、陆家麟主迳咨县署，结果议决，由会备文函询县署，将县志纂修情形，及迟不出版之理由，答复本会
陆家鳞提议开办县道案	周复、周樸、李修则，均以县道当然要办，惟须要先有详细计划，主由原提议人提出计划书，交会再行讨论，主席付表决，全体起立
公民胡常惠请议组织县市乡公报案	周复主张成立，付请议股审查。主席付表决，全体赞成
吴在栋提出紧急动议，十二年度预算，应否依照十一年度决算以示限制案	陈家麟、周复、李修则、吴在栋相继发言，讨论结果，公决由会通知县署，于十二年度预算尚未成立以前，除警察费外，暂照十一年度预算动支，其议参两会及常任委员经费，由县款产绩存项下借拨，（连带二三读会均通过）

（续表）

议　案	决　议
催缴奉贤金山拉租案	公决由会备函通知县署，向该县将说收本县教育及善堂租款，连同存息，尽数赶速归还，以遵省令
本县各项公益应定分存办法案	陆家麟谓银根紧急时，地方公款，存在一处，非常危险，故主分存各处；陆锡爵以常任委员细则中，定有办法，可不必立议案；李修则赞成分存；周复谓，对于分存办法，可由常任委员规定，惟检查系本会职权，自应实施；陆家麟主由财政股检查。主席表决结果，由财政股内互推四人为检查员，会同常任委员检查各项款产，至公款分存办法，由常任委员接收后，自行规定，报告本会（连二三读均通过）
撤销松江医院案	周复谓，究竟该院是否系属县立，内容如何，应先审查，沈纯潜赞成周说，结果认为成立，交付财政股法律股，合并审查
叶榭乡第一小学改设松立第七小学案	因提案人漏签名字，决于散会后补签，列入下届议程
设置初级中学案	公决交教育股审查
选举慈善款产董事案	选举四人，用记名连记法投票，开匭结果，略
选举七县学校联合会会员案	投票选举，结果，略
县知事提出常任委员，征求同意案	投票表决，结果，略
钱维桂等提议撤销六磊堂厘卡紧急动议案	公决由会电请省署及财政厅迅予撤销，以苏民困
杨正青等提议电请省署修理金山嘴海塘紧急动议案	公决由会电请省长将该塘损坏各段，赶紧兴修，一面函请致县署将历年带征之海塘经费，积存若干，存放何处，函复本会
草拟松江县议会坚持规则紧急动议案	讨论结果，先以该规则成立不成立付表决，大多数赞成成立，再以该规则交法律股审查付表决，仍多数成立

（续表）

议案	决议
叶榭乡第一小学添设高级部，改为松江县公立第七小学案	公决成立议案，付教育股审查
复议县署交议筹办户籍经费案	辩论终局，决由本会函请县署，将户籍经费撙节规定，再行交议，多数可决
提议活典田亩钱洋计算问题案	公决付全体审查员实地审查
白沃乡请议本会，公断该乡与泗泾乡区域争执案	李修则、朱文彦主维持现状，以牛泾港为界；屠少波则以保之区域，为乡界区域。结果决由本会将原提案意见书，咨会泗泾、白沃两区绘图贴说，送交本会，再付法律股审查
参议两会，及常任委员经费案	决照原案删除零数动支，常任委员经费，则以前款产处原有开支，由各员就职后编制预算，交会核议
李议员芳镛辞职案	公决照准
审查报告筹设初级中学案	公决照原报告请县令行教育局，于下年度列入预算，交会核议
审查报告组织县市乡公报案	公决以县公报名义，由县公署发行
审查报告撤销松江医院案	公决照审查原案，即日撤销县立两字，补助于本年度为止，于十三年度编制预算时再行改组，一面由会函致该院，切实改良

资料来源　《县议会开第一次临时会》，《申报》，1924年1月13日；《县议会第二次大会》，《申报》，1924年1月15日；《县议会第三次大会》，《申报》，1924年1月17日；《县议会第四次大会》，《申报》，1924年1月20日。

根据上表可以看到，此次会议提案涉及预算、教育、慈善、公益、自治经费、赋税征收、诉讼争端等地方事务的各个方面，自治机关的独立人格与精神主要体现在以下几点：

第一，否决行政官厅不合理的提议。因县署交议之筹集户籍经费带征忙漕串捐案、漕粮带征经费案徒增人民负担，不利于人民生计，皆遭到县议事会的否决。因十二年度县经费临时门预算在审查时，发现银行息典当息等款均未列入，由议事会公决备文退回。

第二，为地方公益积极请愿于当局。当钱维桂等提议撤销六磊堂厘卡紧急动议案时，得到多数议事会议员的支持，最后公决由会电请省署及财政厅迅予撤销，以苏民困。

第三，严格按照自治法规定程序办事。议案一般要经过三读会方能决议；对于需要审查之提议，成立相关股进行审查；通过投票选举产生各种公职职员。最为明显的例子则是：叶榭乡第一小学改设松立第七小学案，因提案人漏签名字，被推迟到下届议会议程，并责令于散会后补签。对于程序的重视，本身就是一种极大的进步。

总之，地方自治机关恢复之后，能够严格按照章程行事，显示出地方士绅对自治含义理解的进一步加深。这种良好的态势一直保持到 1924 年 9 月江浙战争爆发，在此之后，战祸成为阻碍江苏地方自治事业发展的梦魇，各县市乡不得不把地方治安作为自保的重点。需要指出的是，此阶段江苏省所推行的自治，无论是自治机关，还是自治职员，多是对 1914 年停罢前自治的恢复，这种情形决定了地方管理权仍然把持在少数人手中的事实。

第二节　雾里看花：联邦制的问题

一、武昌起义前联邦制之宣传

近代以来，随着中华民族危机的不断加深以及西方民主政治思想的广泛传播，国人纷纷把西方政治制度引介到中国，其中对联邦制的宣传与实践是最为重要的一项。维新运动前后，革命派与改革派已经开始了对西方联邦制的介绍与鼓吹。最先倡导联邦制的当属孙中山，1895 年，在香港兴中会成立之际，新增订的《兴中会章程》提出“创立合众政府”的口号，后人对此一口号的解释是“它应当指的是美国式的合众政府，即联邦政府”①。1897 年，在与宫崎寅藏、平山周的谈话中，孙中山明确表示革命后的中国，应行联邦

① 李新主编：《中华民国史》（第一编），中华书局，1981，第 99-100 页。

共和之制。[①] 在邹容提出的“中华共和国”十二条建国纲领中，更是有八条因袭《美国独立檄文》，并且建言“共和国的宪法、自治法、民法、政府组织等方面都参照美国办法。”[②] 由此可见革命党人对美国联邦制之青睐。

与此同时，改革派也把联邦制视为未来中国之希望，1901 年，梁启超在《卢梭学案》的结尾部分对联邦制有如下评论，“卢氏以为瑞士联邦诚太弱小，或不免为邻邦所侵轹。虽然，使有一大邦，效瑞士之例，自分为数小邦，据联邦之制，以实行民主之政，则其国势之强盛，人民之自由，必有可以震古烁今，而永为后世万国法者。”梁还为此作案云，“我中国数千年生息于专制政体之下，虽然，民间自治之风最盛焉。诚能博采文明各国地方之制，省省府府，州州县县，乡乡市市，各为团体，因其地宜以立法律，从其民欲以施政令，则成就一卢梭心目中所想望之国家，……果尔，则吾中国之政体，行将为万国师矣。”[③] 以梁氏在中国舆论界巨擘之地位，势必对时局产生巨大影响。

随着革命形势的日新月异与清末改革的不断深入，改革派转而支持地方自治，对联邦制的热情逐渐降温，李达嘉经研究后指出，1900 年至 1903 年间，梁启超是联邦主义的信服者。1903 年以后，梁启超逐渐放弃联邦的想法，他主张在中央集权制下推行地方自治。“清廷开始推动官制改革和地方自治，与他的政治主张有极大的关联。”[④] 在政闻社的宣言书中，亦曾有如此论断：“我国幅员辽廓，在世界诸立宪国中，未见其比，而国家之基础，又非以联邦而成，在低级之地方团体，其施政之范围，殆埒他国之国家。故我国今日，颁完备适当之地方自治制度，且正中央与地方之权限，实为最困难而最切要之问题。”[⑤] 可见立宪派之政治目标已发生明显转折。

恰恰相反，革命派对联邦制的热情始终未减，他们继续鼓吹联邦制，把实现联邦制视为革命的中心任务，1903 年，孙中山在檀香山正埠荷梯厘街戏

---

① 广东省社会科学院历史研究室等合编：《孙中山全集》（第一卷），中华书局，1981，第 172-174 页。

② 李新主编：《中华民国史》（第一编），中华书局，1981，第 214 页。

③ 张品兴主编：《梁启超全集》，北京出版社，1999，第 509 页。

④ 《走向近代》编辑小组：《走向近代——国史发展与区域动向》，东华书局，2004，第 192 页。

⑤ 张枬、王忍之编：《辛亥革命前十年间时论选集》（第二卷），生活·读书·新知三联书店，1963，第 1062 页。

院的演说中，以“革命成功之日，效法美国选举总统，废除专制，实行共和”。相砥砺[①]在告美国人民书中，孙中山更是对美国人民寄予厚望，也可以看出他对美国政治体制的追慕[②]。另一极具代表意义的人物是宋教仁，辛亥革命前后宋教仁是中央集权的积极鼓吹者，此时他却是联邦制的热诚追随者。1905年1月29日，宋教仁在湘西学会演讲时，“大反对要求政府之说，而主张各省独立自治。”[③] 30日，宋教仁再赴湖南同乡会，“时至者约二百人，皆决议不赞成要求政府之说，而主张全省独立自治”[④]，这种各省独立自治的诉求实是联邦制实现的前提。《民报》第四号亦曾刊文对联邦制大加赞叹：“共和政治也，联邦政体也，非吾党日以为建设新中国无上之宗旨乎？使吾党之目的而达，则中国之政体，将变为法国之共和，美国之联邦。”[⑤] 革命派将共和、联邦等同并列，可见其对联邦制的欣羡。革命派向以“革命排满，建立共和”为革命宣传之中心口号。[⑥] 因此，将联邦制确立为革命之政治目标，势所必然，因此可见联邦制在20世纪初舆论界之地位。

二、联邦制的第一次尝试与挑战

当武昌起义成功的消息传到美国，为革命奔波的孙中山很快便踏上归国的漫漫长途。当途经巴黎时，他发表演讲说：“中国于地理上分为二十二行省，加以三大属地即蒙古、西藏、新疆是也，其面积实较全欧为大。各省气候不同，故人民之习惯性质亦各随气候而为差异。似此情势，于政治上万不宜于中央集权，倘用北美联邦制度，最为相宜。每省对于内政各有其完全自由，各负其统御整理之责，但于各省上建设一中央政府，专管军事、外交、财政，则气息自联贯矣。”[⑦] 此可视为孙中山对革命后中国实行联邦政体的总体设想。

---

① 广东省社会科学院历史研究室等合编：《孙中山全集》（第一卷），中华书局，1981，第226页。

② 广东省社会科学院历史研究室等合编：《孙中山全集》（第一卷），中华书局，1981，第243-255页。

③ 湖南省哲学社会科学研究所等编：《宋教仁日记》，湖南人民出版社，1980，第32页。

④ 湖南省哲学社会科学研究所等编：《宋教仁日记》，湖南人民出版社，1980，第32页。

⑤ 《民生主义与中国政治革命之前途》，《民报》第4号，第107页。

⑥ 李新主编：《中华民国史》（第一编），中华书局，1981，第205页。

⑦ 广东省社会科学院历史研究室等合编：《孙中山全集》（第一卷），中华书局，1981，第561-562页。

此时此刻，国内各省纷纷独立的现状，也为联邦制的创设制造了浓烈的氛围。“其时各省相继宣告独立，南京会议即由独立省份各派代表集合而成。……是时联邦空气，至为浓厚，时机亦极适合，南方政治家主张以独立省份为单位，组织联邦。”① 山东咨议局在宣布本省独立时，曾提出八项要求，其中明确提出“宪法须注明中国为联邦政体”②。并有部分省份纷纷出台省宪法，“江浙两省并已订成临时省宪法，选举民政长。再进一步，联邦制即可实现”③。南京临时政府筹备期间，江浙两省都督程德全和汤寿潜联电沪督陈其美：“美利坚合众国，当为吾国他日之模范”④。这些都是联邦制思想盛行的表现。而《临时政府组织大纲》则是对此一思想的具体落实，其多仿照美国独立时十三州会议有关总统选举和参议院组成的规定，凸显联邦制的精神。⑤此一点在大总统宣言中亦可得到证明，孙中山认为各省对于清廷是独立，而对于各省则是联合，并进一步阐述：“今者各省联合，互谋自治，此后行政，期于中央政府与各省之关系，调剂得宜；大纲既挈，条目自举，是曰内治之统一”⑥，颇有美国独立时之情景。从革命后初期施政之概况观之，联邦制似乎可以呼之欲出了。

然而，因为革命派内部的政见分歧及其对保守势力的妥协，联邦制最终胎死腹中。在制定临时约法时，关于采取美国制度还是法国制度的问题，产生争论，以宋教仁、黄兴为首的中央集权派和以孙中山为首的联邦派进行激烈的辩论，最终确定“纯采法国制度，三权分立”⑦。此一决议决定了联邦制在此后共和国制度设计中的命运。“南北和议成立，革命告终，舆论对联邦说，颇加訾议，谓为有妨统一。卒使革命初年之联邦运动，等于昙花一现。”⑧张继才从孙中山否定联邦制的言论、南京临时政府中央行政的集权体制、临时约法反联邦制的本质等方面，证明孙中山在南京临时政府建立之后，已经

---

① 《述联省自治运动》，《申报》，1922年1月1日。

② 全国政协文史资料研究委员会编：《辛亥革命回忆录》（第五集），文史资料出版社，1981，第294页。

③ 《述联省自治运动》，《申报》，1922年1月1日。

④ 杨幼炯：《近代中国立法史（增订本）》，台湾商务印书馆，1966，第75页。

⑤ 柴德赓等编：《辛亥革命（八）》，上海人民出版社、上海书店出版社，2000，第3-8页。

⑥ 柴德赓等编：《辛亥革命（八）》，上海人民出版社、上海书店出版社，2000，第16-17页。

⑦ 《辛亥革命回忆录》（第八集），文史资料出版社，1982，第411页。

⑧ 《述联省自治运动》，《申报》，1922年1月1日。

是非联邦主义的倡导者。[①] 1912 年 8 月，宋教仁为国民党起草的《国民党大政见》中，提出“主张单一国制”，并认为“吾国今日之当采单一国制，已无研究之余地”[②]。11 月，黄兴在湖南的一次演讲中也表示反对联邦制，认为“至国制问题，有主张联邦者，谓由分子集为一物。本党则主张统一”[③]。总之，革命党内部的领导者已多倾向于反对立即在中国实行联邦制。倒是革命党中的地方实力派，仍然坚持联邦制的言论，如胡汉民、李烈钧等强调“总统如属之项城，则鄙见以为须联邦制”[④]，结果为袁世凯的镇压政策制造了口实。

袁世凯得到大总统位子之后，坚持中央集权，其得到了以梁启超为代表的研究系的积极支持，李达嘉认为，梁启超“支持袁世凯，推动中央集权政策，欲遏制国家分裂，形塑统一强盛的国家。直到研究系在政治上失势为止”[⑤]，但当袁世凯“敢冒天下之大不韪”向复辟帝制迈进时，其行为最终遭到人们的口诛笔伐。其中部分人士的目光再次瞩目联邦制，希望以此作为抑制独裁专制的张本。1914 年 7 月，戴季陶发表了题为《中华民国与联邦组织》的文章，论证了中国实行联邦制的客观需要：“国土广大，习俗不齐。民俗各异，亦为我国之一特色也。一省之大，广者等于德法，狭者同于葡瑞，且各省之情形不同者正多，苟欲举此特殊之各省而以一法绳之，一机关治之，势有所不能也。”其尖锐地指出了民国以来实行单一制的弊端：“名为集权，而实则不能集治。地方能自治而又无自治之权。直言之，则地方无宪法之保障，故事事受中央之干涉；中央鞭长莫及，故往往重要事项亦委之地方”，所以“吾人主张中华民国非组织为联邦不可”[⑥]。张东荪、丁世峄、章士钊等纷纷撰文宣传联邦制，“鉴于现行无条件之中央集权，其流弊至无所底止，于是地方分权论大昌”[⑦]。

① 张继才：《论辛亥革命时期孙中山的国家结构观》，《广东社会科学》2009 年第 3 期，第 123-124 页。

② 陈旭麓主编：《宋教仁集》（下册），中华书局，1981，第 489 页。

③ 《民立报》，1912 年 11 月 17 日。

④ 《政府公报》，第 541 号。转引自徐矛：《中华民国政治制度史》，上海人民出版社，1992，第 429 页。

⑤ 《走向近代》编辑小组：《走向近代——国史发展与区域动向》，东华书局，2004，第 192 页。

⑥ 戴季陶：《中华民国与联邦组织》，中国图书公司，1914，第 53-54 页。

⑦ 中州退叟：《吾国省之价值于国家之组织》，《新中华》第 1 卷第 2 号，1915 年 11 月 1 日。

袁世凯死后，武力统一与南北议和的思想相继占据时代主流，联邦制思想一度沉寂。然而在各届中央政府无法统一，地方军阀混战不息的情况下，联邦制再次成为人们追求自由民主的希望之光，而地方实力派的加入，使联邦制得到了另外一次实践的机会。

三、“联省自治”的讨论

开启联邦制新一轮讨论的是熊希龄，熊希龄本来是支持中央集权的，因为武力统一无效，其转而支持联邦制，在其通电中，熊如是说：“双方既以武力争法律，苟有一方可以战胜攻取，屈服群雄，统一中国，未始不可以慰人民云霓之望；无如彼此均衡，各无把握，一波未平，一波又起。”[①] 李剑农则著《民国统一问题》一文与之呼应[②]。1919 年，第二次南北议和失败，其阻断了通过和谈实现南北统一的道路。1920 年 7 月，直皖战争爆发，直系掌握中央政权，此后军阀混战加剧，社会更加动荡不安，“北方自皖直战争，南方自粤军回粤后，两方都失去了统一的中枢势力，从此入于南北各军阀的混战时期。此时期之内，护法的旗帜，虽然尚未削减，但护法二字，已不为一般人所注意”,[③] 在此背景之下，联邦制思想以新的面孔——联省自治——再次出台，进而勃兴，成为救命稻草。

联省自治一词，首创于张继与章太炎。1920 年 7 月，谭延闿通电湖南自治，并邀请章太炎回湘赞助。章太炎主张湖南与四川联合结成自治同盟，以抗拒南北客军的侵扰，并将此事与刚从欧洲回国的张继计议。张建议将“自治同盟”改为“联省自治”，此建议得到章太炎的赞许，因而有“联省自治”一词的诞生。11 月，章太炎在《联省自治虚置政府议》一文中论述到：“自今以后，各省人民，宜自制省宪法，文武大吏，以及地方军队，并以本省人充之；自县知事以至省长，悉由人民直选；督军则由营长以上各级军官会推。令省长处省城，而督军居要塞，分地而处，则军民两政，自不相牵。”[④] 这是对联省自治概念的第一次系统阐述。该思潮虽然勃兴于 20 世纪 20 年代，其根源却是此前一度影响中国之联邦制。“省自治运动者，实即包含于联邦运动

---

① 转引自李剑农：《最近三十年中国政治史》，上海太平洋书店，1930，第 465 页。

② 李剑农：《民国统一问题》，《太平洋杂志》第 8、9 期。

③ 李剑农：《最近三十年中国政治史》，上海太平洋书店，1930，第 461 页。

④ 《联省自治虚置政府议》，《益世报》，1920 年 11 月 9 日。

之中。其最终目的，即联合自治之各省，而组织为联邦也。故叙述省自治运动，当自联邦运动始。"① 由此可见，联省自治与联邦制在思想上是一脉相承的，其都体现出中央与地方分权的精神。但是，两者亦不完全相同，因为联邦制是一种国家政体的组织形式，而联省自治则不过是通向联邦制的路径，是一种过渡形态；如果说联省自治是解决时局的手段，那么联邦制则是目的，由联省自治而达联邦制，这是一个渐进的过程。

随着联省自治思潮的发展，部分知识分子与各地军阀结合，由宣传进而入于实践阶段。1920 年以后，梁启超放弃中央集权论，重拾联邦理想，"他对政治虽然不像以往那般地大发议论，活动亦不如前积极，但是，他的主张，仍相当程度牵动时局的发展。"② 黄抱一指出，民国初期，一般学者盛倡中央集权，其结果遂却被袁世凯所利用。"袁氏垮台，既无从以法律上之权能谋根本之建设，更莫能以政治上之手段，奏统一之成功。湖南首倡省自治，继之者有苏有鄂有皖，其始盛倡某省人治某省，继乃由人治主义一变而为法治主义。"③ 此论可算是对此前一段时间坚持中央集权论者的总体检讨。就此阶段对联省自治的宣传来看，胡适更具有代表性。他认为："'用集权形式的政治组织勉强施行于这最不适于集权政治的中国'，是中国今日军阀割据的一个大原因。" 而"根据于省自治的联邦制，是今日打倒军阀的一个重要武器。" "增加地方的实权，使地方能充分发展它的潜势力，来和军阀作战，来推翻军阀。这是省自治的意义，这是联省运动的作用。"④ 以至于"'联省自治'四个字已成为可以号召的旗帜了，于是军阀也不能不注意它了。"⑤ 然而联省自治真能消除军阀割据吗？陈达材在《我国的联邦问题》一文中提出中国改良政治的三个条件：政府权力的分散；政治饭碗支配权的分散；军人与政争之分离。⑥ 仅就第三个条件而言，其不啻与虎谋皮，因此，联省自治之宣传不过是舆论家的空想与迷梦而已。

就联省自治的实践来说，湖南、四川、浙江、广东几个省份搞得最红火，

① 《述联省自治运动》，《申报》，1922 年 1 月 1 日。
② 《走向近代》编辑小组：《走向近代——国史发展与区域动向》，东华书局，2004，第 192 页。
③ 黄抱一：《省自治》，《申报》，1920 年 10 月 10 日。
④ 胡适：《联省自治与军阀割据》，《东方杂志》第十九卷第十七号，第 120-121 页。
⑤ 胡适：《联省自治与军阀割据》，《东方杂志》第十九卷第十七号。
⑥ 陈达材：《我国的联邦问题》，《东方杂志》第十九卷第十七号，第 126 页。

其中，陈炯明在广东推行的自治运动最为时人所赞许。1920 年，在陈炯明就任广东省长之后，积极推行县自治，倡导县长民选，取得不小的成绩，并得到戴季陶的大加赞赏，“至于县知事民选，更是破天荒的计划。我们应该去帮助他，才是道理。”① 其省自治也得到当时各派势力的支持与赞同，有人曾评价说：“陈炯明主张的联省自治跟湖南、四川、浙江军-绅政权的主张很不相同。他要求的是人民有权管理自己的事，以村、县的直接民主政权来消灭大小军阀。所以陈炯明才能支持彭湃在海陆丰领导的农民自治运动。”② 又有周鲠生指出：“今日最能实行立宪自治之省份，莫如广东，予为此言，非故于各省有所轩轾，而实由事实上观察使然。”③ 除了陈炯明，还有湖南赵恒惕、浙江卢永祥、四川刘湘等，他们都高擎联省自治大旗，呼号呐喊，但是，却多是为地方割据塑造合法性而已。首先，联省自治与军阀割据在形式上是相契合，其更有利于保持各地军阀的独立地位；其次，联省自治还能为地方军阀找到合法性的法理基础。就当时社会情形看，军阀无疑是最具威权的势力，但是这并不能代表他们拥有了政治合法性。随着大小军阀兼并战争的与日俱增，人们包括士兵普遍厌战，反战言论更是此起彼伏。因此，只有获得政权的合法性，才有可能长久维持他们的统治。根据卢梭的人民公意学说，各地军阀高举联省自治的旗帜，积极创设“消除割据，统一国家”的幻象。1921 年 1 月 8 日，川军将领刘湘、但懋辛联衔发出通电：实行联省自治，以便顺应民心，完成民治。④ 1 月 21 日，两人再次发表通电，实行自治，“顺应潮流，尊崇民意，内以巩固地方之基础，外以促进国家之统一。”⑤ 再如，当浙江卢永祥发表豪电宣布“浙人治浙”时，就有人评价说：“卢督之主张废督虽成空谈，固亦甚合国民之心理。今之主张省宪法，不论其有无他种作用，其言固亦适合国民之心理也。”⑥ 赵恒惕对卢永祥豪电的回应则更能说明问题，“近倾湘省正在赶制省宪，而川粤滇黔江浙等省，亦在积极进行间，有因地位关系，未即实行者，其心理已无不趋于自治一途，足见民意所趋，已无违反

① 唐文权、桑兵编：《戴季陶集》，华中师范大学出版社，1990，第 1298 页。
② 陈志让：《军绅政权——近代中国的军阀时期》，广西师范大学出版社，2008，第 76 页。
③ 周鲠生：《读广东省宪草案》，《东方杂志》第十九卷第六号，第 7 页。
④ 《中国大事记》，《东方杂志》第十八卷第三号。
⑤ 《中国大事记》，《东方杂志》第十八卷第四号。
⑥ 《卢督之主张省宪法》，《申报》，1921 年 6 月 15 日。

之余地。"[1] 从以上通电中可以看到，地方军阀以人民公意为标榜而宣扬联省自治，表明他们已经产生把地方割据上升到合法性层次的欲求。

联省自治虽然喧嚣一时，但更多的人却保持着清醒的头脑。"静观"指出，"各地自治热潮之激荡，几如河决山崩，不可遏抑，抉其原因，约不外两种：一、军阀专横，蹂躏民治，人民恶感既深，遂发生发动作用。二、世界新思潮，澎湃东渐，自主自决之精神，因之勃起，湘中一战，既肇其端，近畿一战，益彰其焰。"[2] "讷"则直接批评说："今之联省自治说，迷信武力者反对之，其主张欲以武力结合武力以达巩固地盘之目的。所谓联防联盟等名词，皆缘此而起。质言之，可谓联省武治，此种联省武治政策，愈发展而战事愈多，且经一度战事而联省武治愈进一步。"[3] 对于中国的联省自治，外人亦有极为准确的评价，《字林西报》十四日"北京通讯"云：

统一运动进行，已促成各省督军相互联盟，标榜联省自治，藉以抵抗中央集权，而保全其固有之特权，如唐继尧、卢永祥、李厚基、张作霖辈忽行拥护联邦主义。其实若辈于此主义，未尝有丝毫了解，试观关于此类之通电，往往有居最高位置之大人物，尚不能辨别地方自治与联省自治。夫地方自治含有民选官吏之意义，而联省自治，就意义言，不必定为民主政府，固可以世系王公控制各省，依此解释联省自治，将为督军所乐道，而非人民之所愿闻。地方自治，则通省官吏自县长以至省长，概须民选，此将于督军特权，施以莫大打击，其势实远过于中央集权，此殆为督军所不乐闻，而为人民所欲行。今此二者于督军脑筋中混淆不分，使一旦明白此数字之意义，则必将唾弃不谈。盖人民既不愿见独立之督军统治独立之行省，于是当局将知彼等所欲之联省自治，非人民所欲之联省自治，且又惧为人误解为赞成地方自治，自不敢再倡此说矣。平心论之，以中国各省交通不便，共和时代中央政府不能如昔日专制时控制力之雄厚，实行联邦制度，为将来改造之基础，意非不良，但当今军阀方以此为保全督军制之别名，恐行之亦未必有利也。[4]

由此可见，联省自治是有中国特色的"联邦制"，其在理论上是先进的，

---

① 《赵恒惕通电》，《申报》，1921年6月19日。
② 静观：《各地方自治思潮之趋势》，《申报》，1920年9月29日。
③ 讷：《联省武治》，《申报》，1922年7月14日。
④ 《外人道破联省自治说之内幕》，《申报》，1922年7月20日。

但是并不符合中国的现实状况。统治者的强权，民众智识的不足，财政的困难，政局的动荡无不成为它实现的障碍。它虽然能够为军阀割据提供合法性外衣，却不能改变军阀割据的现实。对于支持联省自治的知识分子来说，它是实现国家统一、民族富强的工具；而对于地方军阀来讲，它则是维护割据、稳固统治的护符。总之，其都不能逃脱功利性与工具性的命运，这也决定了它不可能实现的悲剧。

四、联邦制的终结

当各地军阀成为宣传与实践联省自治的主导力量时，联省自治开始遭到革命势力的猛烈攻击，其中攻击最力者当属国共两党的领导人物。此处以孙中山与陈独秀为例，随着袁世凯专政的加强，孙中山开始极力反对中央集权而同情地方自治，甚至在 1918 年至 1919 年的南北议和中，孙中山还支持过四川和陕西的联省自治。但是，孙中山很快就认识到联省自治实为军阀护符的实质，因此转而反对联省自治，并因此与热衷联省自治的陈炯明发生矛盾，导致武装内讧。孙中山的思想之所以发生骤变，与当时军阀借联省自治以维持割据的事实有关，也与他主张武力统一的思路有关。正如他在国民党一大宣言中所说："欲借各省小军阀之力，以谋减消中央政府之权能"，"其结果，不过分裂中国，使小军阀各占一省，自谋利益，以与挟持中央政府之大军阀相安无事而已。"① 因此，革命再次被推向前台。

同样，共产党的主要领导人陈独秀也是联省自治的反对者，他认为，"联邦制若建设在人民经济状况不同及语言宗教不同的理由上面，倒也无可非难，奈中国的状况不是这样，他们的联省论，完全建设在武人割据的欲望上面，决不是建设在人民实际生活的需要上面，所以他们这种主张，在人们政治能力的事实上，无人敢说这样大的自治权马上就能够归在人民手里，不过联省自治其名，联督割据其实，不啻明目张胆提倡武人割据，替武人割据的现状加上一层宪法保障。武人割据是中国唯一的乱源，建设在武人割据的欲望上面之联省论，与其说是解决时局，不如说是增长乱源。"② "省宪、省议会不

---

① 《岭南文库》编辑委员会，广东中华民族文化促进会合编：《孙中山文萃》，广东人民出版社，1996，第 696 页。

② 陈独秀：《对于现在中国政治问题的我见》，《东方杂志》第十九卷第十五号，第 133 页。

过是军人驯服的工具，联省自治不过是军人的魔术。新成立的中国共产党一直主张中国的统一必须经过革命战争。"① 在答复胡适的质疑时，陈独秀指出："近来的联省自治论非发生于人民的要求，乃发起于湖南、广东、云南的军阀首领，这个事实，我想无人能够否认。这种无病而呻的联省自治论，在这班军阀首领自然是有病而呻。所以我敢说现时的联省论，隐然以事实上不能不承认已成的势力为最大理由，是完全建设在武人割据的欲望上面，决非建设在人民实际生活的需要上面。"② 人民的需要是联省自治最基本的动力，既然联省自治不能消除军阀割据，其当然不是人民公意的反映。

总之，无论是国民党还是共产党，其对联邦制同时采取了摒弃的态度，这加强了两党的共识。而对武力统一的共同认定则进一步加快了两党联合的步伐。随着北伐战争的胜利进军，掌握政权的国民党不再把实现联邦制作为既定目标，而是把实现一党专政作为最高追求。换句话说，革命派对联邦制的摒弃已经为革命后中央集权国家的建立埋下了伏笔。

南京国民政府成立之后，国民党一党专政最终建立，联邦制亦随之成为众矢之的。如田炯锦从中国现状、中国历史、中国人民的习惯、现代政治趋势等几个方面论证中国不能实行联邦制。从中国现状来看，联邦制之保障是通过成文宪法来规定中央与地方的权限，而在当前国人视法律等于废纸的情况下，联邦制根本无法成立；在新旧军阀、不同政治势力盘踞地方的时代，联邦制只能导致国家的分裂。因此，所谓联邦应该是"政治已上轨道，法律业经有效后之一种政体"。从中国历史来看，"凡中央权力强固，各地惟命是遵的时候，国家必强盛治平；凡中枢无统御能力，各地首长自由行动的时候，国家必祸乱相寻，民不聊生。"在当前军阀势力盛行，国是不宁的情况下，更加不能实行联邦制。作者并进而将辛亥革命后各省之独立称之为暂时的"变象"，从而反击那些支持联邦制且附会辛亥革命等于美国独立战争的说法。从人民习惯来看，我国实行专制政体达数千年，以致养成"重人而轻法"的习惯，行政与司法混淆不分，而维持联邦制一个最重要的条件却是："各邦联合后，由一个公共法庭裁判中央与地方，以及各邦间权限之争执，并且如认为与国宪国法不合时，可以宣告邦宪与邦法无效。"在我国"有治人无治法"的

---

① 陈志让：《军绅政权——近代中国的军阀时期》，广西师范大学出版社，2008，第 76-77 页。
② 陈独秀：《联省自治与中国政象》，《东方杂志》第十九卷第十七号，第 128 页。

情况下，这一点是难以实现的。从现代政治趋势来看，当前世界趋势有二，其一是中央集权，其二是地方自治。在区域间相互影响逐渐增加的情况下，为了防止以邻为壑的发生，需要中央集权；在国家事务逐渐繁杂的情况下，则需要地方人治理地方事务，以减轻中央负担。作者同时指出，联邦制与地方自治毫不相干，“地方权大，未必就是自治，而中央集权，未必就是专制”。总之，不管是从历史及现状，还是从世界政治演进的趋势，中国都不应采行联邦制。[①] 同时田炯锦还通过对美国联邦制的分析来告诫国人，美国联邦制“真是千万分之一的一种偶合，不足引为常例，而从事模仿。”他认为主张联治者所坚持的基本原理：“中央和地方冲突，毛病在权限分不分，不在主权单一不单一，”实在是未能从历史事实上看问题，因为“中央与地方，无论权限如何分得清楚，待到实际施行这些权限时，冲突是无法避免的。”[②] 所以其所持原理不过是学者的空想而已。[③] 需要指出的是，田炯锦所言并非没有道理，但是其将地方自治与联邦制一刀两切的方式，明显有迎合当政者的嫌疑。梁朝威亦通过对美国联邦制历史的考察，指出，“联邦制之维持，不仅法院与其他政治机关须有极高程度之法律的与政治的能力，且在人民方面，亦须有坚毅不移的守法精神”，以中国之实际情况，模仿美国联邦制，无异于将无根之树移植于中土。总之，联邦制是一种脆弱难行的政治体制。[④]

抗日战争爆发后，随着民族矛盾的上升，中央集权成为民众共同的呼声，联邦论基本处于销声匿迹的状态。一直到第三次国内革命战争时期，面对两个中国的命运抉择，中间势力又重提联邦制。周鲸文从中国的地理条件、历史背景、种族、政治现状等方面阐述了中国实行联邦制的必要性，其以“大凡地域广阔、人口众多、种族复杂的国家都需要联邦制”立论，指出因为中国地域辽阔，地方事务“仍有大部不能单由中央集权执行，更何况像今日中国政府的能力和经济力又不能深负此责”。同时，中国的历史也证明，“真正统一的局面很少”，“今后的为政者若想将这个历史悠久，土地广大，人口众

① 田炯锦：《联邦制与中国》，《时代公论》1933 年第 2 卷第 10 期，第 10–14 页。

② 田炯锦：《美国联邦制之由来及其运用上感到之困难》，《时代公论》1933 年第 2 卷第 17 期，第 20–21 页。

③ 田炯锦：《美国联邦制之由来及其运用上感到之困难》，《时代公论》1933 年第 2 卷第 19 期，第 14 页。

④ 梁朝威：《美国联邦制所历的几种困难》，《新粤周刊》1937 年第 1 期，第 40 页。

多的中国领导上正常的轨道”，非联邦制不能成功。另外，联邦制还是缓解民族矛盾、避免宗教冲突、解决民国以来政治纠纷不断的有效途径。[①] 但因为国民党政权在大陆的迅速溃败，联邦论迅速沦为历史的陈迹。

综上所述，在近代中国政制转型的过程中，辛亥革命具有转折性意义。辛亥革命之前是各派政治势力对联邦制的宣传，辛亥革命之后则是联邦制的积极实践。武昌起义胜利，各省纷纷独立，此为联邦制的尝试提供了现实性基础，但经过革命领袖对现实的考量之后，最终却选择了单一制，其多是客观环境所致。20世纪20年代前后，地方实力派、自由知识分子、地方士绅纷纷登台，高唱联省自治，在军事强权、军阀割据的情况下，这次运动最终沦为各派势力追求自身政治目标的闹剧。革命势力主动摒弃联邦制，重拾革命旗帜，以摧枯拉朽之势摧毁北洋军阀势力，以武力手段将四分五裂的国家重新整合到一起，同时也决定了革命后中央集权单一制国家的结局。联邦制两次实践的失败有着历史的、现实的客观因素，也有革命者对政治理想不断修正的主观动因。南京国民政府成立之后，积极营造一党专制的国家，则明显掺杂个人独裁势力对革命的背叛。

根据詹姆斯·布赖斯的研究，瑞士与美国的联邦制源于其地方自治传统，而两地传统之形成又各有不同：瑞士之地方自治是基于瑞士由各不隶属的独立团体联合而成的历史；美国自治制度则延续了殖民者从母国所带来的政治制度，除此之外，其还有共同防御土人侵扰的客观需要。[②] 总之，两个国家实行联邦制有着历史传统与现实需要的双重动因。那么展观20世纪的中国，是否也有联邦制存在的条件与需求呢？

梁启超在论证中国需要联邦制时，也是从中国有地方自治传统开始的，1899年，梁启超在《论中国人种之将来》一文中对国人人种的特质有如下论断：“吾中国则数千年来，有自治之特质。”[③] 但是，不久他就完全否定了中国人的地方自治能力，认为“中国人缺于自治之力，事事待治于人”[④]，从而也就从根本上否定中国有实行联邦制的可能，转而从创办地方自治的角度，首先培养国人的自治精神。其实，看似截然相反的两次论述却表明梁启超认

① 周鲸文：《中国需要建立联邦制度》，时代批评社出版，第10 23页。

② 詹姆斯·布赖斯：《现代民治政体》，吉林人民出版社，2001，第131－132页。

③ 张品兴主编：《梁启超全集》，北京出版社，1999，第259页。

④ 张品兴主编：《梁启超全集》，北京出版社，1999，第1078页。

识上的一次飞跃，梁氏第一次所论述之古代中国的地方自治实为“绅治”，这是由中国古代“政权不下县”的传统所决定的，这种传统并不代表国人已经具备了近代性质的自治精神；第二次论述之自治则是完全西方意义上的现代自治，这种特质恰恰是国人所缺乏的。所以，在《新民说》一文中，梁启超认定当前之急务不是匆忙把西方的政治制度照搬到中国，而是先创造新民，“然则苟有新民，何患无新制度？无新政府？无新国家？非尔者，则虽今日变一法，明日易一人，东涂西抹，学步效颦，吾未见其能济也。夫吾国言新法数十年而效不睹者，何也？则于新民之道未有留意焉者也。”① 非常明显，梁氏反对那种过分依赖西方制度的做法，主张从创造新民入手，然后建立新的制度、新的政府、新的国家。梁启超对中国现实条件的理性思考暂时战胜了其迅速实现民富国强的政治理想。

与梁启超不同，孙中山充分表现了革命者的气质，其并不祈求借助于古代中国的自治传统来形塑在中国推行地方自治的合理性，而是强调在推翻清王朝的前提下创设共和制度，这符合孙中山理想型革命家的身份，但却也完全忽略了中国的实际国情。武昌起义成功之后，孙中山并未坚持联邦制，实际上是孙中山对中国国情认识深化的结果；20 世纪 20 年代，当地方军阀主导的联省自治喧嚣入云时，孙中山旗帜鲜明地表示反对，而进行县自治的设计，则是对国情和民情进一步理性思考的结果。在孙中山所拟订的《建国大纲》中，他详细阐述了实行地方自治的步骤：“在训政时期政府当派曾经训练考试合格之员，到各县协助人民筹备自治。其程度以全县人口调查清楚，全县土地测量完竣，全县警卫办理妥善，四境纵横之道路修筑成功，而其人民曾受四权使用之训练，而完毕其国民之义务，誓行革命之主义者，得选举县官以执行一县之政事，得选举议员以立一县之法律，始成为一完全自治之县。”② 从这里可以看出，随着孙中山对中国国情和民情认识的加深，他已清楚地认识到，在国人缺乏基本自治精神的前提下，是不可能践行联邦制的。这种先培养人民自治精神，后逐步推行地方自治的做法，与梁启超的主张不无耦合之处。在经过一系列实践之后，革命派与改革派在某个交叉点重新相遇，这

① 张品兴主编：《梁启超全集》，北京出版社，1999，第 655 页。

② 《岭南文库》编辑委员会，广东中华民族文化促进会合编：《孙中山文萃》，广东人民出版社，1996，第 710-711 页。

亦是历史的吊诡之处，但人们对联邦制的思考与认识却更加成熟。梁、孙联邦思想的发展历程告诉我们一个共同结论：在当时的中国推行联邦制并非其时！

总之，美国、瑞士联邦制之确立，其目的在于加强国家内部的联合与团结，然而纵观20世纪上半期的中国，联邦制的提出恰逢其会中央权威衰微，地方主义崛起的年代。事实证明，联邦制的提出不但无益于民主共和政体的确立，反而将中国带入军阀割据、战乱不息的深渊。单一制容易引发独裁专制势力的抬头，但自由民主亦未必完全求助于联邦制的形式。人类的历史证明，自由民主何必联邦制，专制独裁又何必单一制！问题的关键在于培养人民的自治精神、民权意识，奠定自由民主的现实性基础；创设切实可行的制度性机制，约束、监督权力机构及行政人员，防止权力的独占与滥用。

第三节　民初地方自治的反思

一、“官治”与“绅治”的激烈冲突

清末地方自治推行的结果衍生一个新的群体——“权绅”，他们与传统士绅不同，是通过地方自治推行而从体制外进入体制内，依靠体制内强制力量获得对区域社会的管理权，成为国家在基层社会的代言人。民国初年之际，这一群体继续控制基层社会，仍然是推行地方自治的主角。等到袁世凯停办地方自治，“权绅”的权利受到直接威胁，但在袁世凯政府许诺颁布新制的情况下，这一群体基本处于观望的状态。

历史证明，袁政府的许诺不过是缓兵之计。在未完全站稳脚跟之前，其基本继承南京临时政府的政治遗产，继续在基层社会推行地方自治，但随着袁世凯政权的稳固，清末以来的自治制度也就走到了尽头。在地方士绅的吁请下，袁世凯政府虽然颁布新制，但就《地方自治试行条例》的内容看，其官治色彩至为明显。该条例第一条规定：“地方自治依本条例之规定，由地方公选合格绅民承县知事之监督办理地方公益事宜。”即县知事对地方自治有监督之权，但权力之大却是前所未有。如自治职员的产生，自治员“由本自治区选民公选出定额二倍，经县知事遴选充任”。区董“由本自治区选民中选出

三人，由县知事委任之”。如自治经费，“自治职员由县知事监督之，得随时命其报告办事成绩，征其预算决算表册，其关于自治经费得随时亲往或派员检查，年终将办理情形详报该管长官，核保内务部。”又如自治职员的罢免，“自治职员有左列各款情事之一者，县知事得撤退之，但须详经该管长官核准：一逾越权限，二违反法令，三妨害公益。自治职员撤退至过半数时，全体应行改选。前项之改选应于撤退后两个月内行之。”① 由此可见，在此一条例的规定下，完全形成了县知事专制的局面。

对于此阶段的地方自治，杨幼炯披露说：“民国成立后，最初二年，地方自治制度沿用清制，略有变更。各级自治，继续成立。及民国三年二月袁世凯怀抱野心，以大总统命令停办各地方现设之各级自治会，并声明由内务部重新厘定自治制度。于是自治之进行，为之停滞。嗣为掩饰国人耳目计，于同年十二月公布地方自治试行条例，此项条例为一级制，可谓之区自治，仅规定乡自治之一部，非地方自治之全制也。翌年复恐地方自治成立，妨碍帝制进行，乃又公布地方自治试行条例施行细则，将地方自治试行条例之实行，为调查调整，及提倡与实行三时期，以延缓地方自治制进行。”② 因此，袁氏自治所强化的是官治，官治的强化是袁氏政权从共和退化回专制的明证。官治强化的另外一个结果必然是自治的萎缩，它在一定程度上影响到那些新式地方精英——“权绅”们的既得利益，因而新制遭到地方精英的强烈抵制，成为民国初年官绅矛盾激化的导火索。

黎、徐时期，虽有地方自治复活的迹象，但因袁世凯之后，北洋军阀分裂，各地方实力派为争权夺利而兵戎相见，此一时期成为中国进入近代以来政局最为动荡的时期。中央政府不乏整理基层社会的愿望，但是却不可避免地陷入政令不出京畿的尴尬。就徐世昌时期颁布的《县自治法》看，其仍然凸显行政官厅的作用，结果又遭到地方精英的强烈抵制，所以在江苏省上演了激烈的旧制与新制之争，并以旧制的胜利而告终。斗争的根源仍然是地方精英对政府削弱其区域社会管理权的不满。

就民国初年地方自治制度的设计来看，其明显比清末推行的地方自治有

---

① 《地方自治试行条例》，《申报》1915 年 1 月 3 日，1 月 4 日。

② 杨幼炯：《近时我国地方自治之演变与今后改进之途径》，《集成》1936 年第 1 卷第 3 期，第 32 页。

很大的进步。但考其实际，这些制度设计与近代意义上的自治仍然相去甚远，地方士绅把持基层社会管理权的事实并没有发生实质性的改变，因此，这种制度不过是新式“绅治”而已。至于袁世凯政府与徐世昌政府所颁自治制度，其更多地走向官治而非自治，结果导致官绅矛盾的激化。所以，对于民国初年地方士绅积极争取地方自治的行为，与其说是民众权利意识的提升倒不如说是传统权力分割的继续，与其说是争“民权”倒不如说是争“绅权”。

循此思路，新式“绅治”的继续发展不但未能维持国家与社会之间的平衡，反而导致国家与社会矛盾的加剧。历史的面相是复杂的，随着国共两党的发展，北伐军兴，“土豪劣绅”被打倒，绅治传统的连续性遭到更加严重地破坏，中国国民党派出的青年干部取代地方士绅开始直接管理基层社会，并导致后者更加彻底地退出了基层社会的政治舞台。

二、地方主义与地方自治的交互作用

理性在一定程度上代表了科学之意，但逻辑上科学的理论却不代表必然产生良好的实践效果，因为事物的发展是不以人的意志而转移的。“橘生淮南则为橘，生于淮北则为枳”，也就是说，随着时空的变化，在彼时彼处行得通的科学设计，在此时此处就可能遭遇困境，联省自治亦因此而在民国初年的中国折戟。

中央与地方权力的此消彼长是推动中国历史上统一与分裂之局面交替出现的主要动因，在大一统的传统文化中，统一是必然趋势，所谓“合久必分，分久必合”，其最终价值取向仍是统一。所以，从文化意义上来说，地方主义并没有获得合法的成长空间，正因为不能在文化上找到合理性而多被批评为割据行为。近代中国则有了新的变化，先是在晚清两次农民运动中地方势力的不断崛起，如在清廷镇压太平天国运动的过程中，湘军、淮军等地方团练的崛起、地方士绅的积极参与、“就地筹饷”之财权的下移等，都标志着地方势力崛起，这股力量促使晚清之际中央与地方之权力格局的重要调整；而在镇压义和团运动的过程中，东南互保再一次演绎了中央与地方上的分裂趋势，地方大员不从中央之命令，标志着清中央权威的急剧流失，“东南互保，实开启近代中国地方督抚与中央对抗的先声，自此一事件后，中央的权威便一再受到来自地方的挑战。”这一变化表面上仍然与过去中央集权面临危机时的情形相似，只是没有完全脱离中央的控制而已。李达嘉认为此时地方势力的崛起仍是局限在“国家主义”下的自立自保，其对满清中央还是比较认可的。但是，不可忽视的是，在西方文明的冲击下，中国的传统文化遭遇严重危机，特别是在中日甲午战争之后，人们对传统文化的质疑直接削弱了封建专制政府的合法性基础。随着民族危机的不断加深，在依靠中央难以实现救亡的情形下，各省纷纷标明省域主义，起而自救成为一时之势，这是地方主义潜滋暗长的一种标志。

更加明显的地方主义崛起是在辛亥革命期间，武昌起义后各省纷纷光复是表现形式，是时盛行的对美国联邦制的介绍与向往，实际上为辛亥革命后共和政权的建立提供了理论支撑。袁世凯北京政府虽然力图通过集权树立中央权威，但是，由于独裁式的倒行逆施而使中国最终走向了更加严重的分裂。“辛亥革命以后的政局，延续清末的政象，而演为地方与中央的一再对立。二次革命、反帝制战争、护法战争，其实都是地方向中央对抗的表现，骨子里则有派系利益在其中运作。二次革命后，地方势力渐消，中央权力相对增长，渐收中央集权之效。然而，在反帝制战争后，由于袁世凯覆灭，北洋系失去了统一的领导中心，各省军人争相拥兵擅权，地方与中央对抗的情形乃愈演愈烈。”① 地方主义随着地方与中央日趋激烈的对抗而快速成长。

省域主义的崛起与20世纪前后的文化准备是分不开的，如《新浙江》《新四川》《湖南》等明显带有地域特征的刊物不断涌现，就是文化地方化的一种表现。在地方主义成长的过程中，地方自治不断向更高层次迈进，在联邦制的启示下，联省自治适时而出。当联省自治在理论为地方主义提供了某种合法性资源之后，无论是试图自保的实力派军阀，还是意图救亡的知识分子，都开始审视此理论所带来的新机遇，把联省自治视为实现国家再次统一的途径。人们不能否认部分人通过此途径来实现国家统一的真实愿望，但在军阀割据时期，更多地军阀是借联省自治来为其割据张目。孙中山正是因为看到了这一点而放弃了最初对省自治的支持，转而强调以县为自治单位。

就联省自治来说，其提出了不同于武力统一的另一种国家统一的路径，但是这种尝试并不符合当时国情。地方主义与地方自治的交互作用，不但无助于统一局面的形成，反而导致割据局面的进一步恶化。

---

① 李达嘉：《民国初年的联省自治运动》，弘文馆出版社，1986，第1页。

第四章　南京国民政府时期地方自治的内在困境及反思

南京国民政府以承继中山衣钵而自居，所以其对中山遗教皆以绝对遵奉的姿态出现，但在实际执行的过程中，其又进行不同程度地“篡改”，逐渐从理想回归现实。不可否认，南京国民政府初期推行的地方自治不乏进步之处，如重视地方自治推行的基本条件、进一步降低选举与被选举的资格等，而缺陷亦非常明显，县、区之对地方自治监督权规定不明确，警察权与自治权混淆不清，区乡镇自治公约制定程序混乱，区乡镇区域划分标准不一等，形成对地方自治推行的制度性障碍。随着国内外局势的变化，南京国民政府相继推出保甲与地方自治相融合的制度、公民宣誓登记制度、新县制等，但几项制度都进一步凸显其执政理念中民主与专制的内在矛盾，与科学民主的原则严重相悖。

第一节　南京国民政府时期地方自治制度的文本分析

一、孙中山的地方自治理论

对于孙中山的地方自治思想，学界褒贬不一。就当前研究者所持态度而言，主要有三种：其一，对孙中山地方自治思想以肯定为主。唐卫国指出，孙中山地方自治思想在中国确立了一种全新的处理中央与地方关系的模式，并对近代盛行的代议政治提出了质疑和挑战，有着深刻的历史意义，这种论述无疑给予孙中山地方自治思想以极高的评价。[①] 其二，以批判为主要格调。

① 唐卫国：《孙中山地方自治思想研究》，《河北法学》2001 年第 6 期。

贺跃夫认为，孙中山的训政思想与地方自治理论本身就存在诸多自相矛盾之处，其是南京国民政府推行地方自治误入歧途的理论根源。① 其三，大部分论者采取一分为二的态度。曾景忠在对孙中山地方自治思想分阶段研究的基础上得出结论：孙中山地方自治理论虽然有些地方存在矛盾的一面，但这是因为强调的重点不同而产生的，从总体上看，其仍是一个完整的体系，其自治思想对今天的政治建设仍有很好的借鉴意义。② 另外，马小泉、洪英、郑永福等也都持辩证的态度。因为孙中山的自治理论被南京国民政府奉为遗教，“国民政府现行之地方自治制度系以总理手订之建国大纲及地方自治开始实行法为最高标准”③。这里不妨简单介绍一下。

孙中山理想中的民主共和国是一个以三民主义为经、五权宪法为纬的现代化国家。在三民主义学说中，孙中山指出，所谓三民主义就是救国主义，是“促进中国之国际地位平等、政治地位平等、经济地位平等，使中国永久适存于世界”的主义。④ 而所谓“五权宪法”则是孙中山在西方三权宪法之外另加考试权与监督权而成。孙中山认为，在古代中国也有三权宪法，只不过这三权是指君权、考试权、弹劾权，而君权则是行政权、司法权、立法权的合一。因此，孙中山把西方的三权分立与中国传统制度相结合，形成一个五权宪法——把君权三分的同时，继承考试权与弹劾权——以五权来弥补西方三权分立之不足。⑤ 这是孙中山一个很大的理论创新⑥。就三民主义与五权宪法的关系论，如果说五权宪法是形式，三民主义则是灵魂，两者的有机结合构成孙中山的理想之国。

同时，孙中山指出，基于中国的实际状况，要想实现民主共和国，必须分三步走，亦即所谓的军政时期、训政时期、宪政时期。1906 年，在《军政府宣言》中，孙中山明确提出将来建设新国家的次序：第一步为军法之治，第二步为约法之治，第三步为宪法之治。其中又解释约法之治的任务是：“每一县既解军法之后，军政府以地方自治权归之县地之人民，地方议会议员及

---

① 贺跃夫：《孙中山的地方自治观与南京政府之实践》，《中山大学学报论丛》1995 年第 5 期。

② 曾景忠：《孙中山地方自治思想述论》，《广东社会科学》1988 年第 1 期。

③ 《内政年鉴》（第一编），上海书店出版社，1936，第 276 页。

④ 曹锦清主编：《民权与国族——孙中山文选》，上海远东出版社，1994，第 1 页。

⑤ 《岭南文库》编辑委员会，广东中华民族文化促进会合编：《孙中山文萃》，广东人民出版社，1996，第 595-609 页。

⑥ 其实这两权在西方也是执行的，只不过没有独立出来与立法、司法、行政三权独立并列而已。

地方行政官皆由人民选举，凡军政府对于人民之权利义务，及人民对于军政府之权利义务，悉规定于约法，军政府及地方议会及人民各循守之，有违法者，负其责任。以天下平定后六年为限，始解约法，布宪法”，此即“军政府授地方自治权于人民，而自总揽国事之时代。”① 1924 年 1 月，孙中山亲自起草《国民政府建国大纲》，再次强调中华民国建设之程序分为三期。② 可见这种建国程序说是孙中山始终坚持的，而他规定完成地方自治的关键时期是在第二个阶段，即训政时期。

在《建国大纲》第八至第十六条中，孙中山对训政时期建设地方自治的问题给予更加详细的阐述：

八、在训政时期政府当派曾经训练考试合格之员，到各县协助人民筹备自治。其程度以全县人口调查清楚，全县土地测量完竣，全县警卫办理妥善，四境纵横之道路修筑成功，而其人民曾受四权使用之训练，而完毕其国民之义务，誓行革命之主义者，得选举县官以执行一县之政事，得选举议员以立一县之法律，始成为一完全自治之县。

九、一完全自治之县，其国民有直接选举官员之权，有直接罢免官员之权，有直接创制法律之权，有直接复决法律之权。

十、每县开创自治之时，必须先规定全县私有土地之价。其法由地主自报之，地方政府则照价征税，并可随时照价收买。自此次报价之后，若土地因政治之改良、社会之进步而增价者，则其利益当为全县人民所共享，而原主不得而私之。

十一、土地之岁收，地价之增益，公地之生产，山林川泽之息，矿产水力之利，皆为地方政府之所有，而用以经营地方人民之事业，及育幼、养老、济贫、救灾、医病与夫种种公共之需。

十二、各县之天然富源及大规模之工商事业，本县之资力不能发展与兴办，而须外资乃能经营者，当由中央政府为之协助。而所获之纯利，中央与地方政府各占其半。

---

① 《岭南文库》编辑委员会，广东中华民族文化促进会合编：《孙中山文萃》，广东人民出版社，1996，第 109 页。

② 《岭南文库》编辑委员会，广东中华民族文化促进会合编：《孙中山文萃》，广东人民出版社，1996，第 710 页。

十三、各县对于中央政府之负担，当以每县之岁收百分之几为中央岁费，每年由国民代表定之。其限度不得少于百分之十，不得加于百分之五十。

十四、每县地方自治政府成立后，得选国民代表一员，以组织代表会参与中央政事。

十五、凡候选及任命官员，无论中央与地方，皆须经中央考试铨定资格者乃可。

十六、凡一省全数之县皆达完全自治者，则为宪政开始时期……①

有研究者对此进一步总结说：“训政时期由执政的中国国民党指导，训练国民学会行使民主权利。训政时期的统治权，由国民党行使，实行以党治国。训政时期的任务：一是要由国民党来指导国民，努力在政治、经济、文化等各方面实现观念之转换，为实行自治及民主做准备。二是推行地方自治，作为训练国民行使民主权利的实际操作和实验。地方自治以县为单位，一省内县自治完成过半数则标志着训政时期的结束而进入宪政时期。”②

另外，孙中山还在《地方自治开始实行法》中详细阐释地方自治实行的三个前提：第一，选择一适当区域，一县或者是联合数村而附有纵横二三十里之田野。第二，明确志向，即以实行民权、民生两主义为目的。第三，人民普遍具备地方自治之思想。当这些条件具备之后，然后从最基本的六件事务办起，即清户口、立机关、定地价、修道路、垦荒地、设学校。当以上六事初具规模，然后可以开创其他事业，如合作事业等。③“总而论之，此所建议之地方自治团体，不止为一政治组织，亦并为一经济组织。”④还有论者指出，孙中山自治思想实际包含政治、经济、社会三层含义：“孙中山先生曾经说过一句话，我们的地方自治不仅是一个政治的团体，而且是一个经济的团体，与任何国家的地方自治性质大有不同，因为中山先生看到一个政治组织的基础完全在自治，地方自治才可以说是真正同人民利害相关；若仅是任免官吏、议决政事、制定法律，这样的地方自治还没有多大价值。所以他主张的地方自治就包含许多特质，譬如关于一地方粮食的产销，应该由地方团体

① 《岭南文库》编辑委员会，广东中华民族文化促进会合编：《孙中山文萃》，广东人民出版社，1996，第710-711页。

② 洪英：《孙中山先生地方自治思想综述》，《当代法学》2003年第8期。

③ 曹锦清主编：《民权与国族——孙中山文选》，上海远东出版社，1994，第251-254页。

④ 曹锦清主编：《民权与国族——孙中山文选》，上海远东出版社，1994，第255页。

来统一管理，以一地方的所产生的粮食，供给一地方需要之外，有余方可运销到外埠，以所换的钱办一切公益的事情。这就是一种经济的性质了。不但粮食如此，人民的衣食住行，等等的需要供给，也都应该由地方自治去统制办理，乃至于养老恤贫救灾慈幼无一不由地方自治团体去办理。这样的地方自治不但有经济的性质，而且可有一种社会的性质了。"① 可见，就自治思想体系的完整性而言，孙中山的地方自治思想的确有超越以往的地方。

进一步论之，人们不难发现孙中山地方自治思想与其所倡导三民主义的相通之处，因为他把地方自治的主要任务规定为促进民权、民生。总体看来，孙中山的地方自治思想有几个比较明显的特色：

一是中央与地方均权制下的地方自治。鉴于地方分权的国家易产生流弊，在孙中山的自治思想中，他更倾向于中央与地方的均权，即"凡事务有全国一致之性质者，划归中央；有因地制宜之性质者，划归地方；不偏于中央集权或地方分权"，这是对地方自治权限的明确界定。

二是权能区分民主制下的地方自治。对于民主政治，中山如是解释："在我们的计划中，想造成的新国家是要把国家的政治大权分开两个，一个是政权，要把这个大权，完全交到人民手内，要人民有充分的政权，可以直接管理国事，这个政权便是民权；一个是治权，要把这个大权，完全交到政府的机关之内，要政府有很大的力量去治理全国事务，这个治权，便是政府权。"既然谈民权，民权是什么？孙中山的阐述实际为时人的解释提供了理论来源。

三是县为自治单位。省为自治单位，未免失之过宽，人民对于省的政事，茫然不知所措；区为自治单位，不相统属，有诸多不便，因此折衷而选择县为自治单位。② 当然，县为自治单位并不是说县以下没有其他的建制，对于这一点，张汇文解释得相当详细："县既为自治的充分区域，又为自治的单位，则县自治团体的组织与自治权的运用，都是完整不可分的。乡镇或区的自治地位，是县自治的一部分，它的自治权的运用，也是县自治权的一部分，或是由于县以其自治单位的资格所赋予给它的，因此，乡镇区所有的自治组织也只算是县自治单位组织的一部分，在法律上绝无独立的自治人格。县组织

① 童行白（主讲），汪公遐（速记）：《地方自治与训政建设》，《新人周刊》1936年第2卷第22期，第434页。

② 汪德裕：《地方自治的理论与实施》，《黄埔（南京）》1936年第6卷第5期，第47-63页。

法内虽然规定，乡有乡民大会，镇有镇民大会和区有区民大会，然而公民在法律上的地位，则只有县公民的资格，而无乡镇或区公民的资格。同时，县民大会是以县公民组织而成的，并不是以乡镇或区的代表组织而成，这就是说，县民大会是县全体人民所组织而成的。因此在组织上，乡镇或区都是县自治单位组织的部分，在法律上，乡镇或区的人民又没有独立行使自治权的资格。”①

总之，无论学者们的褒贬，孙中山的地方自治思想仍不失为一个完整的体系，他对训政时期地方自治的深刻思考，实际成为南京国民政府推行地方自治的理论依据。

二、南京国民政府时期地方自治制度的文本分析

在南京国民政府推行地方自治的过程中，颁布了众多的地方自治法令法规，其中最主要的有如下三批：第一批出现在1929年，以《县组织法》为代表；第二批出现在1935年，以《县自治法》为代表；第三批出现在1939年，以《县各级组织纲要》为代表。在地方自治推行的过程中，《县组织法》与《县各级组织纲要》都起到过实质性的指导作用，《县自治法》虽然制订了，但因为抗日战争的全面爆发而并没有真正践行，但作为自治法演变过程的重要文本之一，不妨也进行一些分析。

（一）《县组织法》及其他

1929年至1932年，国民政府相继颁布了一系列自治法规，其中较为重要的有：《县组织法》（1929年3月15日），《县组织法施行法》（1929年11月12日），《乡镇自治施行法》（1929年9月），《区自治施行法》（1929年12月），《市组织法》（1930年5月20日），《乡镇长自治职员选举法及罢免法》（1930年7月10日）；《县参议会组织法》，《县参议员选举法》，《市参议会员选举法》（1931年8月）等。其中，《县组织法》②（如图4－1的县组织结构示意图）是众多自治法令的核心。

① 张汇文：《地方自治的基础》，《播音教育月刊》1937年第1卷第9期，第22页。

② 南京国民政府在1928年公布《县组织法》，其规定县以下之自治级别为区村里闾邻四级，其中村里同级。1929年则修正县组织法，改为区乡镇闾邻四级，文中图示是修正后的县自治组织结构图。市以下自治组织亦分为四级区坊闾邻，其中坊同乡镇是一级。

县组织结构示意图

- 县政府
  - 县长（由民政厅提出合格人员二人至三人，经省政府议决任用之）、秘书、科长及科员（由县长呈请民政厅委任，科员由县长委任，并报民政厅备案）、雇佣事务员及雇员
  - 警察：办理催征送达侦缉调查（名额由民政厅定之）
  - 各局：公安局、财政局、建设局、教育局、卫生局、土地局、社会局、粮食管理局等（各局局长一人，各区分局长皆由县长就考试合格人员中遴选，呈请省政府核准委任之）
  - 县政会议：县长、秘书及科长、各局局长
  - 县参议会：以县民选举之参议员组织之
- 区公所
  - 区公所：区长（由区民选任，并由县政府呈报民政厅备案）、助理员（区公所遴请县长委任）、区丁（额数县长定之）
  - 区务会议：区长、区助理员、本区所属乡镇长
  - 区监察委员会：监察区财政、向区民纠举区长违法失职等事
- 镇乡
  - 乡镇长、副乡镇长：乡镇长及副乡镇长由乡镇民大会选举产生
  - 乡镇民大会：行使四权
  - 乡镇监察委员会：监督各该乡镇财政、向乡民镇民纠举乡镇长及副乡镇长之违法失职等事
- 闾邻
  - 闾邻长：由本闾邻居民会议选举产生
  - 居民会议：对闾邻长有罢免改选之权

图4－1　县组织结构示意图

从各级行政人员的产生来看，县长由民政厅提出合格人员二人至三人，经省政府议决任用之。虽然规定“凡筹备自治之县，已达建国大纲第八条所规定之程度者，经中央查明合格后，其县长应由民选”。但何时能够达到完全自治的程度，实在难以预测，也就说一日不达完全自治之程度，则县长一日不能民选。同样，对于县政府各职员也基本采取委任、遴选的方式。按规定区长由区民选任，并由县政府呈报民政厅备案，但同时又规定区长民选是在本法施行一年后，由省政府就各县地方情形，酌定时期，咨请内政部核准行之。在区长民选实行以前，区长由民政厅就训练考试合格人员委任之。也就是说区长什么时候进行民选，也要看政府的认定；区公所助理员则由区公所遴请县长委任，区丁额数亦由县长定之。根据规定乡镇长由乡镇民大会选举产生，但是在区长民选之前，乡镇长、副乡镇长采取加倍选举由区公所转请县长择任的方式。到了闾邻长才算没有行政官厅的直接干预，基本实现了真正的选举。[①] 总之，由县各级自治人员的产生方式可见其自治精神仍然淡薄。

再看民意机构的设立。县有参议会，但在县预算决算、募集公债方面，

① 王均安编：《地方自治施行法释义》，世界书局，1930，第126－166页。

其与县政会议有功能重复的嫌疑，也就不可避免发生行政官厅侵犯民意机关权力的可能。陈柏心经研究后指出："近数年来，各地行政当局无不因官治与自治体制的不同，剥夺自治机关应有之权责，而将一切县市行政事务悉由县市政府及其各局直接处理，地方经费完全集中于县，仅划出极少数经费以为自治机关维持之用，自治机关毫无其他收入以为兴办事业之需，致使法令规定之应兴应革事务，完全等于具文。"① 并且县参议会要在区长民选时方设立之，在此之前，县政会议拥有一切地方行政大权。区民大会则"于内政部核准区长民选后，由区长召集之"②。非常明显，区长一日不民选，则区民大会一日不召开。直到乡镇之乡镇大会及闾邻之居民会议，才略显民意机关的味道。《区自治施行法》《乡镇自治施行法》皆按照《县组织法》制订，但仍未有质的突破。相比较而言，自治级别越高，其官治色彩越浓厚。赵如珩批评说："当前的自治法规始终未顾及人民运用政治权能的机会，行政官厅始终处于喧宾夺主的状态。"③

自治官治化渐浓的另外一个表现则是省政府明令禁止民间地方自治团体的组建。1927年8月，江苏省民政厅奉省政府令，"以现在已入训政时期，各县自治，亟应筹备。自治规程，应由省政府制定颁布，应令饬各县，于自治规程未颁布以前，所有关于自治性质之团体，一律停止组织。"④ 至此，清末民初兴盛一时的民间自治团体，如商会、教育会等呈江河日下之势，此规定进一步暴露出国民政府意欲通过官方所主导的自治来容纳一切基层自治组织的意图。

不可否认，与北京政府相比，南京国民政府所颁布之自治法规更加具有时代的进步精神，如以前的自治法规定县为行政区域，而现在的自治法则明确规定县不仅为一行政区域，还是一自治区域；以前的自治法规不重视"地方自治的根本条件人民自卫、民众训练、社会经济，特别是交通建设和平均地权等项"，而现在的自治法规则有系统地规定；以前的自治法规定选举权是以纳税及学历行政经验为标准，而现在的自治法规主张普通选举；以前的地方自治是从上而下推行的官办或绅办自治，现在的地方自治强调从下往上的

① 陈柏心：《地方自治之经费问题》，《半月评论》1935年第1卷第12期，第12页。
② 王均安编：《地方自治施行法释义》，世界书局，1930，第112页。
③ 赵如衍：《地方自治之实施的研究（续）》，《复兴月刊》1933年第1卷第12期，第2页。
④ 《停止组织自治性质之团体》，《江苏公报》1927年第4期，第18页。

人民的自治等等。[①] 这种进步精神更明显地体现在对公民之财产、资历、性别等限制的取消上，如《县地方自治条例施行细则》规定："中华民国人民，无论男女，年满二十岁，在本县区乡镇里邻继续居住一年以上，或有住所达二年以上，经宣誓后，即取得公民资格，有行使选举、罢免、创制、复决之权及被选举权。国外或租借地之中华民国人民，无论男女，年满二十岁者，虽于县区域内居住未达一年或有住所未达二年，经宣誓登记后，亦可取得前项之公民资格"等。[②] 但是，这些进步精神还仅仅停留在条文的规定，能否贯彻执行尚是另外一回事。也有人对《县组织法》的弊病进行如此批评：县、区之对地方自治的监督权规定不明确；警察权与自治权混淆不清；区乡镇自治公约制定程序混乱；区乡镇区域划分标准不一等等。[③] 另外，由中央制订统一自治法规的最大弊端在于扼杀了地方自治因地制宜的精神。

在《县组织法》等自治法的指导下，南京国民政府制订了推行地方自治的六年计划，按预定目标，1934 年应该完成县自治，但随着时间的逼近，离预期目标仍然遥远。为了进一步加快地方自治的推行，南京国民政府又相继推出了《地方自治改进原则》《改进地方自治原则要点之解释》等法令法规。

《改进地方自治原则》由内政部提出，1934 年 2 月 21 日由中政会通过。其主要内容有：

一、确定县与市为地方自治单位。其中县为一级，县以下之乡、镇、村等各自治团体均为一级，直接受县政府指挥监督。市为一级，市以下如有乡镇村，则均为一级，其组织与县同；在地域、人口、经济、文化等情况特殊之处，得立为特例，设区为自治行政区域。与以往自治法相比较，这一规定所体现出的进步精神：一是进一步厘清了地方自治单位，县市是平行的，县市以下各有自己的自治层级；二是自治单位内部的层级进一步简单化；三是区成为自治行政单位，与以往官治下的区署有所区别。

二、地方自治之进行分为三期。一是扶植自治时期。县市长依法由政府任命，设县市参议会，得由县市长聘任一部分专家为议员任筹备自治及执行

① 甘乃光：《中国地方自治事业进行近况》，《大陆》第 1 卷第 5 期，第 1-2 页。

② 蔡鸿源主编：《民国法规集成》（第 39 册），黄山书社，1999，第 211 页。

③ 许崇清：《关于民国十八年南京所公布县组织法的几个问题》，《中央导报》1931 年第 7 期，第 86-90 页。

之责，[①] 乡镇长等由各乡镇人民推举三人，由县市长择一委任。二是自治开始时期，县市长依法由政府任命，县市议会由人民选举，乡镇长等由人民选举。三是自治完成时期，县市长民选，县市议会民选，乡镇长等民选。人民开始实行罢免、创制，复决各权。以上三期之进行程序，由各省市政府决定之，呈报内政部核准备案。与以往相比，这一条主要有三个亮点：第一，在训练人民行使四权的过程中，选举权与被选举是最基本的权利，其贯穿三个时期，等自治单位皆为民选之后，然后才行使其他三权。第二，体现了循序渐进的精神，其对地方自治职员的产生经历了一个部分选举到完全选举的过程，这一点亦是比较科学的。在民众漠视基本权利的情况下，一步到位的做法确实值得商榷。第三，彰显了因地制宜的精神，特别规定各地方根据实际情况选择程序的方式，是符合地方自治的基本要求的。

三、推进地方自治之程式及方式。推行地方自治应因时因地而有所不同，中央只宜作大体及富有弹性的规定，在各县及隶属省政府之市，由省政府分别拟定程式，咨请内政部核准行之；在各直属市，由内政部分别拟定程式，呈请行政院核准行之。为适合各地方之特殊情形，及推行政令便利起见，每省至少应设置县政建设实验区一处，或分区设置试验县若干处，统一“政”“教”“富”“卫”各种组织与事业，以为研究及实验之中心，而期达到政治社会化，行政科学化之目的。这一规定进一步体现了因地制宜的精神。

周钟岳指出，“此项原则，定为一切自治法规之最高原则，对于原有制度，改革颇多，语其要点，为减少自治组织之层级，确定县为一级，乡镇村为一级，系两级制，市为一级，系采用一级制，但市以下如有乡村者，得为一级。地方自治之进行，分为扶植时期，自治开始时期，自治完成时期，每省至少应设置县政建设，实验区一处，或分区设置实验县若干县，统一政教养卫各种组织与事业，以为研究及实验之中心，而期达到政治社会化，行政科学化的目的。”[②] 周文实际点出《改订地方自治原则》的两个目的，即如何实现民主化与科学化。

《改进地方自治原则要点之解释》由内政部于1934年5月公布，主要内容有十三条，分别对《改进地方自治原则》的三点规定加以解释。关于《原

① “任筹备自治及执行之责”因为语义不通，后行政院专文删除。《财政部财政日刊》第1959号，“训令”，第2页。

② 周钟岳：《新县制与地方自治》，《新四川月刊》1939年第1卷第7期，第19页。

则》的地位：其规定改进地方自治原则为一切自治法规之最高原则。现行自治法规及最近颁行之改进地方自治办法大纲不违背本原则者，仍旧适用；如与本原则冲突者，应以本原则之规定为准。这就确立了改进地方自治原则对此后地方自治法颁布过程中“宪法”的地位。再如其规定，现在各级自治组织，如与改进地方自治原则规定不符而不急需改革者，得俟立法院修订法规公布后，再行办理以免纷更。这就有效地避免了部分地区因法令变更而徒劳无功，或消极怠工的现象。关于地方自治组织系统：县为一级，乡、镇、村为一级，系两级制。在情形特殊之处，可立特例，设区于县与乡、镇、村之间为自治行政区域。市为一级，系采用一级制。但市以下如有乡、镇、村者，得为一级，此为变例，非必须设立者。可见层级的简单化是大势所趋。又如对乡、镇、村的区别加以说明：凡地方人民联合数村而成一自治团体者，为乡；聚居同一之村庄独成立自治团体者，为村。另外，还特别强调，乡、镇、村自治团体，得依人口、区域等状况，分为若干等级，依等级而定其组织范围之大小，但其自治权限，则不因等级而有差异。这就是说，各地方自治的权利是平等的。其中对“现有乡镇坊以下之闾邻组织，得由地方政府斟酌情形变通办理不为固定的统一的制度，故在本原则内不加规定”的规定进一步体现了因地制宜的精神。至于现有县市以下之区公所的规定，则是自治精神进一步加强的表现，“除在地域人口经济文化等情况特殊之处，得立为特例仍继续存在外，余均一律取消。如有必要时，得由县市政府斟酌情形临时设置其他相当之组织（如乡村建设办事处之类），但不为地方自治团体，仅为辅佐县市政府之机关。”区的地位发生了很大的变化，其不再是自治层级中的一级。其余诸点则是对改进地方自治原则之第二和第三方面的解释，并无添加更多新意，兹不赘述。

总体上看，改进地方自治原则是对此前国民政府所颁地方自治法令的进一步修正，进步之处是十分明显的。

（二）《县自治法》及其他

1935 年，国民政府再颁布《县自治法》，该项法令凡九章，分别为自治区域、县自治事项、县公民、县民大会、县议会、县政府、县财政、乡镇区、附则等。把《县自治法》与《县组织法》相比，可以看到《县自治法》具有更加明显的自治精神。邵鸿镰指出，《县自治法》与《县组织法》在性质上是不同的。后者是训政时期的自治法，而前者既非训政时期自治法，又非宪政时期自治法，而是从训政向宪政过渡性质的自治法。[①] 亦即是说，县自治体现了比较充分的自治精神。

首先，明确县为自治单位的法律地位，自治层级简化。如《县自治法》第一条就规定“县为自治单位，其区域依其现有之区域”。区及闾邻不再是自治层级之一。再如《县自治法》规定“区设区公所襄助县政府办理本区关于第五条所列各款自治事项，区公所办公费由县政府补助之”。“闾置闾长一人、邻置邻长一人襄助乡镇区长办理本乡镇区自治事务”。

其次，通过权利列举，进一步增加县自治的权限。如《县自治法》详细列举了县自治事项，其包括县户口之调查登记事项，县地方事项，县财政事项，县交通水利及其他工程建设事项，县公安局及合作事项，县警卫治安事项，县教育文化事项，县卫生事项，县保育救济事项，县公有财产之保管及整理事项，县名胜古迹之保存事项，其他属于县自治事项等。通过列举，县自治权的范围更加明确。另外，《县自治法》规定县议会的职权明显增加，其包括议决县预算及审核县决算事项，议决县税及增加县库负担之契约，议决县有财产之经营及处分，对于县财政之审计事项，议决县单行规章事项，向县政府建议县政兴革四项，议决县长交议事项，对于县长质问事项，受理县民请愿事项，其他法律赋予之职权等十项内容。而《县组织法》仅仅包括议决县预算决算及募债事项，议决县单行规则，建议县政兴革事项，审议县长交议事项四项内容。县议会职权的增加，无疑是自治精神进一步强化的表现。

再次，赋予权利，限制权力，进一步强化民主精神。如《县自治法》增加“县民大会”一章，规定县民大会以县公民组织之，行使选举、罢免、创制、复决四权。在县长民选的基础上，进一步限制其权力。明确规定县长民选制度。“由县民大会选举之，报经上级机关给予任状。”“县长违法或失职时，由县民大会罢免之。”就县议会与县长的关系来看，限制县长权力的倾向更加明显，“县议会决议案咨送县长执行，县长认议案不当时，得详具理由提交复议，如出席议员三分之二以上仍执前议，县长应即执行。如延不执行，县议会得召集县民大会对于县长为罢免与否之决定，前项罢免如经县民大会否决时，县议会应即改选。”

第四，增加县财政一章，保障自治经费的来源。详细规定县财政收入来

---

① 邵鸿镰：《县自治法草案述评》，《扫荡》1934 年第 51 期，第 38 页。

源包括县土地税税收百分之七十以上，县营业税税收百分之三十，县公有财产之收入，县公营事业之收入，其他依法律应为县有之收入等。并特别规定县财政收入“至少应以总额百分之六十为办理教育文化经济建设卫生治疗保育救济等事业之经费，不得移作他用”。

最后，《县自治法》关于县议员的规定也有比较明显的进步。如规定县议会议员任期三年，可以连选连任，比《县组织法》的任期三年，每年改选三分之一的规定更加合理。组成人员的稳定性可以保障政策的连续性。

总体来看，《县自治法》的制订应该是履行《改进地方自治原则》精神的结果，县为自治单位的法律地位进一步强化，自治层级减少，文字规定更加简洁，保障权利与限制权力的精神进一步彰显等，可以说它比《县组织法》显示出更加明显的进步精神。但是，因为国民政府陷入内忧外患的实际情形，该自治法并没有践行。

《县自治法施行法》则对如何践行《县自治法》做了更加细致的规定，如对于区取消之后的后续事务问题，《县自治施行法》规定，“在县自治法施行前，凡区公所管有款产及所办自治事业，由县政府接收办理，或归乡镇区单独或联合接收办理之。”如关于县长选举问题，条文规定：“县自治办有成绩，经省政府核定者得经依县自治法之规定，成立县议会，并选举县长，在未成立县议会之县，暂设县参议会，其组织及选举依县参议会组织法及县参议员选举法之规定。”

《县自治法》及《县自治施行法》虽然制订，但却久未公布。随着南京国民政府把保甲融入地方自治，各省地方自治的推行更显迟缓。为了推动地方自治与保甲的进一步融合，中央地方自治计划委员会[①]拟定了《厘定自治法规原则》，从此原则可以看到南京国民政府更加务实的精神。

第一，容纳保甲制度。即以自治容纳保甲，使自治与自卫合而为一，“乡镇内之编制，废除闾邻，改用保甲名目，以期组织统一，推行顺利。”

第二，订定施行程序。地方自治不可能一蹴而就，应根据实际情况及各地需要，分为扶植自治时期，自治开始时期，自治完成时期，其内容与《改进地方自治原则》并无二致，但是其特别强调“缘各处环境不同，宜因时因

① 该组织于1936年成立，为全国地方自治设计及考查机关。与此相应，各省市党政机关，联合组织地方自治推进委员会。《内政年鉴》（第一编），一（2），上海书店出版社，1936，第84-85页

地，变通办理。如在过去共产党的区域，自应特别注意地方警卫，以充实民众自卫之力量；倘在向无共产党出没或自治已进行至相当程度之区域，办理自治，自应依照常轨，逐步推进。总之，推行地方自治之程序及方法，应因时因地而有不同，中央只宜为大体及富有弹性之规定”等。无论其能否切实推行，但文件精神是科学的。

第三，自治组织系统。改“县—区—乡镇—闾邻”四级制为“县—乡镇（市—区）”二级制，防止因层级太多而阻碍自治的推行。从提高行政效率的角度出发，这一规定无可厚非。“盖县组织法采区乡镇闾邻四级制度，阶级过多，推行自难。”

第四，派员分区指导。因县直接与乡镇连接，仅靠县长一人恐难以胜任，所以，可以派指导员分区进行指导，此区为虚置，非分区设署。“然若因此等特殊情形，遽而分区设署，则不特靡费过多，增加人民负担，且多一固定之机关，运用上亦欠灵活。”

第五，废止保卫团。“保甲即经容纳于自治之中，县保卫团应即废止。”此一举措主要在减少不必要的重复性建设，此为地方自治因地制宜最基本的要求。

第六，完成自治期限。“应酌量各地情形，变通办理，不必强行计划。”不强求计划，根据具体情形而定。

第七，修正户籍法。参照县市自治法及其关系法规修正户籍法。

第八，主管自治机关。进一步厘定自治机关的从属关系问题。“自治事务在省应由民政厅掌管，至依自治法编组之壮丁队，应与保安团队兼受保安处之指挥监督，省保安处隶属于省政府”①。

由此可见，《厘定自治法规原则》是对以往之《改进地方自治原则》的修正，其体现了南京国民政府更加务实的态度，也显得更具科学精神，但自治与保甲的深度融合却凸显了南京国民政府在民主理想与现实专制之选择上的两难困境。

（三）《县各级组织纲要》及其他

1939 年 9 月，国民政府颁布《县各级组织纲要》（以下简称《纲要》），

---

① 《中央地方自治计划委员会拟定：“厘订自治法规原则”》，《都市与农村》1936 年第 19 期，第 12-13 页。

该纲要分总则、县政府、县参议会、县财政、区、乡镇、乡镇民代表会、乡财政、保甲、附则等十个部分。从体例上看，县与乡镇是地方自治层级中最重要的组成部分，区和保甲属于比较新的建制。

对于新县制，时人认为其与以往地方自治法规相比，有不少改进的地方：如县以下行政机构的改善。“从前县政府以下，组织未周，政府与民众之间，根本脱节，无从连贯，本纲要以县为自治单位，乡村为民众集合中心，针对当前地方需要情形，扩张政治下层机构，振发民众自觉自动精神。以保甲为乡镇之构成分子，与乡镇同为自治之阶层。乡镇公所一级，将官治民治融为一体，以为县政机构之重心，民主政权树立之先导，尤为特别创制。而其主要目的，则在矫正过去地方行政机构‘头重脚轻’之弊，使其自上而下，逐级健全，脉络贯通，运用灵活，行政力量能透彻于民众之基层。”如党政关系的调整。“过去党部仅集中人才于中央及省两级，对于县区及乡镇，均不注意，以致地方自治停滞不进，建设事业不能确立基础，故总裁在其演讲及党政关系图中，明白规定党政双方应尽之职责，在管教养卫共同事业范围之内，政府应执行之责，党部负责宣传倡导促进之责，不唯各不相犯，而且通力合作，互相为用，使政府与党部打成一片，将党的力量容纳于地方上各种政治及社会机构之中，并由政府依据法令运用此等机构而发挥其力量。”如各级议事机关的设置。“依本纲要规定，县设县参议会，乡镇设乡镇民代表大会，保设保民大会，甲设户长会议，并得举行甲居民会议。又为增进国民经济及发展地方事业起见，特于县参议会规定得酌加依法成立职业团体代表，以使区域观念与职业利益二者得有调剂。盖民权行使，须于实际中加以练习，以引发其参政之志趣，并养成其管理政治之能力，然后训政工作，方不致落于空虚。况乡镇保甲人选，产生困难，或产生后不能尽忠职守，甚至贻害人民，为上级机关所不易察觉者，今后均得运用民主方法，以为补救，因乡镇保甲长等基干人员，与人民最为接近，为免除此等人员假借政令肥己殃民，亦惟有采用民主监察制度，较为有效。”再如管教养卫的合一。“过去地方行政，分门别户，各自为政，非互相冲突，即彼此摩擦，利未见而弊已丛生。本纲要规定：乡镇长，乡镇中心学校校长，及乡镇壮丁队队长，暂以一人兼任之。保长、保国民学校校长，保壮丁队队长，暂以一人兼任之。并规定各级组织范围确定以后，所有教育、卫生、合作、警察等区域，均应力求合一，以期管教养卫各项工作，能以统筹兼顾，共同发展。”①

与《县组织法》和《县自治法》相比，《纲要》确有值得称道的地方：

第一，切实简化了下层行政层级。对区署的性质进行了更加清楚的界定，即其不再属于县之行政的一级，而成为县与乡镇之间的联络点，或者说完全是起辅助作用的。“现行区署，为县政府辅助机关，代表县政府督导各乡（镇）办理各项行政及自治事务，其性质与从前区署不同，从前区署系一官治的行政机关，所有政令，悉由县而区而联保，以达民众。现在县为二级制，区署为县政府派出机关，其与县政府关系犹如商店支行之于总行，所有政令，可由县直达于乡镇，区署只负辅导的任务，不得视为县下之一级，乡（镇）才是县下之一级。”②

第二，对乡镇的规定《纲要》更加详细。如明确规定了乡镇建制，乡镇长的产生、乡镇长的资格、乡镇长的任期、乡镇公所的结构、乡镇务会议等；乡镇民代表会则包括乡镇民代表的产生、乡镇民代表会主席的产生、乡镇民代表会的组织及职权等；乡镇财政则包括财政来源、应兴办造产事业、财产保管委员会的设置、乡镇财政的收支等。这些规定使乡镇成为比较扎实的自治层级。

第三，统一法规。《纲要》还特别增加保甲一章，对保甲长的产生、保甲的任务等进行详细的规定，从而统一了此前各种地方自治法令的分歧，把自治与保甲正式融为一体。

第四，《纲要》进一步降低公民资格获取的门槛。规定“中华民国人民无论男女，在县区域内居住六个月以上，或有住所达一年以上，年满二十岁者，为县公民”，而在《县组织法施行法细则》、《县自治法》中，公民资格的获得必须是在县区域内继续居住一年以上或有住所达两年以上年满二十岁经宣誓登记后为县公民。这一规定与战时百姓居无定所，人口流动频繁的现实有关。

但《纲要》自身的不足亦非常明显：

在县一级，《纲要》并未提及县长的产生问题。而仅规定“县设县政府，置县长一人，其职权如左：一、受省政府之监督，办理全县自治事项。二、受省政府之指挥，执行中央及省委办事项”。可见，县长主要是在上级政府的

① 周钟岳：《新县制与地方自治》，《新四川月刊》1939 年第 1 卷第 7 期，第 20-21 页。

② 《县组织纲要两项疑问》，《闽政月刊》1941 年第 8 卷第 3 期。

监督下进行工作，其自治精神明显削弱。而何为自治事项，《纲要》中亦没有进行列举，这就使自治与官治完全混在一起，纲不举而目不张，在地方自治筹办时期更容易为官治所挟裹。《纲要》亦未论及县民大会的问题，至于县参议会，则改由乡镇民代表会选举县参议员组织之，与《县自治法》所规定的县民大会直接选举相比，这种间接选举的方法无疑是自治精神下降的表现之一。同时，《纲要》还强调县参议会暂不选举县长，与《县组织法》许诺县长民选、《县自治法》明确规定县长民选相比，这一规定无疑是一个倒退。至于县财政，虽然规定了来源，但对于县财政的利用，却不再按比例强制分配，而是“均由县政府统收统支”，同时还规定说“在县参议会未成立时，县预算及决算，应先经县行政会议审定，再由县长呈送省政府核准。在县参议会成立后，县预算及决算，应先送交县参议会议决，再由县长呈送省政府核定之。但有必要时，得由县长先呈送省政府核准施行，再送县参议会”。这些规定有进一步强化县长专制的嫌疑。

就区一级来看，《纲要》规定在有必要的地方分区设署，虽然“区署为县政府辅助机关”，但它却能代表县政府督导各乡镇办理各项行政及自治事务，这样，区虽然不是自治层级之一，实际上却演化为官治行政的触角。

总体上看，与《县组织法》和《县自治法》相比，《纲要》的自治精神最为淡薄。这大概与南京国民政府所面临的国际国内形势有关。从另外一个角度看，南京国民政府更加务实，这些变化是其地方自治方针政策从理想向现实转变的一种表现。

第二节　南京国民政府时期地方自治的实践

梳理南京国民政府时期地方自治的践行过程，可以从不同的角度出发。就自治法规制定与颁布的过程来看，可以划分为三个阶段：1929 年至 1934 年为第一个阶段，即《县组织法》等自治法规颁布后的自治实践；1934 年至 1936 年为第二个阶段，即《地方自治改订原则》《县自治法》等自治法规指导下的自治实践；1939 年之后为第三个阶段，即新县制之相关法规制定与践行的阶段。而从自治推行的实际效果出发则可以划分为两个明显的阶段：即《县组织法》等自治法规指导下的地方自治和《县各级组织纲要》等自治法规和纲要指导下的地方自治。

一、南京国民政府初期的地方自治

（一）地方自治实践的普遍展开

1.《县组织法》等法规颁布之后

根据《县组织法》及其施行法规定，自治推行的步骤是：首先，筹设区公所，办理乡镇选举，编制闾邻，完成县组织。其次，办理区长民选，成立县参议会。最后，等达到建国大纲第八条规定时，县长由人民选举，县自治宣告完成。根据《市组织法》及其施行法规定，自治推行步骤为：首先，划定区坊闾邻，由委任区长办理人民宣誓登记，举行坊长选举，编制闾邻。其次，区长民选时，成立市参议会。最后，达到建国纲领第八条规定各点时，市自治完成。具体情况见表4－1所示。

表4－1　各省市地方自治推行概况一览表

省市名称	概　况
江苏省	1928年冬着手筹备地方自治，至1933年3月间，全省各县区公所乡镇公所全部完成。区长民选，以及县参议会的设立，并未继续进行
浙江省	1928年筹备村里制，1930年依照县组织法将村里改变为乡镇，至1932年年底区乡镇公所及闾邻编制，一律完成。1934年起筹设县市参议会，定于年底以前全省各县市参议会一律成立
安徽省	因多数县份社会不靖，经费困难，自治进行缓慢，全省各县区公所在1931年1月间才先后成立。至1932年9月间，有宁国等九县成立乡镇公所，后因豫皖鄂三省剿匪司令部命令改办保甲，遂将乡镇公所撤废，各区公所虽仍设立，但性质不同，区以下置保长甲长户长等组织，专门办理地方上自卫事宜
江西省	因匪势猖獗，自治进行十分缓慢。1931年6月间，全省各县区公所大体成立，1932年1月，省政府决定先办理保甲，其时该省有三十县已成立乡镇公所，但改办保甲后，自治事业完全停顿
福建省	匪势猖獗，民力凋敝，财政困乏，事实上无力推行地方自治。1930年间曾将全省各县自治区划分，其后因经费问题，决定将闽侯等二十一县提前办理，成立区公所。1933年后，无形停顿，1934年9月，奉南昌行营训令，正式停办，改办保甲

（续表）

省市名称	概　况
湖北省	1932年奉剿匪总司令部命令，缓办自治，在奉令缓办前，各县区乡镇区域大抵已经划就，武昌等六十县正式成立区公所，至于乡镇组织，均未正式成立，办理保甲后，将各自治区改为自卫区
湖南省	1932年3月间，将全省各县自治区划定。其后曾决定将长沙等十四县提前成立区公所，并召集各该县长商定分期进行办法，计划1933年底完成县组织。但因天灾匪祸，财政困难，无形限于停顿状态
河南省	1931年6月间，先后将开封等九十九县区乡镇公所完全成立。其中仅有少数县份，因灾害匪侵，未及办竣。1932年11月间，奉剿匪司令部命令停办自治，先后编查保甲户口，自治工作，因此就告停顿
河北省	1928年7月开始筹备自治，其时自治法令还未公布。1929年以后，县组织法先后颁行，乃积极整改。1930年底，全省各县区乡镇公所完全成立，本来决定自1933年7月起实行区长民选，但因人民知识幼稚，并且优秀分子极少，乃决定暂缓办理。县参议会也因华北外交关系未能建立
天津市	区公所于1931年7月间成立，1932年十月间成立坊公所。市参议会因受津东事变影响而暂告停顿。后来接办，又受经费困难、租界华人登记调查问题等因素而搁浅
山东省	县区公所于1930年底到1931年春间，陆续成立，乡镇公所自1931年开始组织，至1932年次第完成。济南市于1931年五月间成立各区公所，1932年10月间，坊公所亦告完全成立，闾邻亦同时编制完成，至市参议会因经费困难，无法筹立
山西省	1918年就实行村制。1931年6月间，就将原有区行政公所改组为区公所，村里公所改组为乡镇公所。形式上自在组织比较各省都完备，但在自治精神的发挥上殊少成绩。对于区长民选，县参议会筹设，均未进行
陕西省	起初因灾荒匪扰，地方贫瘠，财政支绌，无法举办自治。1930年冬，决定分期举行办法，先就关中区各县进行，划分自治区，组织区公所，至1933年3月止，计成立区公所者有三十多县，至区以下的乡镇组织，也有同时成立者，后来因为发生旱灾，自治停办
甘肃省	地瘠民贫，文化落后，人才经费，都感困难，加以土匪骚扰，军队林立，县政还不能统一，自治当然更不易进展。各县区公所于1932年间，大致都已成立，乡镇组织，也有极少数县份完成，现在也已无形停顿

（续表）

省市名称	概　况
云南省	1930年9月起办理自治，截至1933年8月止，计完成县组织的有昆明等十四县，昆明市市组织也已完成。不过区公所大抵都已成立，全省有一百县一市已经成立区公所。至于筹设县参议会，也是在积极进行，本限定1934年底完成全省各县各级自治组织，并成立县参议会
贵州省	1930年9月间，成立自治筹备处。筹备期间，因民智鄙塞，推行不易，对于中央法令稍事变通，区公所的组织，于区长之外，更将旧有区长充任副区长。乡镇方面，直接由当地人民推出加倍人选，呈由县政府圈定乡镇长副，组织乡镇公所。1931年10月间，各县公民宣誓登记等事项都已办毕，就正式依照中央法令改组，各县正式区乡镇公所，次第成立。至于县参议会，也在积极筹备中
察哈尔省	区乡镇公所于1931年间一律成立，县参议会因为变乱而展期
绥远省	各县区乡镇公所都已成立，县参议会因为僻处边陲，蒙汉杂居，文化落后，一时难以成立
青海省	省治建立不久，起初陷于军事区域，自治无法进行。1932年年底，除玉树等三县外，其余各县区乡镇公所都已成立
北平市	1928年底成立自治筹备处，筹备自治，自订街村制度。1930年3月，将街村改为坊，并由区务与坊务会议选举监察委员，成立区坊监察委员会。同时将原来的全区筹备员联合办事公所，正式改为区公所，各坊临时办事公所，改为坊公所。1932年3月，办理全市公民宣誓登记，1932年10月，筹备全是区坊自治职员选举，1933年3月，全市各区坊自治职员一律选出。并于区坊自治职员选举后，继续办理市参议会选举，正式成立市参议会
上海市	1930年设立划区委员会，用两年时间将全市四十区划分完竣，选派熟悉地方情形者为各区筹备自治委员，同时进行划分坊间邻。1932年7月，因战争市库支绌，自治停顿。10月，根据中政会通过的设立临时市参议会议案，遴选临时市参议院十九人，成立临时市参议会
南京市	1931年划区完竣，6月间各区公所相继成立。1933年1月间，将原划定之二十一自治区，依警区改订为八区，区公所同时改组

（续表）

省市名称	概　况
青岛市	因外侨杂居，自治办理困难较多。后分别聘任人员，组织自治筹办委员会，筹备自治。1931 年 1 月，全市自治区域划分完竣，7 月间区公所正式成立。各坊划定后，设立筹备处，由当地住民或原任村长共同组织，办理公民调查和筹备选举等。市参议会因实际困难暂缓办理
威海卫行政区	依照法令划为八区，1932 年 1 月，各区公所成立，1933 年 7 月起，办理坊长选举，于 8 月间陆续选出，10 月 1 日各坊公所一律成立。参议会请求展期成立
其他	广东、广西并不依中央法规办理，四川在军阀混战状态下，新疆各族杂居，西康、宁夏地方贫瘠，民智底下，自治无从着手。辽宁、吉林、黑龙江、热河等四省失地未复，更谈不上自治问题

资料来源　陈柏心：《近六年来之中国地方自治》，《时事月报》1935 年第 12 卷第 3 期，第 261-267 页。

从以上表格可以看到，1934 年之前各省市地方自治推行的基本状况：第一，主要指自治机构的建立，未见自治事业的创办。第二，自治机构建立的过程中，多受民众知识、经费、战争、匪患、保甲制度的影响而往往中途停顿。第三，自治停顿还受时局影响，特别是华北、华东部分省市往往受日本侵华的影响。第四，几乎都没有成立县参议会。也就是说，在 1934 年之前，自治机构尚未完全建立，更毋庸谈自治事业的筹办问题。对于此一阶段地方自治推行的效果，时人如此评价：“惟以我国社会，向无组织，自治工作，虽经本党倡导于前，法令规章，政府制定于后，而纸面文章，与实效相去尚远！各省市能到达预期之成绩者，百不一见；即以办理较优省市而言，则各自治机关组织完成之后，自治之事业既难进行，人民之信仰亦未增加，盖所谓地方自治之机关，本为民众集合之所，以谋本身之福利，而结果乃纯变为下级行政机关负传达公文及征发之任，于其本身，应负之责任，反觉渺不相涉。有时观其步骤虽甚合，考其实质则全非！驯至人民因办理自治，而负担日重，怨望日增；长此以往，不独有背本党建国之初衷，实为国家前途莫大之隐患！”①

① 宋玉风：《办理地方自治之过去与将来》，《苏声月刊》1934 年第 1 卷第 5 期，第 101-102 页。

2.《地方自治改进原则》颁布之后

基于以往地方自治推行状况之不佳，1934年，内政部拟订《地方自治改进原则》，送中政会通过后，由行政院正式公布施行。对于改进原则，第一项规定意在减少自治的层级，第二项规定则使得各省市能够依地方情形斟酌实施，第三项则纠正了以往各省市划一进行的流弊。① 实事求是地说，在该项原则颁布之后，各省地方自治确有新的动向（见表4-2）：

表4-2　各省市地方自治推行一览表

省市名称	概　况
浙江省	自改进地方自治原则颁布后，决定该省各县市地方自治均为自治扶植时期，积极筹设县参议会。后因旱灾发生县参议会成立时间展期，但仍在积极办理之中。该省杭州市决定采取一级制，撤销区公所酌设办事处，成立扶植时期的市参议会，坊公所一律取消
山东省	该省除济南市各区，及邱县第四区藤县第九区，因由特殊情形，保留区公所外，其余各县自治区，都于本年6月30日一律取消。其他暂依旧制办理，以待中央修正自治法规颁布后再办。该省县参议会，因连年灾荒，地方财政困难，难以及时筹设
河北省	该省于8月间将原定筹设县参议会程序加以修正，筹设县参议会期限展期至1935年底一律完成。10月间召集各县长举行第一期行政会议，议决于裁撤自治区后，改设自治指导员，规定于1935年起施行，限一个月内办理完毕。该省天津市曾拟订改进自治组织办法，决定取消各区坊公所，在各警区地域内成立各区建设办事处，作为辅佐市政府之办事机关，至闾邻组织，暂行照旧，等将来斟酌情形再定
云南省	因筹备自治已经略见规模，依部颁原则要点解释第二条规定，认为不必急需改革，等立法院修订法规公布后再行办理
贵州省	贵州省决定贵阳一县为自治开始时期，其余八十县为扶植时期。贵阳县议会已经正式成立，其余八十县县议会分四期筹设，限于1935年底一律完成
陕西省	各县参议会因地方情形不靖，无法筹设，因为改进地方自治原则与现行法不同，因此决定等修正法规颁布后再办

① 陈柏心：《近六年来之中国地方自治》，《时事月报》1935年第12卷第3期，第268页。

（续表）

省市名称	概　况
甘肃省	决定为自治扶植时期，县参议会决定在文化较优的皋兰、天水等六县先行筹设，并定于1936年3月成立
绥远省	决定各县均为自治扶植时期，三年内一律进至开始时期，各县区公所改为县行政辅佐机关，乡镇村及闾邻，暂不变更
北平市	决定该市进入自治开始时期，由该市政府拟定过渡办法三项。市参议会选举因中常会认为市民对四权行使不能健全而缓办，自治陷于停顿

资料来源　陈柏心：《近六年来之中国地方自治》，《时事月报》1935年第12卷第3期，第261–267页。

从上面的表格可以看到，《地方自治改进原则》出台之后，在一定程度上促进了地方自治的推行，部分省市根据自身的情况确定自己所处的阶段，是进一步认清自身的一种表现，但是，其效果是有限的，这其中除了天灾人祸的因素之外，主要是自治体制本身存在着诸多问题。就各省的表现看，法令的朝令夕改是挫伤部分地区推行自治热情的重要原因之一，不少地方宁愿坐等新的法令出台，也不愿因法令变革而中途改辙。

如果细致梳理这一时间段地方自治推行效果不佳的原因，则更为复杂。陈柏心从七个方面对这些原因进行了分析，如风俗习惯、县政府的作用、缺乏自治人才、经费支绌、自治机构虚悬、立法上的问题、期限限定问题等。从科学与民主的角度审视，这一期间所推行的地方自治多有违背科学与民主之现象。

其中不科学之处主要体现在：

一是没有考虑中国的实际国情。中国是一个农业大国，所谓地方自治主要是指农村的自治，但是，当时中国农村社会的贫穷、社会秩序的纷乱、人才的缺乏等都成为地方自治陷入困顿的原因。宋玉风对此亦有同感，“我国农民，占全国总人口百分之八十以上；地方自治虽以县为单位，其基础实在于乡村；而散处乡村者，大部分皆农民也。年来国内因天灾人祸，交迫而来，外有帝国主义之经济侵略，内有匪徒土劣之蹂躏烧杀，以致农民生计匮乏，朝不保暮，人民救死不遑。即号称东南富庶之区，秩序未经破坏，亦且岌岌有不可终日之势！生活不能安定，对于自治事业，自属难感兴趣。”①

① 宋玉风：《办理地方自治之过去与将来》，《苏声月刊》1934年第1卷第5期，第102页。

二是没有理顺自治机关内部的关系。如县与局科之间的关系问题。“按照现行区乡镇自治施行法的规定，区乡镇应办事项，多至二十一款。而在县组织法上关于此类事权的规定，都为县政府以下各局所掌管。又正巧几年来县政府与各局名义上是在县政府以下，但实际上却成了一种割据的状态！一切事业的进行，省政府各厅直令各局，各局也直报各厅，并不经过县长，甚有各局长以至科长都由各厅直接委派者，这种事权的不统一，使得县政府组织空虚，对于事业无法作通盘的筹划。”①

三是立法上的缺陷。包括法律缺乏弹性，条文规定过于单一与呆板；法规种类太繁，当一个事项交织在不同的法规中，不免使运用者感到困难；不同法规对于共同事项的规定多有矛盾之处，法令变更太快影响自治事业发展等。“现行各种自治法令，过于划一，以吾国幅员之广大，各地风俗之互异，人民程度之不齐，经济力量之厚薄，人口分散之疏密，职业种类之繁杂，不独此县与彼县不一致，即甲乡与乙乡亦有殊！故法令强为一致，缺乏弹性，施行时即格格不入，削足适履之苦！而所收之效果，概亦渺乎其微矣。”②

四是期限规定太死。难以做到因地和因时制宜，下级为了完成上级安排任务，更容易犯形式主义的错误。

不民主之处：

一是自治职务主要还是掌握在地方士绅的手中。“贫苦农民自顾不周，在农村社会里生活比较安定，时间比较优裕的就是一些拥有特殊势力的劣绅土豪，他们的存在和地方自治的成长是立于相反地位的，所以他们必须把自治权攫夺在手里，以阻止真正自治的发展，维持并扩大他们雄厚的势力。”③

二是选举中出现诸多流弊。虽然部分地区仍在赶办县议会的选举工作，但是弊病百出却是不争的事实，如浙江省，“惟闻竞选方法，大都不脱以前县议员参议员等竞选窠臼，或用金钱收买选民，或以物件如麦票香烟等交换选举证，或公开筵宴，广拉掮客，分向各处公民骗取选票，如云和县并有豪绅以恶势力向乡公所勒索选举证等情事，此外乡镇坊公所，因事前受竞选者之活动，或企图本身当选起见，致将选举证一扣不发，而对于同派者则听其冒

① 陈柏心：《近六年来之中国地方自治》，《时事月报》1935 年第 12 卷第 3 期，第 272-273 页。
② 宋玉风：《办理地方自治之过去与将来》，《苏声月刊》1934 年第 1 卷第 5 期，第 102 页。
③ 陈柏心：《近六年来之中国地方自治》，《时事月报》1935 年第 12 卷第 3 期，第 270 页。

领，亦在所恒有。目前各地正在开始选举，此后选举投票时所发生之种种弊病，势必层出不穷”①。

三是官治而非自治。虽然《地方自治改进原则》在条文上改善了地方自治的境况，但是仍然不能改变政府包揽一切的现实。就地方自治推行的主体看，其仍然是行政官厅。三个时期的规定虽显示了循序渐进的科学性，但在实际过程中，却没有真正落实下来。前文所论选举中的流弊就是明显例证。

另外，《地方自治改进原则》还促进了各地县区实践设计下的地方自治，因为该提案本身就要求，“每省至少应设置县政建设实验区一处，或分区设置实验县若干处，统一政、教、富、卫各种组织与事业，以为研究及实验之中心。而期达到政治社会化，行政科学化之目的。”②

3.《县自治法》颁布之后

根据现有资料来看，《县自治法》是南京国民政府颁布的最具现代自治精神的法规，它是南京国民政府反思1934年前地方自治推行效果不佳的结果，也是国民政府根据《地方自治改进原则》对以往自治法规进一步完善的产物，但从国民政府所面临的实际情况看，这一反思多属于理论上的反思，其使《县自治法》更加具有理想主义的色彩，而与社会现实并不相符。梁漱溟在《请办乡治讲习所建议书》中说论道，“其实社会所真正循由者，系习惯而非法令，有其习惯而无其法令，于其事实之产生无所不足，无其习惯而徒有其法令，辄望其事实产生，故断断不可得也。”③ 也就是说，在现实生活中，越具有理想主义的制度设计，越不具备实施的可能。事实证明，这一法令制订之后，并没有真正地颁布实施，“抗战以来，县组织法及依县组织法而制定之法规，事实上已不适用，而县自治法及依县自治法所产生之法规，又未公布，以致县政与自治，均无统一之法令，可资依据。”④ 它实际成为自1929年《县组织法》颁布之后南京国民政府理想主义制度设计的最高点。

事实上，理想主义的制度设计并没有阻碍国民政府向现实主义过渡，此后地方自治的推行呈现出两种更加明确的方向：一是促使县区实验在更大范围内展开；一是加快地方自治与保甲制的融合。

① 《浙江民国日报》，1935年11月18日。

② 《内政年鉴》（第一编），一（2），上海书店出版社，1936，第278页。

③ 梁漱溟：《请办乡治讲习所建议书》，《国闻周报》1928年第5卷第35期，第1–2页。

④ 周钟岳：《新县制与地方自治》，《新四川月刊》1939年第1卷第7期，第20页。

（二）县区实验设计下的地方自治

南京国民政府初期推行地方自治的效果不佳是时人所公认的。“北伐完成以后，中央对于地方自治，迭经决议，颁行全国，奈所得结果，与中央及全国人民之所期望，不啻相距百倍。”① “为期已及二载，因内忧外患，颇少进展。”② 同时，大部分人把地方自治推行效果不佳的根源归结为不能集中人力、财力的缘故，因有设置自治实验区的倡议。胡汉民认为，孙总理并未讲在某一年全国一起办好自治，我们不妨“先求一省中有若干县份达到自治完成，或一县中有若干区份达到自治完（成）”③。在江苏省，有人指出，“政治的进展，无齐头并进的可能性，所以从六十一县中，指定相当县份，试办模范自治县，集中人才，限期办理，也许是促进县自治完成的有效办法。”④ 基于此，国民政府逐渐改变其推行地方自治的策略。

1931 年中国国民党第四届中央执行委员会第三十三次常务会议复有提议地方自治之进行改革注意各点案，其内容着重在择区实验，并设会研究。这是南京国民政府在齐头并进推行地方自治效果不佳之后，选择重点突破的开始。

就县区自治实验推行的主体来看，其主要分为两种类型：政府主导型、地方人士主导型。⑤

江宁自治实验县属于典型的政府主导型的自治实验。1932 年 6 月，蒋介石命令江苏省主席顾祝同用中央政治学校教授及毕业生办实验县。⑥ 7 月初，江苏省政府 509 次会议议决，以江宁为自治实验县，设县政委员会，聘罗家

① 张德善：《江宁自治实验县地方自治调查摘要》，《地方自治》创刊号，中国地方自治学会，1935，第 138 页。

② 徐幼川：《党员怎样协助推进地方自治》，正中书局，1944，第 13 页。

③ 胡汉民：《怎样训练县长》，《苏政》半月刊第 6 号，1930 年 7 月，第 8-9 页。

④ 《试办模范自治县》，《苏政》半月刊第 8 号，1931 年 1 月，第 2 页。

⑤ 王先明等人详细分析了江宁、兰溪、邹平、菏泽、定县五县的自治实验，指出了此次县政运动的四个历史特征：一是从县政建设运动的政治表现来看，政府主持下的国家力量和社会力量的竞争发展是这个运动的总体特征；二是从运动的经济表现来看，整理财政制度改良传统农业，重视乡村副业，在一定程度上推动乡村经济走向市场化是各种实验方式的共同特征；三是从县政运动的文化表现来看，在传统与现代、中国与西方文化之间采取兼容并蓄和借鉴融通的态度是运动的另一个重要特征；四是从县政建设的实验方式上看，将学术研究和政治建设相结合，是县政建设运动最为明显的特征等。王先明、李伟中：《20 世纪 30 年代的县政建设运动与乡村社会变迁——以五个县政建设实验县为基本分析样本》，《史学月刊》2003 年第 4 期，第 93-96 页。

⑥ 陈果夫：《苏政回忆》，正中书局，1951，第 14 页。

伦、陈立夫、叶楚伧、张道藩、余井塘、吴挹峰、梅思平、陈果夫、李范一等为委员，并以省府主席顾祝同为委员长，陈果夫为副委员长。以中央政治学校系主任梅思平为县长，并以该校毕业生为主干职员。其设立之目的，在完全推行三民主义、总理遗教学说、政纲政策等。

1933 年 2 月，江宁自治实验县正式成立，由江苏省政府颁布《江苏省江宁自治实验县组织规程》，其中规定“江宁自治实验县，直属省政府，其实验期时间，以四年为限”[①]。江宁自治实验县之最高行政机关，是实验县县政府，其可以处理全县行政，监督地方自治，并且可以发布县令，制定县单行规则。县政府受省政府及县政委员会之指导监督。县政府设县长（由县政委员会提请省政府任免之），秘书室，民政、公安、财政、教育、建设等五科。1935 年 11 月再设禁烟科，增为六科。[②] 江宁县长梅思平兼任秘书，统领县政。中央又在江宁县党政机关之上，组织设计委员会，“由中央组织委员会推派中委前往指导，其委员，则分由县长科长，县党部执监委员，中心小学校长，各区长代表等担任，使党政双方，合为一体，先就江宁一地做起，拟扩展推及全国各地。”[③] 自治实验县成立之后主要进行的工作为：裁局并科、整理财政、调查户籍、发展教育、注意卫生、改良生计等。

1933 年 10 月 12 日，陈果夫就任江苏省政府主席。对于江宁自治实验县，陈果夫的第一个动作是改组江宁县政委员会，增聘刘振东、叶秀峰、刘允衡为委员，以叶楚伧为委员长，吴挹峰为副委员长等。[④] 江宁自治实验县县级行政人员由政府直接委任，乡镇长的产生则是“由自治指导员择各该乡镇公民中之资格相当者加倍人数，呈报县府择委之”，并且乡镇长秉承县政府及自治指导员的命令，处理各该乡镇自治事务；村里长之产生，“仍握在乡镇长之手中，选举之法尚未实行”[⑤]。时人对江宁自治实验县所谓自治的评价是：“县政府之政权，系由上级机关所赋予，而非来自人民。然则自治之真义为何？”由此可知，江宁所谓的自治实验实则是纯粹的官治。

① 李宗黄：《考察江宁邹平青岛定县纪实》，正中书局，1935，第 8 页。

② 吴椿：《江宁自治县政实验》燕京大学政治学丛刊，第二十九号，第 6 页。

③ 李宗黄：《考察江宁邹平青岛定县纪实》，正中书局，1935，自序，第 3–4 页。

④ 吴椿：《江宁自治县政实验》燕京大学政治学丛刊，第二十九号，第 5 页。

⑤ 张德善：《江宁自治实验县地方自治调查摘要》，中国地方自治学会，1935，第 16–17 页。在乡镇长的产生问题上，张善德的说法与梅思平的说法有明显不同。梅思平是当局者，张善德是调查参观者，在当时情形下，作为第三者的张善德的言论似乎更加可信。

对于江宁自治实验县，陈果夫的评价是："实验县成立后，初办土地陈报，整理财政，得县党部上下全体同志之配合协助，确是得到很大的功效。"① 其成绩在李宗黄的报告中，也可以看到："以上两机关（县政委员会与设计委员会）与县政府，已于去年二月间先后成立，迄今一年有余，实验结束，以负责者之努力，若以数目字指出其工作成绩，则在财政收入上，由三十余万元，增至九十余万元。学校由九十所增至二百二十所，学生由三千人增至一万八千人，公安方面，亦肃清历来积弊，真正保护人民，其他如土地呈报，人口调查，道路水利农业合作仓库卫生等事项，皆有长足进步。"② 可见江宁自治实验县是取得一定成绩的。

但在经历了一个比较好的开头之后，江宁自治实验工作逐渐走下坡路。"以后就不见有什么好的成绩了。县长对于委员会也不大理会，其时南京各部都想做实验工作，县长都要去拉扯拉扯，又好管闲事，所以县政毫无中心，办了四年地方自治，不见成绩。"最终的结局是在创办四年之后，取消自治实验县的称号。③

在江苏省亦有不少党政机关合办的自治实验区。1934 年 1 月间，为促进地方自治起见，在江苏省党部的推动下，在镇江、丹阳、武进、无锡、吴县等各县各择一区为地方自治实验区，卓有成效后，再次第推行其他各县区。并拟定《江苏省自治实验区施行办法纲要》提经第十二次省党政谈话会决定通过。这种以苏南为中心的自治实验方案在中央颁布分区工作办法之后发生改变，江苏省共分为七区，每区设一中心县，省党部令每中心县设一自治实验区，集中人力和财力，进行自治实验，徐图推进。因此，后来改设自治实验区于武进、松江、宜兴、南通、江都、淮安、铜山等七县。④

从政府主导之自治实验区之区公所组织来看，其自治色彩异常淡薄。如区长由民政厅直接委任，受县长之监督指挥；区公所分股主任及助理员由区长遴请，秉承区长之命处理区务等。并不存在自治职员选举之说，选举权犹未能享有，其他各权更毋庸谈起，因此，所谓的自治实验并不具备任何自治

① 陈果夫：《苏政回忆》，正中书局，1951，第 14 页。
② 李宗黄：《考察江宁邹平青岛定县纪实》，正中书局，1935，自序，第 4 页。
③ 陈果夫：《苏政回忆》，正中书局，1951，第 14 页。
④ 《江苏省鉴》，成文出版社有限公司，1983，第 58 页。

的性质。[1]

还有一种自治实验区是地方人士主导型。如江苏省昆山县之徐公桥、镇江县之黄墟镇及中冷新村、吴县之善人桥及唯亭农村服务处、无锡之黄巷实验区、南汇县之界沟实验乡、上海县之愈塘民众教育馆及浦东劳工新村等皆属此类性质。甘乃光认为，这是“因为政府连年多故，对于地方自治不能充分指导进行，于是这种新农村建设运动，乃愈益发展”，其意图通过促进乡村组织、普及教育、发展生计、增进健康、改良娱乐等方式来完成地方自治。[2]其中，最为著名的则属自20世纪20年代以来兴起的乡村建设运动与国民政府地方自治实验汇合之后所形成的几个实验点，如晏阳初在河北的乡村建设实验、梁漱溟等人在山东的乡村建设实验等。

晏阳初在河北的乡村建设实验。南京国民政府时期，晏阳初在河北的自治实验是其平民教育运动[3]的延续。在20世纪20年代，晏阳初就在河北建立平教会，并把定县作为平民教育的实验点。1926年晏阳初在定县翟城村推行他的乡村教育计划，1929年平民教育总会迁往定县，在这里开展乡村教育的实践。晏阳初在河北定县推行的各项平民教育活动主要特点有：从农民的切身需求出发，着眼于小处。如减少通过饮用水传染的疾病，指导农民修建井盖与围圈，适时消毒灭菌；训练公立师范学生与平民学校学生进行免疫接种；训练助产士代替旧式产婆，向旧式产婆普及医学常识；建立各区保健所，培训合格医生；从平民学校毕业生中培训各村诊所的护士与公共卫生护士；为村民引入优良棉花和蛋鸡品种；组织成立平民学校同学会，建立村民自治组织；改组县乡议会，改造县乡政府等。

20世纪30年代初，晏阳初在定县的乡村教育实践得到国民政府民政部次长的肯定，并决定将晏阳初的经验向全国推广，先后成立了定县实验县、衡山实验县、新都实验县和华西试验区等乡村教育实验区。就定县实验县来看，其对县机构进行了较大的调整：

县的最基层组织为公民服务团。“全县人民皆为公民服务团团员，但依其年龄而分现役、预备、后备之三种。其中以现役为基干，因从其年龄，皆系

---

① 《江苏省鉴》，成文出版社有限公司，1983，第59页。

② 甘乃光：《中国地方自治事业进行近况》，《大陆》第1卷第5期，第4页。

③ 平民教育运动起源于晏阳初在美国创办的平民教育会，其最初目的是通过识字运动使华工能够往家里写信。后来晏阳初回国后，在河北建立平民教育促进会，推动乡村建设实验。

少壮分子，既无稚气又敢于有所作为也。更依其在学校（含公民服务训练班在内）之组织与学习之所专而分政务、教育、经济、保健之四组”。

其次为乡镇建设委员会。“实即所以代替地方自治组织中之乡镇执行机关所谓乡镇公所也。已往之乡镇公所不能实践其责任，固不待言。在以公民服务团为基础之县行政机构中，此一层机关，上之接受县政府之政令，下之主持服务工作，其职责尤为重要。参酌实际状况，于是定为乡镇建委会，设委员6人至12人，以容纳当地之有资望阅历者，而以本乡镇之小学教师为当然委员及秘书，以增其效率。委员会之正副主席一经选定，即由县政府加委为副乡镇长，以重其权。委员会之下分政务、教育、经济、保健四股，以与公民服务团之四组相应。”为了防止建委会滥权，特设乡镇公民大会，行使选举乡镇建委会委员、罢免乡镇建委会委员、复决乡镇建委会之议案、提出创制案于乡镇建委会、议决乡镇建委会提出之预算及决算等权力。

中枢机构为县政府。“县政府组织之合理化，不仅在裁局改科集中事权而已，尤在能集合实际行政人才与学者专家于一堂以共策进行。”“即须县政府设以县政委员会，于秘书长、科长等实际行政人员之外，另罗致一部分名誉职之学者专家，遇有要政兴革特请参与，盖必如是而后县府乃能得有高等学术人才之用，而又无其负担。”“县政委员会设委员7至11人，由县长商承研究院院长聘任之。此11人之中，1人兼任秘书长，5人分任各科科长，其余不管科委员5人。管科之委员，重在行政经验，不管科委员（为名誉职）重在专门学术，参与会议，提供计划，给予学术上技术上辅助。”

另外，为了加强县政府与下层机构的联系，还特设乡村建设辅导员，以行循环视导督促传达之责。对于县政府各科之职掌、农村建设辅导员之训练、表证示范各村的成立、乡镇建设委员会委员的选举等各项均有详细规定。

正是因为切实可行的计划、严谨细密的规定，使定县实验县取得不小的成绩：

首先，先后完成了以下调查工作：绘制定县实地测量地图、全县土壤调查、全县农作物产量调查、全县工业品之数量与价值调查、全县土产运销调查、定县输入货物调查、集市调查、借贷调查、物价调查、民众负担调查、地方自治调查、全县户口调查等。

其次，民众教育取得一定成就。如除盲运动，在1934年，全县472村，成立民校者有340村。民校共645所，其中，初级605所，高级40所。共开班次 842 班，其中，初级 799 班（男 506，女 293），高级 43 班（男 40，女 3）。学生总数达 21170 名，其中，初级男生 11674 名，女生 6927 名；高级男生 2406 名，女生 163 名。毕业情况：毕业班次共 434 班，其中，初级 393 班（男 259，女 134），高级 41 班（男 39，女 2）；毕业及格学生共 7639 名，其中，初级 6847 名（男 4518，女 2329），高级 792 名（男 718，女 74）。在 1935 年，全县成立民校 338 村。民校共 508 所，其中，初级 405 所，高级 103 所。班次 642 班，其中，初级 521 班（男 416，女 105），高级 121 班（男 108，女 13）。学生数共 10891 名，其中，初级男生 7335 名，女生 1624 名，高级男生 1709 名，女生 223 名等。可见效果是十分明显的。

第三，在村单位教育建设方面。主要工作有改进小学，设传习所，设公民服务训练班，设幼童园，试办广播无线电教育，置报时钟等。

第四，在经济建设方面。农业改良推广，包括 22 号改良大谷推广，棉花改良推广，小麦高粱推广，波支猪之推广；合作经济推进，包括合作教育，合作社组织系统建设，合作社实际运营等。①

最后，在保健工作方面亦取得显著成绩，见下表 4－3 所示：

表 4－3　保健工作取得的成绩

1. 医疗方面

保健院

住院病人数	55507
病人共住院天数	83
实施手术次数	201
出诊次数	103

资料来源　晏阳初：《平民教育与乡村建设运动》，商务印书馆，2014，第 181 页。

保健所

	治疗人数	新病人数
西建阳区	7501	1497
明月店区	5755	1622

① 晏阳初：《平民教育与乡村建设运动》，商务印书馆，2014，第 154－183 页。

（续表）

	治疗人数	新病人数
东亭区	7425	1473
李亲顾区	6320	1834
城区	15234	3051
西坂区	4371	1156
清风店区	7215	1981
马家寨区	3972	1005

资料来源　晏阳初:《平民教育与乡村建设运动》，商务印书馆，2014，第181页。

保健员

	用药次数
西建阳区（15人）	24645
明月店区（4人）	10340
东亭区（14人）	6389
李亲顾区（11人）	20744
城区（10人）	4857
西坂区（7人）	3136
清风店区（4人）	4806
马家寨区（4人）	9135

资料来源　晏阳初:《平民教育与乡村建设运动》，商务印书馆，2014，第181－182页。

2. 种痘

保健所				
年度	人数			
	初种者	男	女	共计
1933年春季	756	1754	694	2448
1934年秋季	9087	20893	9817	30710
总计	9843	22647	10511	33158

资料来源　晏阳初:《平民教育与乡村建设运动》，商务印书馆，2014，第182页。

3. 水井改良

西建阳区保健员改良水井 5 个
马家寨区保健员改良水井 4 个
李亲顾区保健员改良水井 12 个

资料来源 晏阳初:《平民教育与乡村建设运动》,商务印书馆,2014,第 182 页。

4. 小学卫生实验

学校数目	学生数目	卫生班次数	听讲人数	清洁检查次数	检查人数	体格检查人数	
42	2805	996	49349	996	49349	3008	
沙眼治疗次数	治愈人数	头癣治疗次数	治愈人数	牙齿检查人数	矫正牙疾人数	水井改良数目	厕所改良数目
95570	285	26162	268	1529	433	14	6

资料来源 晏阳初:《平民教育与乡村建设运动》,商务印书馆,2014,第 182 页。

5. 训练工作

协和医学院	42 人
湘雅医学院	11 人
上海医学院	2 人
中央大学卫生教育科	6 人
农村访导员	4 人
农村助理员	6 人

资料来源 晏阳初:《平民教育与乡村建设运动》,商务印书馆,2014,第 183 页。

根据定县乡村实验的过程来看,其范围并没有限制在某个领域,而是一个比较系统的全方位的乡村建设,正如晏阳初所言:“乡村建设是整个新社会结构的建设,并非是头痛医头、脚痛医脚的事,而是从根本上谋整个的建设事业,所有文化、教育、农业、经济、自卫等各方面工作都是互相连贯的,是由整个的乡建目的下分出来的,各方面工作的发展合起来就是整个乡建事业的发展。”① 看起来事无巨细,但因能够做到因时因地制宜,所以能够取得

① 《十年来的中国(二)》,《民国史料丛刊》(续编 0745),大象出版社,2012,第 50-51 页。

不错的成效。

梁漱溟等人在山东的乡村建设实验。山东乡村建设研究院是20世纪30年代乡村建设运动中最有影响的组织机构之一。1931年由梁仲华、梁漱溟等创办于山东邹平，梁仲华任院长，梁漱溟任研究部主任。该院初在邹平设“实验县”，后增设菏泽“实验县”。该院分乡村建设研究部、乡村服务人员训练部及乡村建设实验区三个部分，另设一个附属农场：

一、乡村建设研究部

研究部是高级研究机构，任务是研究乡村建设理论。它招收的对象是大专院校的学生，或者虽未取得大学文凭，但学识有相当根底者。这些人都作为研究生，学习一年，每期招四五十人。

二、乡村服务训练部

训练部的任务是训练到乡村服务的人员。招收的学员都是有相当中学文化程度的年轻人。因为他们毕业后，要去乡村工作，年龄一般不能太小，也不能太大，大都是二十岁左右。收的人数比研究院多一些，每期约三百人。

三、乡村建设实验区

为了实施乡村建设计划，经山东省政府同意，以邹平县为乡村建设研究院的实验区。这个县的全部事情都由研究院管，县长由研究院提名，省政府照提名任命。县政府的机构设置，行政区域的划分，完全由研究院根据需要决定。那时，各县县政府都设有四个局：民政局、财政局、建设局、教育局。改组了县政府，废去四个局，改为设置五个科。全县划分为十个区，县城内一个区，县城外九个区。①

研究部招收大学或大专毕业生，毕业后分配到实验区任职。服务人员训练部，招收中等文化程度的学生，训练服务工作人员。实验区则管理县政。1933年，梁漱溟接任院长后，结合南京国民政府推出县区实验的举措，对乡村建设实验区加以变动，“适用内政部呈奉国民政府行政院核准颁布之各省设立县政建设实验区办法，将原实验区改为县政建设实验区，乡村建设实验工作即包含在内。”梁漱溟规定县政建设实验区的任务主要有三：“（甲）自县以下之地方行政改革实验：此包括行政制度之改革，及各项行政之讲求刷新，未举办者如何次第举办等。（乙）自县以下之地方自治之推行实验：此包括下

① 梁漱溟：《乡村建设理论》，商务印书馆，2015，第468页。

级地方自治之推行，以迄县自治完成。（丙）县境内之社会改进实验：此包括产业振兴，经济进展，民智开发，风俗改善。”根据这些任务，梁漱溟进一步提出乡村建设研究院的人事权要进一步扩大，如实验区各县政府直接受研究院监督，县长由研究院向省政府荐任，县长以下各级行政人员由研究院委任，实验区各县行政机关由研究院根据实际情况加以改组，实验区各县工作计划完全由研究院制订等。

因邹平、菏泽实际情况不一样，所以在两地推行自治实验的过程中情形也有所区别，如组织机构改革部分，“邹平将原有区公所乡镇公所废掉，而分别设乡学村学，意在以教育工夫引进自治。菏泽则废区划乡后，各设乡农学校，正在藉行政力量作教育工夫。”在自治事务方面，因邹平棉业已具规模，且品种优良，“因在邹平是棉业改良推广及其运销合作组织”。菏泽匪患比较厉害，因“在菏泽是训练农民，使为乡村自卫的办法”。这样做，的确是做到了因地制宜。[①]

总体来看，就地方人士推动的自治实验来看，其成效明显比官厅主导的自治实验好，乡村建设运动就因为其显著的成绩而在政府方面、社会方面、教育方面形成了重要影响，使人们对乡村社会结构的调整与完善产生了新的希望。[②]

综上所述，自治实验区的创办打破了国民政府初期推行地方自治毫无成就的局面，这与当时政府能够集中人力、物力的政策息息相关。就江宁实验县来说，该县所荐举的干部多是来自中央政治学校的教授与学生，他们对于现代政治理论，学有专攻，因而能够制定较为缜密的政策。从自治实验经费上看，江苏省为提高江宁实验县的成效，将历年缴解省库之各项税收，除用充教育专款之省附税外，悉数划为县税。[③] 基本确保自治经费不被大量挪用，也就确保了实验的效果。“本省各县地方自治工作，虽少成绩；但间或少数县内，设有自治实验区，尚有相当成效。”[④] 而民间人士主导的地方自治实验则

---

① 梁漱溟：《山东乡村建设研究院最近工作概况》，《农村经济》1934 年第 1 卷第 10 期，第 91-93 页。

② 《十年来的中国（二）》，《民国史料丛刊》（续编 0745），大象出版社，2012，第 55-57 页。

③ 谢清：《江宁自治实验县县政府实习总报告》，南京图书馆藏，民国二十二年十一月（手抄本）。

④ 《江苏省鉴》，成文出版社有限公司，1983，第 34 页。

更能够根据各地实际情况，结合地方人们的实际需要，提出具体举措，因此更容易取得成绩。

但是自治实验的效果并不能被无限夸大，与前一段时间比较而言是有进步的，但是与预期的效果仍有不小的距离。其中最主要地表现在自治实验过程中自治行政人员的产生问题、自治行政的决策问题。无论是官方主导的自治实验，还是民间主导的自治实验，都不存在选举之说，更没有多数决定自治事项之说，此与民众权利意识的训练与培育并无多少关系。所以，自治实验虽然多了具体成绩，但自治精神的熏陶仍无明显进步。

在自治实验区创办的过程中，中央政府对地方自治政策又有多次修正。1933 年 5 月，中国国民党第四届中央执行委员会第七十一次常委会鉴于各级党部对地方自治指导，多未重视，而各地党员及民众，亦未一致参加工作，从而导致各地地方自治成绩之不佳。因而特别制定地方自治指导纲领，内政部亦订有各省县市地方自治改进办法大纲。1934 年 2 月 21 日中央政治会议第三百九十六次会议又有改进地方自治原则之发布，该会议决将内政部改进地方自治五项原则删定为三项，交由国民政府公布施行，其中规定："确定县与市为地方自治单位。县为一级，县以下之乡镇村等均为一级，直接受县政府之指挥监督。市为一级，市以下如有乡镇村则均为一级，其组织与县同。在地域、人口、经济、文化等情况特殊之处，得立为特例，设区为自治行政区域。"因此，政府有将自治级层中之区级自治单位取消的意思。[①] 是年 3 月，内政部又颁布改进地方自治原则要点的解释，将地方自治团体组织系统做了更加详细的规定："县为一级，乡镇村为一级，系两级制，在情形特殊之处，可立特例，设区于县与乡镇村之间，为自治行政区域，……市为一级，系采用一级制。但市以下如有乡镇村者，得为一级，此为变例，非必须设立者。"[②] 这一改革标志地方自治将由县—区—镇乡—闾邻四级制变为县—镇乡村二级制（或市—镇乡村二级制）。

1935 年 11 月，在中国国民党第五次全国代表大会上，对此前一段时间的地方自治实施状况及成绩进行总结，其中说到"全国一千九百余县中，在此训政将告结束之际，欲求一达到建国纲领之自治程度，能成为一完全自治之

① 蔡鸿源主编：《民国法规集成》，黄山书社，1999，第 141 页。

② 罗志渊：《区政改革检讨》，《江苏民政》第 2 卷第 3、4 期合刊，1935，第 42-43 页。

县者，犹杳不可得，更遑言完成整个地方自治工作，爰有切实推进地方自治，完成训政工作案。”[①] 由此评价可见国民政府对此前一段时间所推行之地方自治的效果是相当失望的。

另外，南京国民政府初始时雄心勃勃的自治计划因为人、财等客观因素的影响，不得不从全面推进收缩到重点试验，这一战略收缩导致地方自治多变成官方的自治实验。实际经历了一个民治精神逐渐减弱，官治意味不断加强的过程。虽然也有部分精英人士试图依靠民间力量进行真正的自治试点，但其也仅仅成为官治花圃中的几点点缀，难以形成大的气候。并且这点点缀也随着全面抗战到来而被收纳到政府的既定轨道，沦为国民政府县政建设的一般事业。[②]

二、地方自治与保甲制的融合

（一）新保甲制的由来

保甲制度，简而言之，即“共同担保，共同责任之制度”。[③] 该制度“始于周朝，而备于宋代，降至元明清诸世”，[④] 至宋代王安石保甲法，始有保甲之名，所谓“十家为保，有保长，五十家为大保，有大保长，十大保为都保，都保有正副，为保丁者许自蓄弓箭，共习武艺”等。[⑤]

南京国民政府时期，最早提出恢复保甲制的文献是1929年13日蒋介石的通令，其文曰：

> 各省府主席勋鉴，近来各省长官，鉴于土匪之不易剔除，辄以为军队单薄所致，常谓非有若干之兵力，不能维持某处之治安，此种心理，实为谬误，以兵治匪，仅为治标救急之图，决非正本清源之计，有时匪患猝至，诚非调集部队，迅速进剿，不易扑灭，然常有兵至则匪去，兵去而匪又来者，清匪之道，实有别在，无纪律之兵，不独不能清匪，且足以驱民为匪，有纪律之兵，亦仅能止匪之扰害，不能绝匪之根株，军队集中训练，则配布难周，仍

① 荣梦源主编：《中国国民党历次代表大会及中央全会资料（下）》，光明日报出版社，1985，第325-328页。

② 王先明：《民国乡村建设运动的历史转向及其原因探析》，《史学月刊》2016年第1期。

③ 闻均天：《中国保甲制度》，直学轩，1933，第1页。

④ 郎心如：《推行保甲制度之研究》，《文化建设月刊》第2卷第12期，第62页。

⑤ 闻均天：《中国保甲制度》，直学轩，1933，第10页。

易为匪所乘，分散布防，则纪律易驰，且将与匪同化，故以兵治匪，乃不得已而为之，非可恃为长治久安者也。欲绝匪之根株，仍宜由举办保甲，清查户口入手，使人民能自动防匪，而匪徒不能混迹于乡村城市之中，兹由政府颁布乡镇自治施行法，及清乡条例，并限期清查户口，通令各省办理，应请各省政府，严切责成各县长，限期三个月，至多半年，将全县保甲，一律办竣，同时亦将户口调查清楚，列为考成……①

其中主要论及以军队剿匪之不易，有必要建立保甲制度以补军队之不足。但是国民政府的这次训令并未能得到广泛的响应，保甲制的真正推行是从剿匪区开始的。1932年8月，蒋介石在豫鄂围剿共产党，重新在剿匪区内推行保甲制度，因其对于维护社会治安成效显著，于是国民政府通令各省尽先举办。之所以将南京国民政府所推行之保甲制度称作新保甲制，主要是因为它所推行的保甲制在形式上、功能上以及在基层社会权力结构中的地位，都与传统的保甲制有所区别：

从形式上看，南京国民政府之保甲制是把保甲融入地方自治组织之中，如由“县—区—乡镇—闾邻”变为“县—区—乡镇—保甲”。这种嫁接的方式是南京国民政府的一个创造，也是国民党推行地方自治的一大特色。

从功能上看，南京国民政府所推行之保甲制度从传统的“‘联保相劝’‘连坐相纠’的被动防范功能，转变为‘稽查匪类’‘捕拿匪盗’‘严防反革命煽乱’等主动出击功能。”② 如闻均天所论，今日保甲制之推行，“变他动自治之性质，而为自动自治之性质”。③《江苏省清查户口编组保甲规程》第一条即开明宗义：“江苏省政府为安定社会，充实民众自卫能力起见，特举行清查户口编组保甲。”④ 江苏省民政厅所编《江苏省保甲总报告》亦强调：“保甲之效，语其末，则肃清匪源，增强自卫；溯其本，则组织民众，推行政令，训练四权，促成自治，胥有赖焉。”⑤ 这种变被动为主动，在实现自卫的

---

① 《蒋主席通电各省政府，训示肃清匪共根本计划，限期举办保甲清查户口》，《中央日报》，1929年9月15日。

② 王先明：《辛亥革命后中国乡村控制体制的演变——民国初期的乡制演变与保甲制的复活》，《社会科学研究》2003年第6期，第112页。

③ 闻均天：《中国保甲制度》，自序，直学轩，1933，第9页。

④ 郎心如：《推行保甲制度之研究》，《文化建设月刊》第2卷第12期，第62页。

⑤ 《江苏省保甲总报告》，《江苏保甲》半月刊第2卷第6、7期合刊，第7页。

前提下推进自治，是国民政府的一般思路。

从其在基层政权权力结构中的地位看，南京国民政府时期的保甲制是国民政府官僚体制的末梢，其各项工作不过是执行政府之政令而已。王先明认为，“与清代国家权力不直接延伸到县以下的状况有所不同，国民政府将保甲完全纳入其行政权力系统之中，构建了县政府—区公所—乡（镇）公所—保—甲—户的权力机制”，[①] 可谓一语道破。

为什么选择保甲制度？保甲与自治又有哪些联系？闻均天的解释是，“‘保甲’二字之文义，自其外形上观察，则有保卫，保守，保任，或坚甲御侮之性质。若自其制度上之精神以论，则保为编户之政，甲为编伍之政，合二者政制而言之，即是一种保甲制度。……综其精义，实不外‘守’与‘助’两种意义之引申。若诠释其要义，则云保甲，乃为人群以图生存为目的之守助方法之组织，吾国古时人民与政府合力维持治安之制度。其狭义可称为保卫政策。其广义实为地方自治制度之阶梯。”[②] 这为保甲制度的重新出台提供了理论上的支持。

更为重要的原因则在于当时社会混乱、盗匪横行的现实。南京国民政府建立之初，社会秩序处于严重的动荡状态。如江苏各县除受军事政治的影响外，还遭遇严重的水旱风灾，以至于“人民流离，百业凋离，以致农村破产，伏莽潜滋，自治事务之进行，益感困难，训政六年之限期瞬届，而本省自治之完成，则遥遥无期”[③]。以江北地区而言，匪患极为严重。“屠村夺寨，视为固然！越货杀人，尤为惯见！淮徐海十七县已无一片净土矣！”[④] 即使是比较安定的江南地区，“但结伙持械，横行市井之徒，亦几层出无穷，司空见惯”[⑤]。而“欲求自卫，必有严密之组织；欲求生产，必赖有严密之组织”，因此，当局开始乞灵于保甲制度，“独于保甲，其制尤严密于闾邻，其用尤广于闾邻。行之有素，人人能知之，人人能行之，此其所以暂置闾邻而改办保甲，以为推进自治之具。”[⑥] 当论及保甲与自治的关系时，胡彦云把保甲视为

① 王先明：《辛亥革命后中国乡村控制体制的演变——民国初期的乡制演变与保甲制的复活》，《社会科学研究》2003 年第 6 期，第 112 页。

② 南通县教育局编：《南通县各小学保甲周实验报告》，南通县墨林印书局，1935，第 40-41 页。

③ 《绪言》，《江苏保甲》半月刊第 2 卷第 6、7 期合刊，第 1 页。

④ 《江北匪患治标办法》，《江苏公报》1927 年第 4 期，第 19 页。

⑤ 张溪愚：《保甲制度与社会治安的关联》，《人言周刊》1934 年第 26-50 期，第 1008 页。

⑥ 胡棘园：《保甲之新三论》，《江苏保甲》半月刊第 2 卷第 2 期，第 8 页。

地方自治中最重要的工作，认为其“在消极方面要摧毁一切既有的危害民众的反动势力；在积极方面更在防止一切封建势力与恶劣分子的发生，使社会得到永远的安宁，地方自治工作可以顺利地进行以趋于民权普及民生发展的途径”①。也就是说，保甲制能够为地方自治提供一个相对稳定的社会秩序，如果坚持地方自治的本位，则两者可以在一定阶段内相得益彰。徐幼川认为，保甲人才、经费的困难只有通过地方自治才能得到妥善解决，离开自治本位，保甲制将无意义。② 如此，将保甲融入自治组织，则成为国民政府的既定方针。

第三，保甲制的重新推行与南京国民政府初期推行地方自治的失败有着密切的联系。就江苏省来看，“自治组织虽能完成，自治实效尚鲜表现。”③ 余井塘认为，江苏省举办地方自治，已经历时五年。但各县自治事业，均未能如期推进，各级自治机关亦多形同虚设。④ 为了改变这种自治推行不力的情形，国民政府决定通过推行保甲制以奠定地方自治之基础。通过实施保甲制度，恢复社会秩序，扫除建设的阻力，最终完成地方自治。⑤ 又地方自治推行不佳的原因之一是因为基层民众组织力太弱，因此，“在今日我国文化低落，民生凋敝，盗匪如毛的社会，自治联系既不密结，事权又不集中，非特不能收统一指挥之效，且将形成散漫无纪之弊。似此情形，与其行不彻底不着实际的自治，莫如先行官督民治的保甲制度，再由官督民治进而为官民合治，由官民合治以达真正自治的完成，较为有效。”⑥

另外，乡村传统社会生活模式的延续是其抬头的重要前提。王先明认为，20 世纪初期中国社会的剧烈变动对乡村社会的影响其实是很有限的，“中国乡村的社会结构和经济生活依然是传统的模式”，“乡村社会结构的稳定性，使其仍然保留了传统生活模式的特性，这一特性即构成保甲制实施的现实条件”。⑦

---

① 胡彦云：《地方自治中的保甲问题》，《中央导报》1931 年第 7 期，第 143 页。

② 徐幼川：《党员怎样协助推进地方自治》，正中书局，1944，第 91 页。

③ 《绪言》，《江苏保甲》半月刊第 2 卷第 6、7 期合刊，第 1 页。

④ 余井塘：《一年来之江苏民政》，《江苏月报》第 3 卷第 1 期，1935，第 11-12 页。

⑤ 花寿泉：《保甲制度的研究及其评价》，《江苏月报》第 3 卷第 3 期，1935，第 4 页。

⑥ 张毅忱：《保甲与地方自治》，《江苏保甲》半月刊第 2 卷第 3 期，第 7 页。

⑦ 王先明：《辛亥革命后中国乡村控制体系的演变——民国初期的乡制演变与保甲制的复活》，《社会科学研究》2003 年第 6 期，第 113 页。

综合以上四点，把保甲制融入地方自治似乎成为顺理成章的事情。

（二）保甲制植入地方自治的两种形态

程清舫将当时各省的保甲制度分为两种类型：赣豫鄂皖闽等省为一类，其保甲层级为：县—区—联保—保—甲—户；苏浙湘为一类，其保甲层级为：县—区—乡（镇）—保—甲—户。前面一种主要用于剿匪区，基层自治组织基本取消，后一种则用于较为稳定的地区，保甲则与以前的自治组织相衔接。[①] 如江西省不设乡镇长等自治职，而是在保甲长之上设立联保主任，有人把这种方式称之为“纯粹保甲制度”[②]。江苏则不同，其继续设立乡镇长，乡镇长既是自治职务，又是保甲的监督者。“松亭”则把保甲与自治的融合称之为“化合”，其方法不外是把县区乡镇的三级组织改为县乡镇二级制；以保甲代替旧有的闾邻制度；县下设自治指导员指导各乡镇自治工作；保甲专门办理保甲事务，而乡镇在办理自治事项的同时，对保甲实施监督等。[③] 以下则以江西、江苏为例分类进行梳理。

1931 年间，共产党势力蔓延至河南、湖北、江西、福建等省，军事委员会南昌行营为了早日扫除共产党势力，首先在江西等省推行保甲制度，并为此颁布《保甲规约》等法令法规。在抗战前，江西省保甲制度的推行具体情况如下：

1. 保甲编制与户口编查。1934 年 4 月，经南昌行营核准，江西省颁布编组保甲实施办法，其与《保甲规约》略有出入，如“不采十进法，而以十户至三十户为一甲，十甲至三十甲为一保，”原因则在于十进制原则仅适用于农村而不适用于城市，“农村居民散漫，组织愈小则愈严密”，“都市地方既较农村地方狭小，而人口又稠密。”这种并不完全一律的规定，使江西的保甲组织更具有弹性。

户口编查则由各县县长监督。编查手续为：编定及清查门牌（由甲长执行）——按月复查，每月至少一次（由保长执行）——按季抽查，每季至少一次（由区长执行）。清查户口的具体方法为“按编定户口的各户，挨次发给了门牌，叫每一个住户依照式样查填，张挂在户外易见的地方，不得遗失，

① 程清舫：《现行保甲组织系统的检讨》，《是非公论》第 39 期，第 8 页。

② 程方：《论保甲教育》，《是非公论》第 45、46 期，第 17 页。

③ 松亭：《保甲制度与地方自治》，《半月评论》第 1 卷第 20 期，1935，第 14 页。

或是毁损”等。

2. 保甲长的产生。户长“由该户内的家长担任，如果家长因为特别事故，或是女性的家长不愿充任户长，可以指定行辈较次的一人任户长；一户有两家以上的时候，由各家共推一人为户长，或是各家各立一户长。”甲长“由各甲内各户长公推”，保长由“各保内各甲长公推”。以下五种情形不能充任保甲长，“1. 年未满二十岁者；2. 非本地土著者；3. 有危害民国行为曾受处刑之宣告者；4. 褫夺公权尚未复权者；5. 曾为赤匪胁从虽邀准悔过自新，而尚在察看管束期间者。”至于保甲长的推定或变更，则层层递进，如甲长“由甲内的户长联名报告到保长”，保长“由保内的甲长联名报告到区长”等。“甲长由区长加给委任，呈报县长备案；保长则由区长呈报县长加给委任，同时由县长把所委任的保长呈报直辖的专员公署，民政厅和全省保安处备案。”可以看到，江西省对保甲长的任命问题是十分重视的。另外，政府对保甲的控制进一步体现在县长在保甲长任免时的关键作用中，如“县长如查明保长和甲长不能胜任，或认为有更换的必要时，得叫原公推人另行改推；区长如果查明保甲长有前项情形时，也可呈请县长核准，另行改推；原公推人认为有上项情形，亦可联名呈明区长转呈县长核准改推”。

3. 保甲规约。保甲规约主要包括两部分内容：一是关于保甲名称和区域；编制门牌和调查户口；境内出入的检查和取缔；水火风灾的警戒和救护；匪患的警戒通报和搜查；防匪碉楼堡寨或其他工事的筹设；过境公路干线或本处应有支线的修筑，电杆桥梁和一切交通设备的守护。二是关于保甲职员和住民职务的处罚；保甲人员的赏恤；保甲会议以及其他有关保持地方安宁秩序的必要事项等。其中，防匪和防御工事等属于保甲任务中的重中之重。连坐制度在规约中有进一步强化的趋势，“除了一律加盟保甲规约外，应该联合甲内他户户长至少五人，共具联保连坐切结，声明结内的各户，互相劝勉监视，绝无通匪或纵匪的情事，如有违反的，他户应即密报惩办，倘瞻徇隐匿，各户就负连坐的责任。”这进一步体现了保甲制度是针对当时社会不靖的现实。

4. 保甲长的职责。保长的职责是承区长的指挥和监督，负责监督甲长执行职务，辅助区长教戒保内住民毋为非法的事体；协助军警搜捕匪犯；察看管束曾经参加反动的人，或曾受共产党势力胁从而现已表示悔过自新的人，以及处罚违反保甲规约人；督率保内应办地方防御工事的设备或建筑；执行规约上的赏恤和处理怠职的罚金，预算决算的编制，其他依照法令或保甲规约上保长应该执行的事项等。

甲长的职责是承保长的指挥和监督，办理辅助保长所执行的职务；清查甲内的户口，编制门牌，取具联保连坐切结，检查甲内奸匪和稽查出境入境的人民；辅助军警和保长搜捕匪犯；教戒甲内住民，毋为非法和其他依法令或保甲规约的规定应由甲长执行的事项等。

户长的职责是倘见有形迹可疑的人潜入，流客寄宿和辞别，或家人出外作经宿的旅行和归来，以及生老病死等情形都要及时向甲长报告。

5. 保甲经费。保甲经费向住民征集。保甲长办公处的收入为谷产捐、祠产捐、住户捐，支出有书记津贴、会议茶饭、办公杂费、因公旅费和出队伙食；变乱不靖的地方，可以向县库请求补助。地方原有公款和财源，经保甲会议决议，可以尽先移作保甲经费，但与地方互有抵触时，当拟定分配办法，由区长转报县长核定。保甲中的职员都是无给职，但书记可给以最低的生活费。壮丁对协助军警抵御匪患时，可以发给必要的给养。收入的保甲经费，除编造预算决算清册，经区长转报县长核查外，并按月将收支实数列表。区办公处的经费主要是由七成自治附税酌量支给。[①]

截至 1935 年，江西全省共编保甲 269066 甲，26584 保，2648 保联，461 区。

与江西相比，江苏省的情形有所不同。

1934 年 2 月，江苏省参考新旧成规，制定清查户口编组保甲规程，举办保甲。[②] 程清舫认为，“江苏筹备实行保甲时，是先从改划自治区域着手的，其用意是使自治区域，兼须适合于保甲之编制；保甲区域，并须便利于自治之推行。”[③] 江苏省将保甲融入地方自治组织的时间较早[④]，其宣传动员从 1933 年冬天就开始了，1934 年 4 月 1 日正式推行，“自治组织中之闾邻，亦废止而替以保甲。”[⑤] 从 1934 年 2 月至 1937 年 1 月间，江苏省委会与民政厅

① 震洲：《江西保甲制度的检讨》，《江西统计月刊》1940 第 3 卷第 11 期，第 4–8 页。

② 胡棘园：《苏省举办保甲之由来》，《江苏保甲》半月刊第 2 卷第 5 期，第 2 页。

③ 程清舫：《现行保甲组织系统的检讨》，《是非公论》第 39 期，第 12 页。

④ 武乾认为，直到 1936 年 8 月，行政院才有正式文件，决定以保甲代替闾邻，实行保甲与自治组织的部分兼容。武乾：《南京国民政府的保甲制度与地方自治》，《法商研究》2001 年第 6 期，第 120 页。

⑤ 江苏省民政厅编：《江苏省保甲总报告》，镇江江南印书馆，1936，序二，第 3 页；正文，第 2 页。

相继颁布多项保甲法令法规，以为推行保甲之依据。如《江苏省清查户口编组保甲规程》（1934 年 2 月 13 日省委会议决通过），《江苏省县保甲督察员服务规程》（1936 年 8 月省委会核准备案），《江苏省县保甲督察员训练纲要》（1936 年 5 月省委会议决通过），《江苏省保甲督察员训练纲要实施细则》（民政厅公布），《江苏省保甲督察员服务规则》（民政厅呈请省府备案），《江苏省各县保甲人员守护交通设备暂行办法》（1936 年 10 月省委会议决通过并公布），《江苏省各县乡镇保甲长推选补充办法》（1936 年 11 月省委会议决通过，1937 年 1 月修正），《江苏省各县整理保甲办法》（民政厅呈请省政府备案公布），《江苏省各县乡镇保甲长训练大纲》（1937 年 1 月省委会议决通过施行），《江苏省乡镇长训练所规程》（1937 年 1 月省委会议决通过），《江苏省保长训练所规程》（1937 年 1 月省委会议决通过）等。①

就江苏省保甲制的推行程序来看，其主要分为四步："筹备—编查—训练—运用"。根据江苏省政府制定的《各县清查户口编组保甲限期进度表》，其全部开办工作分为筹备、编组、清查三个时期，"并分别限期进展，以观厥成，务使节节依次举办，事事前后衔接。"在人力、财力的支配上，因为区公所原有职员不敷调用，所以批准各县遴派编查委员进行协助。在创办之初，各县县长未必尽合机宜，或者未尽明了保甲意义与编查方法，因特别由省分派编查委员分别讲习。各县还分别指定保甲编查费，保甲教育费，保甲经常费，规定预算标准，并一律呈省核实确定。每县清查户口完竣，即由省通令接办户口异动查报，因地方户口异动频繁，或查报未尽确实，或因故而未能举办，则在规定户口抽查办法之外，再举行全省户口总复查加以补救。其他如保甲人员之训练，保甲运用之原则，亦各有规定，并由省督饬各县按照规定举行训练，切实运用。江苏省保甲自 1934 年 3 月开始筹办，1935 年底一律完成。②

在保甲实际编查的过程中，一般是先编组保甲，后清查户口：

第一，编组方法。以户为单位，设户长，十户为甲，设甲长，十甲（城区以二十五甲）为保，设保长，五保至十保为一乡镇。编余之户，不满一甲六户以上者，得另立一甲，五户以下者，并入临近之甲。编余之甲，不满一

① 内政部统计处编：《保甲统计》，1938，第 103 页。

② 胡棘园：《苏省举办保甲之由来》，《江苏保甲》半月刊第 2 卷第 5 期，第 2–3 页。

保六甲（城区十五甲）以上者，得另立一保，五甲（城区十四甲）以下，并入临近之保，每保只应有一个编余之甲，每乡镇只应有一个编余之保。如果一甲内有五个空户以上，则变通增加甲内之户数，但以增至十五户为限；若接连空户有十户以上，仍保留其甲之次序。平时无人居住之祠堂庙宇，仍以一户计。城乡都有亲属，其户主轮流同居者，以两户计，在调查户口时，加以注明，以免重复。每户确定户长，依次推定甲长、保长、乡镇长，并设立甲长办公处、保长办公处、乡镇公所、刊发保长乡镇长图记。编户完毕，即开始清查户口。

第二，清查方法。对普通户及船户的调查项目有户长与其亲属及同居者之姓名、性别、是否嫁娶、年龄、籍贯、教育程度、有无废疾、居住年数、现住或他往、职业、家中有无枪械、亲属与户长之称谓、同居者与户长之关系等；对寺庙的调查项目有户长与其徒众，常住及雇工之法名或姓名、性别、年龄、籍贯、教育程度、居住年数、现住或他往、剃度年月日等；对公共处所之调查项目有主管人姓名、办事人员之男女数目、其他人员之男女数目、雇工之男女数目、共计之男女数目等；对外侨住户调查项目有户长姓名、性别、年龄、国籍、职业、发给护照机关、居住年月、家属人数、同居人数及其与户长关系等。在编查户口之初，因为各县原有区乡镇区域划分过细，不得不重行整理，又因属于初创，乃分期召集各县县长进行讨论，并且，特设编查委员，由各县县长召集区长，区助理员及编查委员一并讲习调查之法。另外，加强对民众的宣传等。各县保甲编组、清查完成后，即开始接办户口异动登记，其主办人员，如果城区及市镇已设有健全的公安机关，则由公安机关主管办理，区乡镇保甲长进行协助；未设公安机关的，或者公安机关尚未健全的地方，均由乡镇保甲长负责办理，由县派户籍警协助办理。[①] 从以上编组保甲的程序看，国民政府等于在基层社会编织了一个庞大的网，每个人则成为网中固定的结，如果严格执行，势必产生牵一发而动全身的效果。

因为江南、江北情形各殊，江苏省办理保甲的进度采取先江北，后江南的顺序。江北的南通、盐城、淮阴、东海、铜山五行政督察区所属各县，先分三期进行：第一期定为三十日，在此一时期内，由县长主办筹备工作，如整理自治区域，选择区公所地点，选任区长及助理员，刊发区公所钤记，制

① 内政部统计处编：《保甲统计》，1938，第2-3页。

订编查经费预算，编造各区总预算，遴选并分配编查委员，召集区长助理员、编查委员会开讲习会，决定挨户编号日期，及一切宣传事项，等等。县长并须亲赴各区加以巡视。第二期为五十日，在此一时期，由县长督饬区长及编查委员分别办理编组保甲各项工作，如挨户编号粘贴门牌，确定户长，推定及委任保甲、乡镇长及乡镇公所事务员，设立乡镇公所及保甲办公处，召集户长及保甲、乡镇长及事务员讲习，刊发乡镇保甲长图记，印制表册切结门牌各事项等。在此一时期，县长亦须亲赴各区巡视。第三期为四十日，在此一时期，由县长督饬区乡镇保甲长及编查委员分别办理清查户口及其他各项工作，如决定编查日期及程序，颁发表册切结门牌，并指示填写方法，查填户口调查表，换给木质门牌，核造区户口统计表，登记民有枪炮，查报壮丁人数，签订保甲规约，取具联保连坐切结，绘制保略图，及关于抽查各事项等。县长仍需亲赴各区巡视及讲演。

从保甲编查程序的详细程度看，县长在每一期工作中的作用，都可以感觉到国民政府对推行保甲制的重视。另外一个明证则是区长的任免直接与保甲办理的成绩挂钩：成绩优良，准予加委；成绩平常者，准予代理，留职查看；成绩毫无者，即予撤职。①

因为江北五行政督察区保甲办理卓有成效，江南及江都区所属各县则赓续办理，“吾苏自二十三年举办保甲，先推行于铜山、东海、淮阴、盐城、南通五行政督察区所属二十七县，无论江南江北人士，莫不称之曰便。”② 只是其程序及进度有所修正：

一、关于整理自治区域及遴委区长助理员各事项，前订之限期进度表系列入第一期工作。江南及江都区所属各县举办保甲，后于通盐淮海铜五行政督察区所属各县，所有整理自治区域及遴委区长助理员各事项，早经办理完竣，毋庸再行列入。

二、关于刊发乡镇长图记各项，前订之限期进度表系列入第二期工作，江南及江都区所属各县，亦早经办竣，毋庸再行列入。

三、关于印制表册门牌切结，前订之限期进度表系列入第二期工作，但通盐淮海铜五行政督察区所属各县，往往因印制过迟，赶办不及，故改列入

① 《自治区长须保甲编组完成后考核成绩后加委任》，《苏民新闻》，1934。

② 胡棘园：《保甲之新三论》，《江苏保甲》半月刊第2卷第2期，第5页。

第一期工作。

四、前订之限期进度表，第一期之期限为三十日，第二期期限为五十日，第三期之期限为四十日。江南及江都区所属各县，因整理自治区域等繁重工作，业经办竣，筹备事务较简，故将第一期之期限，缩短为二十日。又以第三期工作繁重，期限四十日，似嫌过促，故将第三期之期限，延长为五十日。①

根据此一时间表可以看出，江南保甲之推行更多地继承了前期地方自治组织办理自治的成绩。这在一定程度上反映了江南地方自治水平高于江北，并且江南有进一步把地方自治作为重点来推行的可能。

根据江苏省民政厅的统计，1935 年 1 月至 10 月该省自治、保甲同时办理，成绩则主要在完成自治区域的整理、继续编组保甲等方面。

首先，就各县自治区域的整理来看，截至 1934 年底，乡镇自治区域已有丹阳等 54 县呈报，1935 年 1 月份继续呈报并经核定者，有吴江、南通、泗阳等三县；2 月份则有海门、崇明、灌云等三县，至此，除江宁实验县外，本省各县自治区域整理完竣。各县自治区域划定后，陆续造送区乡镇地图及调查表。2 月份呈报经核准备案者有金坛、宜兴、溧水、江阴、昆山、吴江、南汇、宝山、仪征、如皋、淮阴、东海、丰县、邳县等十四县；3 月份则有溧阳、丹阳、镇江、无锡、太仓、金山、奉贤、青浦、泰兴、高邮、六合、江浦等十二县；4 月份则有南通、启东、阜宁、兴化、泗阳、涟水、沭阳、萧县、睢宁等九县；② 5 月份有海门、淮安、灌云、砀山等四县，6 月份有川沙、扬中、上海、盐城、宝应等五县；7 月份有常熟、松江、靖江、宿迁等四县；8 月份有嘉定、泰县二县；9 月份有句容、武进二县。③ 至此，已经有 52 县将乡镇地图及调查表送厅备案。

其次，就编组保甲来看，2 月份有东海、灌云、沭阳等三县呈报完成第三期工作，涟水县完成第二期工作，江南及江都区各县则正在赶办第三期工作。3 月份，南通、盐城、淮阴、铜山、东海等五行政督察区所属各县，除涟水一县尚在办理第三期工作外，其余均已完成第三期工作。江南及江都区各县据

① 《江苏省保甲总报告》，《江苏保甲》半月刊第 2 卷第 6、7 期合刊，第 12–13 页。

② 《民政厅行政工作概要》，《江苏民政》第 1 卷第 2 期，1935，第 10 页。

③ 《民政厅行政工作概要》，《江苏民政》第 1 卷第 3、4 期合刊，1935，第 3 页。

报已完成第三期工作者，有江浦、上海、溧阳、川沙、吴江、昆山等六县；行将完成者，有丹阳、扬中、吴县、常熟等四县；第三期工作尚在进行中者，有六合、南汇、溧水、青浦、奉贤、太仓、嘉定、宝山、宜兴、武进、江阴、泰兴、仪征、镇江、松江、高淳、金坛等十七县；已开始办理第三期工作者，有句容、无锡、金山、高邮、泰县等五县。只有江都一县奉办较迟，尚在进行第二期工作。4 月份，吴县、金山、宝山、青浦、高淳、太仓、丹阳、扬中等八县呈报将第三期工作办理完竣；行将完成第三期工作者，有江阴、奉贤、镇江、六合、泰县、溧水、武进、句容、无锡、金坛、嘉定、松江等十二县；第三期工作尚在进行者，有南汇、宜兴、泰兴、仪征、高邮等五县，江都一县仍在进行第二期工作。① 截至 4 月份，江北各县，除涟水一县外，均已完成；江南及江都区所属各县，亦有上海等十五县完成第三期工作。5 月份，仪征、松江、金坛、武进、江阴等五县完成第三期工作，6 月份，涟水、嘉定、句容、宜兴、六合、奉贤、泰县、溧水、南汇、泰兴等十县完成第三期工作，7 月份，无锡、高邮、镇江、江都等四县以宣告完成。② 非常明显，在乡镇自治区域划定上，江南、江北之速度基本持平，而在编组保甲的进度上，江南则明显处于落后状态。此反映出江南地区对保甲制的抵触情绪，对此，沈家祺曾指出："江北几个区的保甲确是能够办得灵活、生动、团团转；江南的几个区，虽然也在那里推动，但是总觉得微旋、缓转、慢慢走的神情。"③

另外，江苏省还进行了以下几项工作：如令饬各县利用时间赶办船户保甲并令沿海各县造具渔船清册；指示各县整理及更换门牌表册切结办法；召集江南及江都区各县县长及保甲指导员来省举行保甲谈话会；派员分赴各县调查；制定各县训练壮丁办法大纲令饬淮阴铜山两行政督察专员公署先行试办；制定各县保甲暂行奖恤办法；④ 另外，在督促各县办理户口异动查报、筹设各县户籍警、增设政教实验区等方面亦取得不小的成绩。⑤

就 1934 年 4 月至 1935 年 12 月的总体成果来看，江苏省保甲制度之推行颇有成绩：自卫方面：设置守望所 11507 所，建筑碉堡 3931 座，编组巡逻队

---

① 《民政厅行政工作概要》，《江苏民政》第 1 卷第 1 期，1935，第 10-11 页。
② 《民政厅行政工作概要》，《江苏民政》第 1 卷第 3、4 期合刊，1935，第 3-4 页。
③ 沈家祺：《三年来对于本省办理保甲的观感》，《江苏保甲》半月刊，第 2 卷第 16 期，第 6 页。
④ 《民政厅行政工作概要》，《江苏民政》第 1 卷第 2 期，1935，第 12 页。
⑤ 《民政厅行政工作概要》，《江苏民政》第 1 卷第 3、4 期合刊，1935，第 3-6 页。

5592 队，成立检查船只办公处 1397 处，各县保甲长协助查缉匪案 2187 起，获匪 2340 名。建设方面：就筑路方面，征工人数共 1459328 人，筑成土方共 8902762 方；就浚河方面，征工人数共 349768 人，疏浚土方 75884628 方；造林方面，植树 6830689 株；合作社方面，共增设 2541 处；禁烟方面，被查挤出之烟民挤经劝导自新登记之烟民，已达 102076 人。[①]

总之，在保甲制推行的过程中，有成绩亦有不少弊病，其成绩主要在社会治安、查挤烟毒、公共建设方面，而消极方面则是严重阻碍了地方自治的推行。“各省市推行自治者逐渐减少，截至现在，业经停办或缓办者，计有豫鄂皖赣闽陕甘沪平等九省市；继续办理中者，计有苏浙鲁晋湘云贵青等八省南京青岛两市；兼办保甲者，有苏浙湘绥宁京等六省市。推演至此，自治与保甲殆已形成对峙之形势矣。”[②] 这与国民政府变被动为主动的目标相差甚远。为了进一步推行地方自治，中央地方自治计划委员会则拟定《厘订自治法规原则》以调和自治与保甲矛盾，这一文件促使地方自治与保甲的进一步融合。

（三）保甲制与地方自治的全面融合

随着日本侵华的加剧，为了更广泛地动员群众，强化保甲在基层社会自治中的地位，国民政府进一步强化了保甲制与地方自治融合的力度。从理论上看，保甲与自治关系的研究不断增加；从实践上看，以保甲代替闾邻成为大势所趋。

对保甲制度的认可一度成为一致的口径，鲜见有非议者。“保甲乃自卫之中心，自治之基础，执行政令之下级机构，发动事业之总的枢纽，各种工作之联系，各项事业之推进，皆有赖于此”[③]。戴健标认为，“保甲的目的对内为安定社会秩序，促进建设，谋全民之福利；对外为集中国民力量，抗敌御侮，求全民之解放”。至于理由：一是现行保甲等同于中山先生所谓之警卫，而“全县人口调查清楚，全县警卫，办理妥善”是完成县自治的基本目标之一；二是在军阀匪患充斥社会的背景下，需要通过保甲来安定社会秩序；三

① 《江苏省保甲总报告》，《江苏保甲》半月刊第 2 卷第 8、9 期合刊，第 49-51 页。

② 《中央地方自治计划委员会拟定：“厘订自治法规原则”》，《都市与农村》1936 年第 19 期，第 12 页。

③ 《皖西地方自治工作视察团视察总意见书》，《安徽政务月刊》1937 年第 27 期，第 4 页。

是无论是旧保甲，还是新保甲，不但有消极的弭盗功能，还有积极地建设的功能；四是保甲长的产生、保甲事务的议决符合自治的精神。①

如果说，在全面抗战前的保甲制度还比较符合以上所列各点的话，抗战全面爆发后的保甲制度则完全丧失了自治精神。试以江西省所推行的保甲观之。

1937 年，江西省根据 1935 年 7 月修正的《各县编查保甲户口条例》制定《整理各县保甲实施纲要》，训令各县在当年十月底以前一律完成。其内容主要包括：

1. 复查户口。县政府召集各级公务员、各校校长教员和明白事理热心公益的士绅在县讲习编查要点，派充为编查员分发各区协助户口编查。清查户口以保联为单位，分配编查人员协同各保联主任、保甲长挨户清查，省派人员和县长督同秘书、科长；警察局队长、巡官和各区区长区员巡回督导，城市地方户口统由警察机关负责办理，但保甲机关当要切实的襄办。对于此次复查户口，江西省特别重视，强调一定达到“不漏一户，不遗一口”，其中有诸多内容显然与已经开始的抗战有关，如特别强调对壮丁名单的造报，如对各户骡马车辆的造报等。户口查编后，还要求各县要注意抽查，认真纠正错误。至于连坐的对象，也改为针对“防止汉奸和纠举逃避兵役”等。

2. 严密保甲的组织。针对此项特别制订严密保甲组织五项办法：一是户口复查完竣，当就根据辖户多寡，依次编组，并把插花飞连的保甲，依法切实改编；二是为便于管理，保甲的编组要因地势衔接，无山川湖泊的阻隔；三是保与甲，甲与户间的关系和情感，须密切融洽，力避牵强编并；四是保甲一经编定，各户对于甲长，以及甲长对于保长，须绝对信任服从，不得稍存意见，致保甲组织产生缝隙；五是督饬各户互相纠举，实行联保连坐。保甲组织五项办法进一步强调“因地制宜“的原则，但是保甲户之间的关系俨然变成了官僚组织，这种要求绝对服从的关系绝无自治精神可言。

3. 健全保甲干部。保甲干部的任职资格进一步提高，规定保联主任和保甲长的最低年龄须满 25 岁但不得超过 45 岁，并以曾受军训者为原则；必

① 戴健标：《保甲与地方自治之关系》，《集成》1936 年第 1 卷第 1 期，第 75-78 页。

须素孚众望，确能领导指挥本管全体住民；须明白事理行为公正，无恶劣嗜好和不法行为；须粗通文字身体强壮精神振作而能吃苦耐劳且有正当职业和相当的财产等。保联主任和保甲长的产生，一改过去推举的方法，采用委任办法。“保联主任在未加委前，当由区署列册，报经省派人员及县长逐一面加考询，再行加委；保甲长由保联主任造册报经区长面加考询，再由区署县府分别给委，如县区认为不适当时，应再另择妥员充当。”那些有违法失职情事的保联主任和保甲长，经该管区长核办后，新的保联主任和保甲长“由县府或区署遴选当地妥员委充，不必拘于推选的手续”。保联主任和保甲长平时由区长考核。并特别强调，保联主任和保甲长一经委任，就要立即负责办事，在离职而新任尚未交接之时，不准请辞或托故规避，尤其不能擅离职守。

4. 保甲长的训练。保联主任由县长予以短期的训练，保甲长由区长及主管区员、军事训练员给予短期的训练。训练课程以适合于战时需要，维护后方治安、交通以及征工服役防空救护等事务等事为主。各级保甲人员经整顿后，“行动应求军事化，并须绝对服从上级命令和指挥，不得有玩忽，因循，及违抗命令的情事。”

5. 厉行户口异动登记。为切实做到“出则注其所往，入则稽其所来”，对户口异动，保甲长必须亲力亲为，“随时改正户口表册和住户门牌人口，务使实有人口与登记数目永久相符”。

6. 壮丁编练。将保甲内 18 岁以上 45 岁以下的本国籍男子，无论贫富及曾否受训，一律编为义勇壮丁队。在不妨碍生产的情况下，壮丁队要积极进行训练，训练范围包括爱护国家，抗战求存，缉捕汉奸，警卫后方的义务；防空和消防的救护知识；维护交通，协助运输的义务；了解努力生产和节省耗费的重要；熟悉点呼编队集合，各种步法，使用武器和守岗放哨；搜索、警戒的要领和动作，以及侦察及通信的动作等。

1937 年间，江西省编查保甲的数字为：甲 248511，保 24598，保联 2337，区 389。与 1935 年相比，此次保甲的编制并不理想。因此，至 1938 年，江西省保甲编制又提出新的强化措施，其中最大的变化就是根据该省改善区乡镇组织方案，把保联一级改为乡镇，设立乡镇公所。但亦不过是“遵照划分乡镇的办法，划定乡镇，把保联办公处，改称为乡公所或镇公所，保联主任改称为乡镇或镇长”而已。通过印制报告和标语、保甲人员的宣讲等措施加强对整理保甲的宣传是此一时期的特点之一。[①]

由此可见，与抗战前江西省编制保甲的措施相比，除了因抗战而引起保甲任务的变化之外，制度性的变迁亦有以下几点：

第一，保甲人员的产生由推举改为委任。在以往自治制度的规定中，自治人员的推举是自治精神的主要表现之一，这也是民主的要义之一。现把推举改为委任，表明保甲人员实际上成为政府控制基层社会的代理人，其自治精神基本丧失殆尽。

第二，保甲集权现象进一步明显。权力制衡是通过权力来限制权力，而权力的高度集中实质上是对民主的另外一种伤害，在江西保甲制推行的过程中，户长对甲长，甲长对保长的绝对服从精神一方面是为了抗战动员的需要，但也使人们的主动精神完全丧失。

第三，保甲内部结构发生变化，由“保联—保甲—户”变为“乡镇—保甲—户”。这样，江西与江苏的制度完全一致，而不是保甲完全代替自治，进一步体现了保甲与自治融合的精神。

而保甲制度真正获得法律性地位则是在《县各级组织纲要》这一文本之中。

（四）地方自治与保甲制融合的成败得失

就国民政府推行保甲的整体情形来看，的确取得了一定的效果。江苏省政民厅长余井塘曾对 1935 年江苏省推行保甲制的成绩进行总结：

第一，实施保甲教育。订定乡镇长保甲长各项训练办法：乡镇长之训练，由行政督察专员负责办理，其未设专员各区，由本厅直接办理；保长之训练，由各县县长负责办理；甲长训练由各区区长负责办理。现六十一县之乡镇长，共计 8066 人，均经分别训练完毕。全省共 68360 保，已办保长训练者计五十七县，已受训之保长共 64007 人。全省共 717786 甲，已办甲长训练者计铜山等十县，受训之甲长共 148697 人。自经分别施训后，各乡镇保甲长，对于保甲意义以及政府现行法令均有相当了解。保甲教育之普及对于保甲制度之推行多有裨益。[②] 具体情况见表 4－4 和表 4－5 所示。

① 震洲：《江西保甲制度的检讨》，《江西统计月刊》1940 第 3 卷第 11 期，第 8-11 页。

② 余井塘：《一年来之江苏民政》，《江苏民政》第 1 卷第 3、4 期合刊，1935，第 3 页。

表 4－4　全国保甲统计总表

项目	联保数	保数	甲数	经费（元）	受训联保主任占其全体	受训保长占其全体	受训甲长占其全体
总计	88922	779581	6468952	23656146	83..30	75.85	29.94
江苏	8036	68360	717783	2299581	---	100	54.21
浙江	3997	46968	464020	1620030	97.82	99.03	0.01
安徽	3152	29341	300301	1752540	79.12	75.12	51.74
江西	2359	24328	248335	93049	88.66	73.45	39.94

资料来源　内政部统计处编印：《保甲统计》，民国二十七年五月，第 25 页。江苏浙江的联保数系乡镇数。

表 4－5　江苏省保甲长的受训情况

县别	乡镇数	保数	甲数	经费（元）	保甲长已受训练状况					
					乡镇长		保长		甲长	
					人数	占全体乡镇长%	人数	占全体乡镇长%	人数	占全体甲长%
总计	8066	68360	717786	2299581	---	---	68360	100	389183	54.21
镇江	167	1077	12964	36979			1077	100	12964	100
句容	66	600	6145	18356	---	---	600	100	0	0
溧水	52	357	3867	15626	---	---	357	100	3867	100
高淳	69	481	5163	16583	---	---	481	100	5163	100
江浦	36	258	2966	16728	---	---	258	100	0	0
六合	101	649	6803	24011	---	---	649	100	6803	100
丹阳	159	1125	11734	46413	---	---	1125	100	11734	100
金坛	72	538	5714	23179	---	---	538	100	5714	100
溧阳	127	817	8246	35809	---	---	317	100	8246	100
扬中	53	344	3663	14086	---	---	344	100	3663	100
上海	42	260	2649	16615	---	---	260	100	2649	100
松江	135	815	9293	56464	---	---	815	100	0	0

（续表）

县别	乡镇数	保数	甲数	经费（元）	保甲长已受训练状况					
					乡镇长		保长		甲长	
					人数	占全体乡镇长%	人数	占全体乡镇长%	人数	占全体甲长%
南汇	111	1135	11587	34401	---	---	1135	100	11587	100
青浦	92	573	6319	44317	---	---	573	100	0	0
奉贤	81	478	5016	24739	---	---	476	100	5016	100
金山	63	365	3809	29998	---	---	365	100	3809	100
川沙	27	292	3047	13724	---	---	292	100	0	0
太仓	93	694	7363	32668	---	---	694	100	0	0
嘉定	76	574	5995	24402	---	---	574	100	0	0
宝山	55	368	3933	24426	---	---	368	100	0	0
崇明	89	956	9738	44706	---	---	956	100	0	0
启东	64	593	5939	19228	---	---	593	100	0	0
海门	120	1255	12638	35404	---	---	1255	100	0	0
吴县	279	1953	24267	85356	---	---	1953	100	0	0
常熟	259	2176	22323	109367	---	---	2176	100	23323	100
昆山	65	446	5359	62617	---	---	446	100	0	0
吴江	159	1098	11771	52000	---	---	1098	100	0	0
武进	188	2004	21958	63001	---	---	2004	100	0	0
无锡	200	2002	23426	68612	---	---	2002	100	23426	100
宜兴	148	1197	12432	40088	---	---	1197	100	0	0
江阴	128	1498	15694	42010	---	---	1498	100	0	0
靖江	125	751	7681	35481	---	---	751	100	0	0
南通	327	2660	27051	61391	---	---	2660	100	0	0
如皋	282	3078	30891	71402	---	---	3078	100	0	0
泰兴	199	1893	18580	34590	---	---	1893	100	18580	100
淮阴	75	759	8176	17446	---	---	759	100	0	0
淮安	208	1623	16364	46877	---	---	1623	100	16364	100

（续表）

县别	乡镇数	保数	甲数	经费（元）	保甲长已受训练状况					
					乡镇长		保长		甲长	
					人数	占全体乡镇长%	人数	占全体乡镇长%	人数	占全体甲长%
泗阳	142	1102	10800	23971	---	---	1102	100	10800	100
涟水	148	1093	11126	25367	---	---	1093	100	11126	100
阜宁	272	2158	21721	57018	---	---	2158	100	0	0
盐城	265	2344	23861	79082	---	---	2344	100	23861	100
江都	244	2367	26062	54940	---	---	2367	100	26062	100
仪征	64	415	4278	21852	---	---	415	100	0	0
东台	187	2474	25139	47137	---	---	2474	100	25139	100
兴化	164	1307	14081	41186	---	---	1307	100	14081	100
泰县	272	2199	23427	49930	---	----	2199	100	23427	100
高邮	105	1286	13594	36662	---	---	1286	100	13594	100
宝应	143	931	9908	42104	---	---	931	100	9908	100
铜山	203	2029	21214	56455	---	---	2039	100	0	0
丰县	89	673	6551	31192	---	---	673	100	6551	100
沛县	69	748	7723	23209	---	---	748	100	7723	100
萧县	108	1095	10828	56994	---	---	1095	100	0	0
砀山	69	704	7287	17052	---	---	704	100	7287	100
邳县	118	1190	11788	23633	---	---	1190	100	11788	100
宿迁	156	1374	14248	30747	---	---	1374	100	14248	100
睢宁	116	1017	10740	29221	---	----	1017	100	10740	100
东海	114	951	10140	18148	---	---	951	100	0	0
灌云	143	1057	10940	26930	---	---	1057	100	10940	100
沭阳	161	1250	12956	40580	---	---	1250	100	0	0
赣榆	122	856	8810	27171	---	---	856	100	0	0
江宁	----	----	----	-----	---	---	--	----	----	----

资料来源　民政厅江苏省保甲总报告：中华民国二十五年四月出版。江宁原系办理自治，未编保甲。该省除表列各县外，尚有连云市保甲数未列报。

就全国范围看，江苏省保甲长的受训比例高于全国平均水平，亦高于浙江、安徽、江西。就江苏省内来看，江苏省保长百分之百进行了训练。江南甲长受训者有13县，未受训者17县；江北甲长受训者19县，未受训者11县（其中淮北13县中，受训者8县，未受训者5县）。江北受训比例明显高于江南水平。此中原因大概是江北社会动荡，江南社会秩序相对安定，政府可能把更充分的人力、物力投向江北地区。另外，江北起步较早亦是客观原因。

第二，运用保甲制度。“保甲制度果能运用尽善，实为推行政令发扬民力重要机构。惟推行伊始，未能责以烦重工作，诚恐各级保甲人员组织甫成，力或未逮，任务殷繁，难期尽善。”① 因此，经省政府委员会会议通过，决定暂以防治盗匪，禁烟禁毒，征工浚河，强迫识字教育等四项作为1935年度保甲运用的范围。其余各项等基础巩固之后，再行酌量推进。

经实践证明，收效最为显著的是防治盗匪一项，“苏北之徐淮海等地，匪风素炽，去年青纱帐起，闾阎均能安堵，尤以淮阴区自前次举行剿匪后，地方安谧，实近年所仅见，保甲运用之效，于此可见其大端。”② 1935年6月17日，上海《字林西报》对淮阴治安好转的情形发表评论说：

最近二三月来，此间情况，大有变更，颇足称述，即前此土匪遍地人民夜遭掳赎之淮阴，今则四郊宁谧矣。考此次有些良好之现象，其资治方法，虽数年前已经采用，但以现当局运用得当，证明为一良法，殆无可疑。盖今日政府只需极少廉价得力之官员，即可维持治安，纵有土匪横行数年之区域，亦能使之平靖无事。上述资治方法，极为简单，名曰保甲，其办法将全县划为区及乡镇，等等，使类似昔日之保甲制，……本县自此制度施行后，有大批土匪因而捕获处决，同时其他匪徒亦相继鼠窜他方。保甲制度最良之成效，在凡知有盗匪藏匿本地者，必立即通报官方，使难遁隐，故日来夜夜不闻枪声，与过去每夜必呈恐怖之情形迥异，各处街衢，皆通行无阻，二十年来，地方平靖，未有逾于今日者也。③

以武进县为例，保甲制实施效果亦非常明显。首先，在治安方面，武进县历年以来，每月必发生盗案数起，破坏甚多，且总不能消灭，引起民众的

① 余井塘：《一年来之江苏民政》，《江苏民政》第1卷第3、4期合刊，1935，第4页。
② 余井塘：《一年来之江苏民政》，《江苏民政》第1卷第3、4期合刊，1935，第4页。
③ 辰侯：《苏省保甲运用之检讨》，《江苏保甲》半月刊第3卷第7期，1937，第4页。

极大不满。但军警力量有限，防范难以周全。但自保甲完成后，情形明显好转，其表现如下：（1）地方游民地痞无人肯保的，立向县政府检举，传讯之后或解回原籍，或发交游民习艺所习艺。（2）人民深知联保连坐的利害关系，外来生人，随时注意，如有可疑，即报告保甲长，因此有许多拐逃妇女和私售非法彩票及其他不良行为者，到本县境内不到一二天即被查获。（3）从前做过凶手或盗匪在逃未获者潜回故里，保甲户长会立时发觉报告。[①] 根据《1934 年 9 月—1935 年 8 月武进县发生及破获盗案统计表》（见下表 4－6）可以明显看到，保甲制实行之后，武进县盗案发生的数量明显递减，以往积案亦相继告破。

表 4－6　1934 年 9 月—1935 年 8 月武进县发生及破获盗案统计表

年月别	发生盗案数	破获盗案数	备注
二十三年九月	3	4	破获盗案非仅本月所发生
二十三年十月	8	8	
二十三年十一月	2	3	
二十三年十二月	4	7	
二十四年一月	6	6	
二十四年二月	6	6	
二十四年三月	8	8	
二十四年四月	无	6	保甲系三月完成
二十四年五月	无	4	
二十四年六月	无	无	
二十四年七月	无	3	
二十四年八月	2	2	系随即破获

资料来源　侯厚宗：《武进保甲之组织训练与运用》，《江苏民政》（第一卷），第三、四期合刊，中华民国二十四年十二月十五日，第 38-39 页。

其次，各县办理土地陈报及烟民查挤等，亦多依赖保甲制度的运用。[②] 如

① 侯厚宗：《武进保甲之组织训练与运用》，《江苏民政》第 1 卷第 3、4 期合刊，1935，第 38 页。

② 余井塘：《一年来之江苏民政》，《江苏民政》第 1 卷第 3、4 期合刊，1935，第 4 页。

武进县在查挤烟犯方面也取得不错的成绩（见下表4－7），在禁绝烟毒的措施中，为保障检举人，其实施秘密检举的方式；对于执行懈怠之保甲长处以罚金等，提高保甲长禁毒的积极性。

表4－7　1935年四月至七月底武进县查挤烟犯毒犯统计表

类别	检举烟犯		检举毒犯		备注
	起数	人数	起数	人数	
	721	747	158	193	
合计	721	747	158	193	烟毒犯总计940人，计879起

资料来源　侯厚宗：《武进保甲之组织训练与运用》，《江苏民政》（第一卷），第三、四期合刊，中华民国二十四年十二月十五日，第40页。

再次，征工浚河方面也取得不错的效果。1935度各县征工总数达40万人。“即如筑堤防黄，动辄集数万人，而征湖西堤一役，不崇朝即鸠合十余万工伕，于两星期间筑成百二十里之长堤。工程迅速，更可见保甲制度运用之效能。”[①] 武进县征工浚河方面成效亦比较显著，各区征工开浚，共42河，长134.72公里，共成土方数520123.5立方公尺，征工239135人等。[②]

但是，保甲制也并非时人所宣传的那样，是包治百病的灵药。

第一，保甲制的实施严重影响地方自治的推行，其主要表现在以下几个方面：

首先，挪用自治经费而阻碍地方自治的推行。保甲之经费分为编查费、训练费、常年费。江苏省保甲经费之筹划拟不新增加人民负担，于是挪用自治经费之全部用作保甲经费。省政府最初的想法是以区域重新划分后，减少之若干区乡镇之自治经费充保甲经费。[③] 在江苏筹办保甲之始，省政府委员会决议：“办理保甲各县，移地方自治经费之全部，为办理保甲之用”。各县原有之自治经费，实际全年收入已经不敷使用，以之移办保甲，更是不敷甚巨，如此则自治更是无从发展。

其次，自治与保甲本来就是性质截然相殊的两个事物，把两者强行融合

① 余井塘：《一年来之江苏民政》，《江苏民政》第1卷第3、4期合刊，1935，第4页。

② 侯厚宗：《武进保甲之组织训练与运用》，《江苏民政》第1卷第3、4期合刊，1935，第40页。

③ 陆占亚：《江苏省保甲推行之实况》，《时事月报》，1936，第296页。

的结果往往导致理论与实践上的困难。韩寿恒从六个方面论述了自治与保甲的区别："（1）自治与保甲性质上之区别。自治是地方人民自己办理本地事务而不需要政府之协助，其程序是由下而上的，保甲则是官督民治由上而下的。（2）自治与保甲主体上之区别。自治团体具有法律上的人格，得为权利义务的主体，在一定范围内，可以依其一己的意志，处理一己的事务，而且地方公民都可依法表示他的意志，其方式乃注重会议制，是和平的；而保甲在法律上无独立的人格，也不能为权利义务的主体，完全是政府行政之一部，他只能在政府的指挥监督之下，执行其所应做的任务，不注重会议制，而含有军事化性质的。（3）自治与保甲任务之区别。自治团体以办理自治达到民主政治，而保甲是以组织民众，训练民众的方式推行庶政，以达到复兴民族为目的，军事上的作用较多与政治方面。（4）自治与保甲组织之区别。自治的组织是以公民个人为单位的，主张采取个人主义的，而保甲则以一户为单位，采取集团主义。（5）自治与保甲运用之区别。自治的组织只有区乡镇闾邻，名义上纵的一层一层的系统，而没有纵横密切的联络，组织泄沓，缺乏机能，不易运用，而保甲不但有纵的区乡镇保甲户间密切的联属，尤重在横的户与户的连锁，并注重在共同担保共同责任，运用很是灵活。（6）自治与保甲人员之区别。自治人员纯粹由于公民开会票选，而保甲人员名义上虽然由于推选，但是最后的抉择权，则完全操之于政府。"① 由此可见，自治是为了实现民之选举、创制、复决、罢免之四权，而保甲恰恰是对民权的扼杀。以保甲促进自治，结果往往是喧宾夺主，自治反而被置于边缘。在内政部的调查中如此评论："近年以来，各省市对于地方自治工作，或因办理保甲，不暇顾及，或拟俟县市自治法公布后，再事积极推进，以免纷更。就大体言之，固无特殊进展之可言。"② 根据1936年6月间的调查，"全国各省市中因环境困难，先行举办保甲而停办或缓办自治者：计有皖、鄂、赣、豫、闽、陕、甘等七省及上海、北平二市。其仍继续办理自治者仅有苏、浙、鲁、晋、黔、滇、湘、青八省及南京、青岛二市，至办理自治兼办保甲者，则惟苏、浙、

① 韩寿恒：《江苏省民政厅概况及各种行政》，南京图书馆编：《二十世纪三十年代国情调查报告》（第18卷），凤凰出版社出版，第70-72页。

② 秦孝仪主编：《抗战前国家建设史料——内政方面》，革命文献，第七十一辑，中国国民党中央委员会党史委员会1977年版，第334页。

绥、宁等四省及南京一市而已。”①

另外，保甲制对于民生也产生不小的消极影响，严密的网络式控制导致基层社会流动性明显减弱，妨碍了乡村商品经济的发展。

第二，保甲制的自身还遭遇种种困难，这导致其效果远远低于国民政府的预期。如南通县在筹办、推行保甲制时，就屡陷困境。当保甲筹备期间，因改划乡镇区域而时起争端，“乡镇长及地方顽固有力分子，每囿于畛域之见，或为权利之争，捏词控告，分别请愿，致划并问题，迁延不决，影响保甲进行。”在区乡镇勉强划并后，又常因争夺公所驻址而发生纠纷。在新乡镇长产生之前，“原有各乡镇长，每多藉词推诿，对于奉办案件，不愿力行，编组时即发生影响。”② 在保甲办理过程中，问题更加复杂，因为甲长多为有闲阶级，向来独善其身，地方观念极为淡薄，常常是尸位素餐，而办事干练者，本身多有职务，因而无暇办理保甲，且乡区甲长，除少数能办事者外，大都智识幼稚，甚至目不识丁，工作无从表现；保长中能办事者，较甲长为多，但亦不免有上列情弊发生。既然保甲长多不负责任，乡镇长之责任遂觉太重，加上乡镇长多有职务，势必雇员办理，在经费毫无，筹垫困难的情况下，保甲工作进展缓慢。更有甚者，部分乡区不良分子因求为乡镇保甲长而不能如愿，遂破坏或阻挠保甲要政等。③ 南通一县就出现如此众多的问题，其他各县更是五花八门。时人如此记载，“各地甲长有因惮于事繁，竟愿出代价将甲长卖给别人者；有一甲之内无人愿充甲长，全甲按户出钱雇甲长者；有感觉事繁，不胜其任，弃职远逃者；亦有怕负责任，以老幼残疾或无智识的顶名冒替者。凡此种种，虽经当局多方制止，未让实行，然即此可知对于保甲长没有深切的认识；对于保甲的地位也没有充分的信念。保甲基础既然这样不稳固，在事实上当亦难期有效。”④ 并致“地方土劣痞棍，乘机而起，百计钻营；或推诿到一般目不识丁的农民身上，致纠纷叠出，弊窦层见。”⑤

人们之所以逃避担任保甲长，原因不外以下几种：

一是职权不分导致保甲长任务过于繁重。就当时人们的一般心理观之，

---

① 秦孝仪主编：《抗战建国建设史料（首都建设（三））》，《革命文献》（第九十三辑），中国国民党中央委员会党史委员会1982年12月版，第84页。

② 南通县教育局编：《南通县各小学保甲周实验报告》，南通县墨林印书局，1935，第12页。

③ 南通县教育局编：《南通县各小学保甲周实验报告》，南通县墨林印书局，1935，第15页。

④ 苏农：《训练甲长的观感》，《江苏保甲》半月刊第2卷第5期，第4页。

⑤ 黄强：《中国保甲实验新编》，正中书局，1935，第247页。

其都认为保甲是推行政令的工具，因此，不管是哪个机关的责任，一起都推到保甲身上，结果导致甲长务繁责重，而甲长能力有限，又都是义务职，日常生计已经自顾不暇，哪里还有专心从公可能。① 就江苏省来看，“保甲运用之原则与范围，当局原有极详明之规定，当事者苟能循此而进，至少可减妄用滥用之弊。但考诸实际，其能恪遵此项原则与范围循序渐进者为数恐不多见。甚至政府有一政令，乡镇保甲长即有一种工作，直认保甲为一种万能之工具。据熟谙实际情形者言，即联保连坐一端，有多至五六种者，如除毋为盗匪之联保外，尚有毋吸售烟毒之联保，毋隐报土地之联保，禁赌之联保，检查烟毒犯之联保，……当事者果能认真执行，乡镇保甲长及一般民众动辄得咎。以现时政令之繁，随在均委之于无权无给之乡镇保甲长，直使乡镇保甲长无法应付。驯至善良之辈唯恐出任乡镇保甲长，而好事热中之徒则趋之如骛。其结果不仅将召百废俱兴一事无成之讥，保甲之机能与效用亦必因之而罢废。此情此景，虽非各地一般之现象，从知苏省保甲运用之事的问题，固不因当局有原则与范围之确定而稍减其严重性也。至于现时保甲本省组织，尚欠健全，亦为运用过程中之一大阻梗。”② 这势必出现大部分正直之士纷纷逃避的现象。

二是保甲长的地位过于低微。民国时期的保甲长虽然不是旧时的地保总甲，但人们总将其视为征役呈差的头目，洁身自好或稍具德望才干的人士，皆不愿担任。“更有教甲长酸心者，凡遇到公事，责令甲长如何负责，奔走如奴隶一般，稍有差错，则施以打罚，因之惹起各户藐视甲长地位，视甲长如玩物，甲长遭此多方刺激，不要说怎样认真做事，恐怕连敷衍都谈不到，简直说就是置若罔闻。这样继续下去，保甲是不是成了虚伪的？装潢的？空有保甲之名，而无保甲之实，收效恐怕微乎其微吧！”③ 结果导致“贤者避而远之，不肖者趋而近之”的局面。④ 因此有人建议，要想取得较好的效果，必须做到两点：树立保甲长的权威，进行严格的训练。⑤

---

① 苏农：《训练甲长的观感》，《江苏保甲》半月刊第2卷第5期，第4页。

② 辰侯：《苏省保甲运用之检讨（续）》，《江苏保甲》半月刊第3卷第8期，1937年5月，第2-3页。

③ 《江苏保甲》半月刊，第2卷第5期，第4页。

④ 程清舫：《保甲运用的检讨》，《是非公论》第42期，第10页。

⑤ 金半欧：《自治与自卫的一种观察》，《地方自治》1935年第3期，第4页。

三是保甲经费支绌。根据保甲法令规定，江苏各县乡镇公所每月办公费六元至十元不等，保长办公费每月仅二元。然而，在南京国民政府时期，仅江苏省就有8066乡镇，68380保，717786甲。[①] 其需用仍然是浩大的。所以，省府经费支绌的情况下，即便如此少量之经费，亦常常捉襟见肘，最终结果是严重影响保甲的正常推行。[②] 杜赞奇在对20世纪二三十年代的国民政府的县级政权进行研究之后，指出，"县政府不是利用不断增加的税收来巩固和提高已有设施和机关的办事效率，而是在省政府的命令下，不断地创立机构，增加'近代化'职能，"结果导致"机构重叠，使有限的财源更显紧张。"[③] 辰侯则进一步指出，保甲经费支绌是当局最头痛的问题，以江苏省而论，其将保甲融入自治，保甲经费系来源于自治经费，自治经费原本有限，保甲经费亦难充沛。"无米之炊，虽巧妇亦难为，矧经费为推进事业之原动力，保甲制度施行而后，区乡镇保甲长之任务既繁，而最少限度之经费且不敷，得人固难，推进事业尤不易，欲收保甲运用之实效，岂不难能！"[④]

四是乡镇保甲长的智识与道德水准问题。张梓安认为推行保甲的障碍主要在于乡镇保甲长的智识水准过低、保甲经费支绌。[⑤] 陆占亚亦指出，保甲长程度不高是无可讳言的事情。[⑥] 金半欧则批评说，保甲长大都不识字，对于保甲章程，保甲规约等一概不懂，而有知识的人往往还不如没有受过教育的人热心。[⑦] 保甲制实施以后，乡镇、保甲长的成分更加复杂："考察各地之乡镇保长，固不乏其人，而人选欠当者，亦比比皆是：消极者则不负责任，怠忽其职务；积极者则从而操纵，惹起地方之纠争。保甲运用之效率，遂因之而微薄。至若甲长职微权小，人数众多，人才难得，更无论矣。虽有乡镇保甲长训练之实施，而人众品殊，短期之教育（训练期间均仅三星期），收效甚微，遑论不识字之乡镇保甲长亦大有人在也！又若一般民众智识之低下（尤以乡村民众为最），亦为保甲运用之极大阻力。各地民众对于保甲运用固不知

① 《江苏省各县区乡镇保甲户口总统计表》，《江苏保甲》半月刊第2卷第6、7期合刊。

② 庄继曾：《我国历代之户口编审及保甲制度评述》，《国衡半月刊》1935年第4期，第41页。

③ 杜赞奇：《文化、权力与国家：1900—1942年的华北农村》，王福明译，江苏人民出版社，2010，第56页。

④ 辰侯：《苏省保甲运用之检讨（续）》，《江苏保甲半》月刊第3卷第8期，1937年5月，第2页。

⑤ 张梓安：《推行保甲声中之政教合一观》，《江苏保甲》半月刊第2卷第3期，第1页。

⑥ 陆占亚：《江苏省保甲推行之实况》，《时事月报》二十五年十月号，第300页。

⑦ 金半欧：《自治与自卫的一种观察》，《地方自治》1935年第3期，第2页。

所以，即令其确报人口数目年龄等等，亦每多隐瞒，其他可以想见。”①

人们对于保甲制的各种各样的误解亦是保甲推行中的一大障碍。如办理联保连坐切结时要求每个人在名下按指印，但是很多人认为只有犯罪之人才会如此，以为按指印为不祥，因而产生抵触情绪。② 江苏省还有更为特殊的情况，“在匪患未靖之区疾痛已深，易与乐成，地方较安之处，好逸恶劳，难以图始。”因而出现苏北推行保甲总体上优于苏南的情形。③

另外一个严重的问题则是区保甲长的擅权行为。在保甲费用摊派的过程中，保长将住户分为三等九级，不同等级摊派费用不同，而等级完全由保长指定，“农民是不敢违抗的，因为部分的违抗，反要受罚而增加额数。”④

结果，保甲制的推行让百姓更增添几分苦楚，“区署是大衙门，联保办事处是小衙门，派款是名目繁多，征收是层级增加，负担是贫富同例，服务征调则不敢叫苦！”⑤

总之，从保甲制度实施的效果来看，也许比地方自治更能解决南京国民政府面临的执政难题——即首先保证统治的稳定性。但是，这一政策的推行又不可避免地带来了巨大的危害，即国家与民间社会在权利天平上的进一步失衡。根据闻均天的解释，保甲制是通向地方自治的有效途径，并不是说保甲就是地方自治。张毅忱对此亦有共识，“若论保甲为自治的阶梯则可，如说保甲就是自治则不可。”⑥ 因此，无论从保甲制的产生，还是保甲制与地方自治的关系，其都应是暂时性的，阶段性的。在战乱时期推行保甲制，其尚有利于社会秩序的稳定，而将保甲长期运用于日常社会生活中，则将严重扼杀人们的积极性与主动性。事实证明，保甲制的推行贯穿国民政府在大陆执政之始终，长期的禁锢严重影响民众民主意识的成长。可以说，保甲制度的重新推出标志着南京国民政府在指导思想上正式篡改了孙中山的自治思想。

---

① 辰侯：《苏省保甲运用之检讨（续）》，《江苏保甲》半月刊第3卷第8期，1937年5月，第2页。

② 徐英吾：《年半来从事保甲工作之回顾》，《江苏保甲》半月刊第2卷第3期，第27页。

③ 胡棘园：《苏省举办保甲之由来》，《江苏保甲》半月刊第2卷第5期，第2页。

④ 甲等一级每年派三元，二级每年派二元五角，三级每年派二元一角；乙等一级每年派一元五角，二级每年派一元三角，三级每年派一元；丙等每年派七角五分，二级每年派五角二分，三级每年派二角五分。立人：《保甲生活中的江西农民》，《中国农村》1936第2卷第10期，第77页。

⑤ 立人：《保甲生活中的江西农民》，《中国农村》1936第2卷第10期，第78页。

⑥ 张毅忱：《保甲与地方自治》，《江苏保甲》半月刊第2卷第3期，第6页。

三、新县制探源、实践及评价

（一）新县制提出的背景

全面抗战初期，国土大部沦丧，地方自治事业陷于停顿。“当时我国上下，因忙于集中力量抵抗日本军阀的武力侵略，便把尚未完成的地方自治工作及定期施行宪政的计划，都一一延搁下来了。”①

1938 年 3 月，国民党临时全国代表大会通过“抗战建国纲领”，确定一面抗战，一面建国的方针。“其最终目的仍是外则国家独立，内则人民自治，换言之，即一方面谋民族解放，一方面使人民使用民权而达于宪政时期。”②

1938 年 4 月，蒋介石在国民党五届中央执行委员会第四次全体会议提出“改进党务与调整党政关系”案。后经中央执行委员会和国防最高会议议决，由行政院训令四川、陕西、贵州、湖南、江西五省各择两级试办。此乃“新县制”之造端，“旋即本此演讲，制定‘县各级组织纲要’。”③

1939 年 9 月，第四次国民参政会召开，会议议决请政府提前实施宪政，并有国民党五届六中全会在 1940 年 10 月 12 日召集国民大会制定宪法之决议。在国民大会召集之前，推行地方自治再次为人们所瞩目。

9 月 19 日，南京国民政府颁布《县各级组织纲要》和《县各级组织纲要实施办法》，“确定县为地方自治单位，县以下为乡镇，乡镇内的编制为保甲，正式用明文规定保甲为地方自治的基点。”④ 1941 年 8 月，又公布《乡（镇）组织条例》，根据这两项法令组织而成的县级政权被称为“新县制”。其中，保甲继续取代闾邻，并在保一层级设置保民大会、保办公处、保长等，其中保民大会为议决机关，保办公处为执行机关，保长由保民大会选举产生，承乡镇长之命办理本保自治事务等，保成为正式的自治团体，保甲与自治渐融为一体。对于此一制度，民政司第二科汪振国直言：“保甲是绅治，是官治，不是民治，不是自治，是绅权不是民权，与中山先生《地方自治开始实行法》的精神不符。”⑤

---

① 曾建平：《现阶段地方自治的认识》，《时事半月刊》1940 年第 3 卷第 5 期，第 12 页。
② 刘厚章：《民众教育与地方自治》，《湖北民教》1938 年第 2 卷第 8 期，第 15 页。
③ 周钟岳：《新县制与地方自治》，《新四川月刊》1939 年第 1 卷第 7 期，第 18 页。
④ 震洲：《江西保甲制度的检讨》，《江西统计月刊》1940 第 3 卷第 11 期，第 8–11 页。
⑤ 江苏省政协文史委员会：《江苏文史资料存稿选编》，江苏人民出版社，2007，第 26 页。

为了给各地推行地方自治提供一个标准。1941 年 10 月，行政院在总结前期自治工作经验教训的基础上颁布了《地方自治实施方案》，“内分甲乙两部，甲部规定地方自治条件及其完成标准；乙部规定实施及考核”。[①] 就地方自治事业而言，此一方案罗列编查户口、规定地价、开垦荒地、实行造产、整理财政、健全机构、组训民众、开辟交通、设立学校、推行合作、办理警卫、推进卫生、实施救恤、厉行新生活等十四项，“每项之中，分别列举应行完成的标准，皆属具体切实”。在实施的过程中，主要强调如下几点注意事项：“第一，对于每项事业之举办，必须把它的工作原则、目标和举办的理由，详细加以说明，务使人民完全了解，热烈参加工作。第二，在从事的过程中，自始至终，都必须和人民一同去工作，既不能袖手旁观，也不能独断专行。以养成人民自动的意识，和自做的经验。第三，随时注意检查工作的弱点或缺点，并予以适当的纠正。但这种纠正是劝勉的，是化解而不是斥责，不是处罚。第四，自己尤其要以身作则，为人民的模范，藉以收感化之效。同时并要虚心研究，体验反省工作，以求进益。”[②]

对于《县各级组织纲要》与《地方自治实施方案》之关系，李登俊说得清楚：“系相互配合。相辅为用。一为地方自治之组织根据，一为地方自治之事业标准。”[③]

（二）新县制的全面铺开

《县各级组织纲要》颁布后，各地行动起来，对基层社会管理体制重新进行改组。作为新县制的发源地，[④] 江西的行动是迅速的。在接到县各级组织纲要之后，江西省特召开省行政会议，召集各区专员、各县县长，聘请各专门委员，逐条研讨县各级组织纲要，后拟定江西省县政府组织规程及办事规则，各县区署、乡镇公所、保办公处组织规程及办事细则，以及镇务会议规则草案等。详细规定如下：

1. 区的划分及其职权

根据《县各级组织纲要》，区的设置是机动性的，因为有的县面积过大或有其他特殊情形，为便利管理而设置此一辅助机关，其任务则是代表县政府

---

① 方汉滨：《乡镇村街公所怎样完成地方自治标准》，《基层建设》1942 年第 9 期，第 6 页。
② 社论：《地方自治实施方案的推行问题》，《基层建设》1942 年第 9 期，第 1 页。
③ 李登俊：《本省各县地方自治事务进展概况》，《新福建》1944 年第 6 卷第 5 期，第 55 页。
④ 黄邦和：《三民主义地方自治的理论与实际》，《时代思潮》1942 年第 45、46 期，第 15 页。

督导各乡镇办理各项行政和自治事务。如果严格按照《县各级组织纲要》规定实施，江西省各县基本不必设立区署。

区设区署，置区长一人，设民教指导员、财建指导员和军事指导员各一人，书记一人。区署还设区署会议，每月月终检讨本月督导情形并决定下个月计划等。

区署开支为：区长月支60元，区指导员三名各月支30元，书记月支20元，区丁五名分别负责电话、传达、伙夫、送信、杂役等，各月支8元，此外，旅费月支35元，办公费月支30元，每月共需275元。

无论从区的功能，还是经费来源考量，区署多具有雇佣性质，其为官厅之延伸机构，即不同以前之自治之一级，又不同完全的官治机构。

2. 乡镇的划分及其职权

根据县各级组织纲要规定，乡镇的划分，以十保为原则，不得少于六保，多于十五保。凡县以下的乡村地方称为乡，街市的地方称为镇。保与镇都立于平等的地位，都称为法人而且具有造产权。乡镇的划分更加注重因地制宜是此时一个很重要的特色，如震洲提出几点乡镇划分的参考标准："1. 除根据县各级组织纲要外，乡镇面积的大小要按县的大小来规定，平原的地方划分乡镇宜大，近山的地方，得因地制宜，不必限于面积；2. 乡镇的地形如果限于自然的形式者，得依形式的便利来划分；3. 户口稀少的地方划分乡镇宜大，户口繁庶的地方划分乡镇宜小；4. 交通便利的地方划分乡镇宜大；5. 地瘠民贫的地方划分乡镇宜大；6. 人民习惯相差过远的不宜合并为一乡镇，如果习惯相同又可以合办公共事业的，就可划为一乡镇，并要不分割经济固有的组织为原则；7. 前项乡镇的保数在城区或街市的地方，如果因为历史或自然条件的关系多于十五保或因近山少于六保者，由县政府申述理由报上级机关仍得其旧。"① 文中涉及区域社会的面积、地形、人口、交通、经济、习俗等，不仅关注到历史条件，还关注到自然条件，可见人们更加注意因地、因时制宜的问题。

乡镇长的人选除了资历、知识水平的限制外，还特别规定，在乡镇民代表会议未成立前，乡镇长由县政府遴选委任。乡镇长在县政府的监督指挥和区政府的督导下，办理乡镇的自治事务与县政府委办事务。乡镇公所的内部

① 震洲：《江西保甲制度的检讨》，《江西统计月刊》1940年第3卷第11期，第8-11页。

结构是复杂的，乡镇长的任务亦是异常繁巨的，真正做到了“本地人办本地事”，“乡镇公所设民政、经济、文化警卫，各股各设干事一人，由乡镇长遴选来分别办理户籍，保甲，选举，地政，卫生，禁烟，仓储，救恤，民众组织；赋税，预算，决算，会计，出纳，公款公产管理，交通，水利，农矿工商，畜牧，合作，度量衡；学校图书馆，体育场，民众政治训练；兵役，警卫，民众军事训练及其他一切有关各股事项。乡镇长兼乡镇壮丁队队长。警卫干事兼壮丁队副队长。此外并设财产保管，调解，合作，造产，教育，卫生等委员会以及征兵协会”等。[①]

江西省还拟定了乡镇务会议规程。根据此一规程，该会议的参加人员包括乡镇长，乡镇公所各股干事，乡镇中心小学校长，乡镇合作社理事长，乡镇壮丁、妇女、少年队团长，各保甲长等；列席人员主要是与所议事项有关的机关、团体代表和热心地方公益的士绅。该机构主要职权包括提议：乡镇长交议事项，出席人员提议事项，列席人员建议事项，机关团体或乡镇公民三人以上建议事项等。

乡镇公所开支。乡镇长月支24元，副乡镇长为无给职，无月支出，干事四名每名月支20元，书记一名月支14元，所丁四名每名月支8元，旅费月支20元，办公费月支30元，月共需经费200元。

乡镇长基本是通过遴选委任的方式，虽然各县乡镇公所组织规程规定“在乡镇民代表会为成立前，乡镇长、副乡镇长，由县政府遴选委用。”但一直到1940年，乡镇民代表会议规则尚未拟定，颇有拖延之嫌。[②]

3. 保甲的编制及其职权

江西省根据《县各级组织纲要》与本地实际情形，制定保甲的编制草案：每保设立一所办公处，设置保长副保长各一人。正副保长由保民大会就该保公民中年满二十五岁的来选举，正副保长候选人应符合下列资格：“须经过自治训练及格；中等学校毕业或有同等的学历；高小学校毕业或有同等的学历，并任甲长二年以上卓有成效，曾任公务人员或在教育文化机关服务一年以上或曾办地方公益事务卓有成绩”等。

保长的任务亦非常繁巨，基本与乡镇长等同，只不过区域范围缩小到一

① 震洲：《江西保甲制度的检讨》，《江西统计月刊》1940年第3卷第11期，第8-11页。
② 震洲：《江西保甲制度的检讨》，《江西统计月刊》1940第3卷第11期，第8-11页。

保之内。保长、副保长及各干事都是无给职，只有办公费每月 7 元，保长 5 元，副保长 2 元。

甲长则在保长的监督指挥下执行职务，因无具体机关组织，所以并未拟定规程。

仔细审视，可以看到新县制之下的保甲又有新的特色：

第一，保甲长一级再次规定选举产生。“过去的保甲制度是以户为基础的，保来统制甲，甲来统制户，其出发点是以家为基础，保甲长产生是由家长和户长进行推选，又经过县政府委任的。新县制的保甲，其出发点是以人为基础，一切产生在公民，是根据于宪法所定的国民权利和义务，因此新县制的保甲长是出于民选”。①

第二，管教养卫合一。此时保甲的编制更加严密，机构更趋健全。“保长除了副保长一人来协助，并另规定干事四人，分别管理民政、经济、文化、警卫，不像往日只有保长一人，力量单薄，一切的事不易办理，且此番能有保立小学校长，教员等分别来兼任职务”，体现了管教养卫合一的精神。

与抗战初期保甲长集权、保甲长由上级委任的规定相比，新县制下的保甲确有新的进步。1940 年，随着国民政府的不断西迁，四川成为大后方重要建设要地，蒋介石兼领四川省政府事务，大力推进新县制。

因为自治人才的缺乏，蒋介石首先倡导地方士绅积极参与新县制事业，“所有地方正绅贤士，均盼依照法制之规定，毅然参加地方自治之乡镇保甲事业，或则参加训练，出任乡镇保甲各级首长之实职，或则就地匡襄，协助各项业务之实施。职务虽有差等，而所以为地方服务，为国家效劳之功绩，则绝无二致。”同时要求各县县长及各级党部工作人员，“对于所在乡邑之父老贤能，尤应虚心采访，诚意接纳，尊敬有加，大义相劝，挽其出而任事，尽力辅助，审其心意所在，择善而从，信任首长，保障必固，勿惑于浮泛之攻讦，勿昧于是非之颠倒，适才适所，量为推选，任劳任怨，悉予担当，激其相感之诚，发其作为之勇”，等等。② 前文曾论及正绅不屑于担任保甲长职务，为了强化保甲之能够顺利推行，所以有蒋介石的这一号召。

1940 年 5 月 1 日，蒋介石在四川省训练团地方行政干部训练班第一期开

---

① 震洲：《江西保甲制度的检讨》，《江西统计月刊》1940 年第 3 卷第 11 期，第 8–11 页。

② 蒋中正：《劝告全川士绅服务地方自治电》，《闽政月刊》1940 年第 6 卷第 3 期，第 6 页。

学训词中分析了一般乡镇长与保甲长普遍得弊病：如假公济私，营私舞弊。一般的乡镇长和保甲长奉到委任以后，往往凭借自己公务人员的地位和职务，做各种投机牟利的事情。如倚弊招摇，压迫民众。一般的乡镇长与保甲长，大抵没有受过完全的公民教育，缺乏学问教养，以为自己可以获职官厅，就有权有势，借以欺压良善。如假借乡镇长和保甲长的名义报复私仇。再如借乡镇长和保甲长的名义，对于派工及征兵等义务专门苛索穷户，而对有钱有势之人却往往包庇。① 这说明蒋介石对基层自治人员的认识还是很到位的。

6月28日，蒋介石又在四川省训练团第一期学员举行毕业典礼时颁示训词，认为过去政治上起色不大，主要问题在人才未备，因此有此训练团。对于即将毕业的受训干部，蒋介石提出几点希望：一是要求这部分人在回到本地方后，不但要把自己视为地方行政的基本干部，还要担起教育之责，"影响及于多数之学生、部属与民众"。二是要做到名实相符。"今新县制所规定之各项内容，所亟要者在按序踏实，一一做到，既求迅速，尤须确实，急功近利之情，固不宜有，而铺张粉饰之病，尤必须根本祛除"。三是以人民为中心。既要做先知先觉者，又要和群众打成一片。四地方自治的中心任务是改善民生，发展国民经济，其途径则是新生活运动、国民精神总动员和国民经济建设运动诸纲要。② 从蒋介石对乡镇保甲长的厚望可见他对新县制的重视。

蒋介石对新县制的重视不但反映在言论上，还体现在具体的实践中，其中，不断责令内政部对四川各地的自治情况进行督察就是典型案例。因为重庆市及江北县、巴县等地的自治事业是由中央直接指导的，所以，更加意欲在这里建立一个推行地方自治的模范。

遵照蒋介石手令，内政部自1940年8月起按月派员分赴重庆市及江北县、巴县各地考察新县制推行情况。就以往情形看，这几地的地方自治偏重于区镇保甲之组织的建立，而缺少实际自治事业的创办。所以在1941年，蒋介石要求内政部本着实事求是的原则进行新一轮的督察，并特别强调，此次既要重视自治组织的建设，还要关注自治事业的创办，即"务使做到实事求是之地步，不可仅凭表面所报告之数字以为依据"，制定督导方案，作为督导之根据。此次督导的目标，"除重庆市关于区镇保甲之组织仍应依照重庆市改

① 蒋中正：《推进地方自治之基本义务》，《时代精神》1940年第2卷第5期，第134-135页。

② 蒋中正：《以作战精神从事地方自治建设》，《闽政月刊》1940年第6卷第5期，第23-24页。

进保甲养成人民自治实施程序办理，江巴两县关于县各级组织仍应依照县各级组织纲要、四川省县各级组织纲要实施计划及其他关系法令办理依限完成外，关于地方自治事业，应依照本方案所定初步完成标准，自开始实施之日起，两年内完成之。所有分月进度及其需要之补充章则均由各该市县政府斟酌当地实际情形自行拟定以符实际而利推行”，等等。①

在实施督察之前，内政部首先制订《重庆市及江北县巴县地方自治实施方案》（见下表4－8）、《重庆市及江北县巴县地方自治实施方案分年进度表》、《实施与督导》等方案。

表4－8　重庆市及江北县巴县地方自治实施方案

项目	内　容
编查户口	一、原有户籍及第一次人事登记办理完竣 二、继续办理户口异动登记
规定地价	一、重庆市全市土地经过测量及登记造有正式地籍图册，并经依法规定地价征收地价税及土地增值税 二、江北县及巴县办理土地陈报造具临时地籍册，全县土地分乡分段大体规定其地价，并将原有土地赋税加以厘整
开垦荒地	一、全市（县）公私所有荒地调查完竣造具清册 二、公有荒地由各乡镇公所按其性质分别利用及管理 三、私有荒地由各乡镇公所督饬土地所有人限期施垦（其中无力施垦者由市（县）依最低地价回收转放于需要土地之人民，其他地价得分期给付之）
实行造产	一、乡镇及保因时因地利用当地民力财力从事公共造产，其收益充作办理地方自治事业之用（造产事业举例如下：一、农林、二、水利、三渔盐、四、畜牧、五、蚕桑、六、纺织、七、小矿业、八、改良种子、九、其他公共生产事业如砖瓦窑石灰窑等其他商业性质之公营事业） 二、成年男女每年应参加公共造产若干日
整理财政	一、确立财务行政制度（公库会计预算决算及审计制度依照规定办理） 二、整理地方收入（各项依法收入由县政府整理达到规定之程度） 三、确立人民监督地方财政之制度

① 《内政部奉令考察督导重庆市及江北县、巴县实施地方自治方案》，《内政公报》1941年第14卷第1-6期，第72页。

（续表）

项目	内　容
健全机构	一、市（县）政府乡（镇）公所及保办公处依照县各级组织纲要或其他关系法令之规定组织健全 二、市（县）参议会乡（镇）代表会保民大会依法成立
训练民众	一、市（县）各级组织干部人员全部经过训练 二、民众有参加保民大会一年以上之经验 三、充分训练民众使用四权 四、市（县）公民完毕其兵役工役纳税及受教育训练之义务 五、市（县）公民依照规定举行公民宣誓领有公民证 六、在非常时期各乡（镇）保厉行精神总动员，按照规定举行国民月会
开辟交通	一、市（县）与其毗邻各县间之市县道依照规定宽度标准修筑完成，以与省道衔接 二、市（县）与乡（镇）间及乡（镇）与县连毗乡（镇）间之乡（镇）道路依照规定宽度标准修筑完成 三、市（县）与县间市（县）与乡镇间及乡镇与乡镇间之电话网设立完成并与省长途电话联络四、全县养路组织之设置
设立学校	一、每保设一国民学校（于必要时得联合二保或三保设立之） 二、每乡镇设有中心学校 三、县与区设有六年制之中心学校 四、保国民学校附近乡镇中心学校附近均设有民众训练运动娱乐游息场所 五、学龄儿童入学者达全数百分之八十以上 六、失学男女成年入学者达全数百分之六十以上
推行合作	一、每保设有合作社（于必要时得联合二保或三保设立之） 二、每乡镇设有合作社 三、重庆市各区设有合作社联合社 四、每县设有合作社联合社，分区设署地方得由县合作社于各该区设置办事处 五、各级合作社附设简易农仓或正式仓库，办理储押流通金融调剂民食发展生产运销消费保险信用等各种合作事业并以合作方式从事公共造产（于必要时得成立专以经营某种事务为组织范围之合作社及联合社） 六、确立市（县）合作指导制度并提高合作指导人员之知识技能及职权

（续表）

项目	内　容
办理警卫	一、警保联系办理完成 二、市（县）区乡（镇）保各级国民兵队依照组织训练完成 三、市（县）境内治安良好
推进卫生	一、重庆市设有卫生局，各区设有诊疗所 二、江巴两县均设有卫生院，各区设有卫生分院 三、每乡（镇）设有卫生所 四、每保设有卫生员及简便药箱 五、乡镇保公共卫生场所之设置（如菜市场、公共浴场、公共厕所等）
实施救恤	一、所有老弱残废鳏寡孤独伤病妇孺无所归宿者由市（县）救恤机关及本地方之乡镇或保分别负责收容安置妥为管理，不使游荡流落 二、死亡掩埋、疾病医疗等事无亲属处理者，由保办公处或乡镇公所负责办理 三、统一并改善县及乡镇之救济或慈善机关 四、监督并改善各地寺庙祠宇产业，使兴办各种社会有利事业
办理积谷	一、市（县）及各乡镇均成立粮食管理委员会 二、市（县）仓及乡镇仓依照规定建筑完成 三、市（县）仓及乡镇仓依照规定储谷足额
厉行新生活	一、烟赌禁绝 二、改良风俗，革除陋习 三、奖励节约及储存 四、使人民生活在食衣住行育乐中合理化纪律化明礼仪知廉耻 五、调解纷争，和邻睦族

资料来源　《内政部奉令考察督导重庆市及江北县巴县实施地方自治方案》，《内政公报》1941 年第 14 卷，第 1-6 期，第 72-74 页。

根据上表可以看到，此次新县制之推行，是对孙中山地方自治的理论进一步细化的结果，其内容之繁杂，任务之艰巨，不言而喻。为了做到纲举目张，内政部另外还制定了《重庆市及江北县、巴县地方自治实施方案分年进度表》，以期分期推进，“查甲款方案所列之各项地方自治条件。限于人力物力非一蹴可及，应权衡缓急分为两年进行，并将市县政府或乡（镇）保应办事项分别列举，以明责任。”①

另外，为了确保各地能够严格按照所订方案进行，内政部还制定实施与督导的具体方案：

（一）重庆市政府及江巴两县县政府应依照乙款表列之完成标准，体察当地实际情形于 1941 年 4 月底以前分别拟订分月办理进度表及其必要之单行章则送经内政部核定后施行。

（二）内政部遵照委员长令示，按月派员分别偕同下列人员就其拟定之进度予以考核督导，必要时并得约同专家考核研究：甲、重庆市为市政府各局局长、科长、保甲股长、市党部委员（青年团亦可参加，但不公开）及其他有关机关之主官；乙、江巴两县为县长、各科科长、县党部委员（青年团亦可参加，但不公开）及其他有关各机关之主官。

（三）内政部应将考核结果及意见逐次呈请委员长鉴核。②

从以上几个文件中可以看到，在新县制推行的过程中，国民政府开始重视实际效果。其中《重庆市及江北县、巴县实施地方自治方案》对地方自治事业的详细分解使其实践性进一步增强，此一实施方案实际成为后来国民政府所颁布之《地方自治实施方案》的蓝本。

对于新县制的推行，福建省亦是不遗余力的，其努力表现在以下几个方面：

一是根据国民政府大政方针，积极制定计划。《县各级组织纲要》颁布后，福建省拟定五年完成计划，后来，福建省又改推出三年计划。“民国二十八年冬，县各级组织纲要颁行到闽，省府召集有关部门重要人员开会，讨论实施办法，订定地方自治五年计划，旋呈奉指示更定为三年实施计划，通令全省各县，一律自二十九年一月始，同时施行”③。

二是省级领导多次就地方自治的推行作出重要指示。时任福建省长陈仪曾就推行自治的原则问题上谈到几点：首先训练人员，再设立机关，防止只

① 《内政部奉令考察督导重庆市及江北县巴县实施地方自治方案》，《内政公报》1941 年第 14 卷第 1-6 期，第 74 页。

② 《内政部奉令考察督导重庆市及江北县巴县实施地方自治方案》，《内政公报》1941 年第 14 卷第 1-6 期，第 81 页。

③ 韩联和：《福建省地方自治实施情形》，《复兴关》1944 年第 235 期，第 1943 页。

挂空牌子的现象；其次是自治为积极的事业而非消极的事业，要摈弃传统无为而治的思想，激发人们要关注自身之外的事情，强化社会参与；三是要分清轻重缓急，自治事业繁杂无比，不能妄想齐头并进。[①] 福建省刘主席还就地方自治的含义进行了详细的阐述："地方自治的意义究竟是什么呢？一般人都只有个模糊的概念，以为就是由本地方的人，用本地方的钱，办本地方的事，这样的说法，是很不充分的，地方自治简单地说，就是'地方由人民自治'。可是这句话是附有几个条件的：（一）是人民在国家的管理监督之下，根据整个国家民族的要求，处理地方事务，所以这只是自治，而不是自主，更非分立；（二）是由人民直接行使民权，以共同的意志，组织机关，处理共同事务，所以这是真正的民治，而不是过去的绅治，更非官治；（三）地方自治是实施宪政的初步，地方自治完成的时候，就是宪政开始的时候，所以它的目标并非止于增进地方福利，而是建立民有民治民享的国家。"[②] 应该说这一对地方自治含义的界定还是比较准确的。省参议会参议员林学渊则提出《促进地方自治案》，拟定五点办法以促进地方自治的推行，其办法如下：一是由省参议会组织地方自治期成会协助政府，促进地方自治；二是由各县设立地方自治协进会，拟定组织章程，函请省政府通饬各县知照，并由省参议会派员策动组织；三是函请省政府今后对于县长人选，应尽量遴选本省人才，藉为实施民选县长之准备；四是函请省政府对于各乡镇长人选，在未实施民选前，应就本乡镇人民中委任；五是函请省政府严饬各县县长区长，应随时尊重民意，切实奉守法纪，痛革滥用职权，擅作威福的陋习，养成民主法治精神，树立地方自治风尚。[③]

三是成立组织，加快新县制的步伐。如成立自治期成会。1940 年 1 月 28 日，福建省临时参议会地方自治期成会正式成立，其目标在于"协助政府推行地方自治"。该会成立宣言指出："（一）以程序言，自治为宪政之始基，宪政为自治之伸展，建设真正之自治，务宜致力于基层组织，循序策进，收效乃宏。（二）以实质言，自治植基于法治，民治植基于民力，故树立法纪，

① 陈仪：《第二次地方自治实施会议闭会时想说的话》，《闽政月刊》1940 年第 7 卷第 2 期，第 15-16 页。

② 刘主席：《地方自治与抗战建国》，《福建训练月刊》1943 年第 2 卷第 2 期，第 56 页。

③ 《促进地方自治案》，《闽政月刊》1940 年第 5 卷，第 6 期，第 82 页。

培养民力，更为促进地方自治之先决条件。”[①] 又如筹组地方自治协进会。此一组织是福建省在 1943 年 11 月开始筹备的，该组织由省党政机关及省参议会共同筹议设立，内设政治、经济、教育三组，主要职能在于：“甲、关于地方自治与经济建设之调查研究事项；乙、关于地方自治与经济建设之设计建议事项；丙、关于地方自治与经济建设之宣传指导事项。”[②]

除以上江西、四川、福建外，部分省份也发挥主观能动性，进行一些制度上的创新，如广西省在推行地方自治的过程中就推出了“三级负责制”，具体而言，就是在遵守中央颁布统一法令的基础上，制颁《广西省县地方自治完成标准分级负责说明表》：“分县、乡（镇）、村（街）三级负责进行。限三三年终，一体完成。”当然，对于这一期限，广西省还有更加灵活的规定，即“完成期限由各主管厅依事业之性质，及各该县实际之情况，分别核定，但至迟以至民国三十三年终为限”[③]。此一说明表的特色主要有二：一是符合地方自治因时制宜因地制宜的精神。陈林树说得明白，《地方自治完成标准分级负责说明表》“固为达成中央所颁地方自治实施方案各条件完成之应有标准，同时，亦无异于指示自县以至于基层完成广西建设计划大纲之具体办法”。也就是说，广西所制定的《地方自治完成标准分级负责说明表》实际上是把中央政策与广西实际相结合的产物，“参酌省内实际情形拟定该方案完成标准本省补充及变通实施之点和分级负责说明表。”[④] 二是责任明确，能够调动人们的积极性。这一说明表最大的特色是做到了职责明确，防止以往“有功相争，有过相诿”“不是侵越职权，便是放弃责任”的弊病。同时，三级负责制也能够激发地方上的积极主动性，“从计划方面说，是要各级在整个计划中，因时制宜、因地制宜的定出其部分的计划，使工作容易推动进行，俾能收到迅速良好的效果。”“从执行方面说，是要实现各级行政的统一性和独立性”。从考核的方面说，“可以确定各级机关的考核标准，和发扬各级机关本身的自觉精神。”总之，“现在根据这个地方自治完成标准分级负责说明表按部就班地做去，在统一的计划中，有各级的分工，在分工进行中仍归统一，

① 子敬：《成立地方自治期成会》，《闽政月刊》1940 年第 5 卷第 6 期，第 59 页。
② 叶骖：《筹组地方自治协进会》，《新福建》1943 年第 4 卷第 6 期，第 70 页。
③ 梁上燕：《地方自治完成标准的期成年限问题》，《基层建设》1942 年第 9 期，第 8 页。
④ 方汉滨：《乡镇村街公所怎样完成地方自治标准》，《基层建设》1942 年第 9 期，第 6 页。

就觉得简单明了，毫无可疑。”①

但是，根据既有材料来看，国民政府通过不断规定年限加快推行地方自治的做法并没有取得预期的效果，为了早日实现目标，国民政府还采取了另外一个策略，就是降低目标的方式。如1944年5月，中央执行委员会第五届全体会议，决定加强推行地方自治八项原则：

（一）民国三十四年底以前，除有特殊情形地方外，各县市民意机关应一律完成，公职候选人之检核，手续力求简单，切实办理。

（二）保民大会及乡镇民代表会应依法实施选举，其完成自治条件者，得举行县市长选举。

（三）陪都及各省政府所在之县市与各省所指定之示范县市应提早完成自治。

（四）迅即制定行使四权之法规及其实施程序。

（五）地方自治条件应规定最低必要之标准，于二年以内完成，中央应派员分赴各县协助办理。

（六）原有自治经费，应明确规定，切实整理，并设法增加其来源。

（七）加速各级自治人员干部训练，以适应实际需要，并与教育密切配合。

（八）各种办理自治成绩之优劣应列为考绩之首要。②

其中第五项所说“地方自治条件应规定最低之标准”在1944年5月全国行政会议上加以明确：1. 全县户口清查完竣，继续办理户籍及人事登记。2. 各重要城市土地测量，其他地区土地陈报完竣。3. 全县公民宣誓一律举行，公职候选人检核足数。4. 各县城均设立警察机关，各乡镇保国民兵队一律完成组织及训练。5. 主要县道及乡村道路，均平治可以通行。6. 各县每乡镇设中心学校一所，没三保设国民学校两所。7. 每县设卫生院一所。8. 各县市政府及区乡镇公所，均依法组织完成，其干部人员均经训练，足以适应其业务。9. 全县职业团体依法完成组织。③ 非常明显，与此前的《地方自治实施方案》相比，此时的标准已经大幅度下滑，这又是国民政府回归

① 陈林树：《完成地方自治分级负责实施的作用》，《基层建设》1942年第9期，第3-5页。
② 李登俊：《本省各县地方自治事务进展概况》，《新福建》1944年第6卷第5期，第55页。
③ 李登俊：《本省各县地方自治事务进展概况》，《新福建》1944年第6卷第5期，第55-56页。

现实的一种表现。

（三）新县制推行的效果及原因分析

刘建绪在《地方自治与抗战建国》一文中首先表达了对新县制的赞同，但同时也指出新县制推行的效果并不好，他认为主要原因是“在执行的人员，对于地方自治多半没有充分的认识，一方面不能够把地方自治与战时动员统一起来，另一方面又不能够把各种建设事业统一在地方自治的总目标之下”[①]。以1943年各地推行地方自治的成绩观之（见下表4－9），这一结论就更加明显了。

① 刘建绪：《地方自治与抗战建国》，《新福建》1942年第1卷第6期，第56页。

表 4－9　1943 年地方自治事业推行统计表

项目		浙江	安徽	江西	湖北	湖南	四川	西康	河南	陕西	甘肃	青海	福建	广东	广西	云南	贵州	宁夏	总计
编查户口	已办理清查户口之县市局数	—	62	…	38	76	144	14	69	83	68	11	—	68	…	83	—	13	729
	已举办户籍及人事登记之县市局数	—	12	…	28	8	—	—	—	14	21	—	33	35	…	83	—	13	247
办理地政	已办土地测量之县市局数	28	10	…	2	76	…	—	2	10	6	—	…	13	…	—	—	13	160
	已办土地登记之县市局数	14	—	—	—	20	—	—	2	—	5	—	—	…	…	112	—	—	153
	已征收地价税之县市局数	1	—	—	—	20	…	—	1	3	6	—	…	…	…	—	—	13	44
	已办土地陈报之县市局数	—	—	—	5	55	…	—	62	691 乡镇	—	—	—	…	…	—	—	—	122、691 乡镇
开垦荒地亩数		—	60642	5647	…	1071203	…	…	222519	533280	…	—	61149	84480	32385	…	…	…	2071260
已举办乡镇造产县市局数		…	17	63	21	76	18	—	68	22	—	—	62	66	…	—	—	—	413
已整理财政县市局数		41	36	35	40	35	144	19	51	43	40	—	37	66	100	60	39	6	792

（续表）

项目		浙江	安徽	江西	湖北	湖南	四川	西康	河南	陕西	甘肃	青海	福建	广东	广西	云南	贵州	宁夏	总计
健全机构	调整县府县数	56	38	69	54	75	137	14	69	61	66	11	64	66	99	112	78	13	1082
	设立区署数	241	150	265	75	—	124	12	—	—	6	35	53	147	53	—	76	——	1237
	设立乡镇公所数	3120	2203	1884	1758	1616	4462	202	918	974	769	264	1380	4449	2343	1552	1463	140	29497
	设立保办公处数	39952	23780	19325	31855	20425	74949	1987	15621	7182	7191	854	14332	31197	23992	14367	12193	1101	342303
国民兵训练人数		801943	—	2903462	—	2052122	4448799	212446	621108	238792	30990	100000	1437534	627752	992410	64694	644457	…	15182509
开辟交通	已修筑县道公里数	1649	700	…	—	…	…	—	10900	12092	…	…	—	…	…	—	—	…	25341
	已修筑乡镇道路公里数	—	1550	…	—	…	—	—	…	…	…	…	2907	…	…	—	—	…	4457
设立学校	已成立中心学校数	1382	1553	1441	1463	1729	4401	182	1603	915	627	131	1289	2604	2271	1411	1355	73	24430
	已成立保国民学校数	7506	9376	6520	11520	24153	35049	1374	13117	11470	5318	775	4124	10721	23992	6544	6216	358	178168

（续表）

项目		浙江	安徽	江西	湖北	湖南	四川	西康	河南	陕西	甘肃	青海	福建	广东	广西	云南	贵州	宁夏	总计
推行合作	已设县合作联合社数	19	9	73	13	6	…	—	2	1	10	—	13	…	2	…	13	—	161
	已设乡镇合作社数	379	1042	811	455	122	90	6	608	432	168	3	354	…	…	16	532	390	5408
	已设保合作社数	982	2269	…	1876	1737	561	86	2809	1017	871	—	3090	…	…	31	1386	145	16860
	其他社数	686	542	10149	—	15522	21527	1086	3167	181	—	—	5503	6255	16330	—	8736	—	89684
办理警卫	已设警察局县数	41	14	…	15	75	37	…	67	24	4	—	64	11	…	12	8	12	484
	已设警佐室县数	—	29	…	—	—	77	…	2	37	61	11	—	57	…	—	51	—	325
推进卫生	已成立卫生院数	64	46	79	25	76	81	—	17	63	35	4	66	63	18	112	78	1	828
	已成立区卫生分院数	35	—	38	—	11	12	—	1	—	—	—	117	43	18	—	22	—	297
	已成立乡镇卫生所数	8	—	227	—	426	16	—	—	5	2	—	15	687	789	—	42	—	2217

资料来源 1.《统计月报》，1944 年第 89 期，第 19–21 页。

2. 本表根据内政部 1943 年度视察报告并参照各省报内政部的资料编制，表中资料大多数系 1943 年度内情形。

3. 表中符号“…”表示有资料而未据报告，“—”表示根本无该项资料或事实。

4. 关于实施救恤及厉行新生活两项报告资料空泛，故从略。

根据以上表格可以看到，新县制推行之后，地方自治确实取得了一定的成绩，特别是在自治机构之健全的方面，各地均取得不小的进步。这一点锦明亦曾论及，“新县制为地方自治之实施，据三十一年九月行政院报告，两年余来，全国实施新县制之数，凡达九四四县，已及全国大半。而其主旨，在完成地方自治，合管教养卫于一体，以从事于政治、经济、社会、文化、军事等建设，建立民意机关，已收相当成效。据四川省政府检讨报告，如促进自治建设，协助推行政令，调和地方意见，设立民生监察制度，成绩颇著。”①但此一效果并不能无限扩大，毕竟真正的自治事业譬如造产、开辟交通等进展并不明显。对此，高登艇曾对福建省推行新县制进行如下评价：“本省经拟具实施计划于二十九年一月实行，迄今已历三年有余，检讨过去成效，虽在组织机构方面已略具规模，而地方自治事业仍多未能如预期之进展。”②

之所以能够取得一定的成绩，原因主要有二：

一是国民政府对新县制的高度重视。这一点从前文所述之《县各级组织纲要》颁布后各省的反应可窥一斑。其二则是国民政府对地方自治的认识经历了一个从理想到现实的转折。如果比较南京国民政府颁布的几个自治方案，可以明显地看到，新县制其实是最接地气的一个，虽然其中自治的色彩大打折扣，但毫无疑问，这却是比较符合抗战时期现实情况的，所以其自治事业中如国民兵训练等能够得到最大限度的执行。

而成绩仍然不明显，原因大致有如下几点：

一是民权思想不发达。高经认为，“地方自治乃民权运动之结果，亦可以说是民主政治的产物。中国自辛亥革命以来虽号称民国，但始终没有实行真正的宪政，民族思想未能普遍发展，且因而□抑不伸，故人民对地方自治的基本热力不够。”③ 这是一个根本性的问题，在权利意识相当薄弱的情况下，意图生出主动的参与意识，无异于缘木求鱼、痴人说梦。

二是自治人才缺乏。自治人才是自治事业的中心，这在前文已多次论及，但至新县制推行之际，虽然国民政府对很多乡镇保甲长进行了短期的训练，但效果如何却很值得怀疑。傅慰民对当时乡镇长状态的描写很具代表性：“在

① 锦明：《农民组训与地方自治》，《农业推广通讯》1943 年第 5 卷第 10 期，第 3 页。

② 高登艇：《中国之命运与地方自治》，《新福建》1943 年第 4 卷第 2 期，第 5 页。

③ 高经：《推行宪政促进地方自治评议》，《新中华》1944 年第 11 期，第 7 页。

一般的县行政上看来，每个乡镇长，似乎对于每项要政，都能给你十分之六七的满足，似乎乡镇长又确已很健全了”，而实际上，“则无一件不是混乱不堪，而乡镇长被人控告的案件，大都多如山积，这种矛盾的症结，就是告诉我们：乡镇长在实际上，只是一种‘敷衍’的支持，而乡镇长本身，实在还没健全。”如有的乡镇长对于相关自治事业仅仅是凑足数字填写表册而已，有的乡镇长对于整编保甲、抽调壮丁更是敷衍塞责，更有的乡镇长这一职务本身就是用金钱买来的。总体来看，“一般乡镇长对乡镇工作的经验，确是丰富有余，而乡镇长对于自治事业的信心和信仰，则丝毫没有。”①

三是行政官厅的推行倡导存在形式主义。自清末地方自治推行以来，就存在一个顽疾，自治的官气太浓厚，往往是官厅颁布自治法令，自以为就能够令行禁止，而实际上，“虽经过政府及若干学者不断的倡导，但实际上始终停留在制订自治法规，颁布若干命令宣言，以及刊布一些提倡或讨论自治的文章，或作几次演讲的阶段，没有成为一种广泛而普遍的实际运动。”新县制推行以来，这种毛病仍然没有大的改观，“就今年而论，政府推行地方自治所采取的最实际的办法，不出于以地方自治列入乡镇工作之一。然而省政府之选择县长，县政府之选择乡镇长，并不问其对于地方自治是否具有认识及热忱。省级行政机关之所求于县政府者，以能达成省行政本身或其委办事务为主，而县行政机关所求之于乡镇者亦然，县长之去留以能否达成省级要求为准；乡镇长之任免，亦以能否达成县级要求为准。县乡镇长均以上级机关的立场为立场，而失去其本身的地方立场，甚至把乡镇长当官做，以管制人民征取人民为最高任务，或且目中只在乘机剥削人民，地方自治正与其本身利益相反，欲这种县乡镇机构或其行政人员来诚意推行地方自治，结果没有不是虚应故事，而实际上则是一种矛盾。至于社会人士倡导地方自治，亦从来几乎没有在实际上去参加地方自治活动，以致数十年来的倡导，都局限在一个极小的圈子里，而且落了空。”②

四是地方事权被剥夺。根据孙中山地方自治思想，地方自治推行的前提是中央与地方的均权，要把属于地方的权力切实划归地方，然后在最大限度地发挥地方人民的积极性与主动性。但是因为中国几千年集权专制的传统，

① 傅慰民：《充实县地方自治的中心工作》，《福建训练月刊》1943 年第 1 卷第 3 期，第 17-18 页。

② 高经：《推行宪政促进地方自治评议》，《新中华》1944 年第 11 期，第 7-8 页。

这一趋向很难扭转，地方自治的推行，往往是一种集权代替另外一种集权。民国初年省县分权划分不明导致集权于省，县变成了被动的执行机关。新县制颁布之后，县的权力初步确定，而乡镇权力却不明确，结果导致县政府集权。“自省县财政划分，新县制实行以后，县职权虽略见确定，但如上述情形一样，乡镇又无本身事务，一切均集中到县政府手里，乡镇应办的事均为县级机关所独揽，或置乡镇于完全被动的地位。”所有自治事项，“初不问各乡镇保环境如何，一律均为强迫的硬性的规定。而筑路挖塘建陂所需的工料，则一律责成乡镇保甲长向人民征取。所以地方的事不由地方办，被动地办起来亦未必适合当地实际需要，结果使人民感觉地方的事，并不是自己的事，县乡镇并非自己的组织，亦不是自谋利益的机关。代催赋税，摊派捐款，征工征料，征兵及若干警察职务，乃乡镇保甲唯一的事务。这些机构在人民看起来都是政府的催征吏，征取人民的组织。”①

五是地方事业无经费。毫无疑问，各项地方自治事业的创办，都是以有充足的经费为前提的，但在民国政府推行地方自治的过程中，自治经费困乏是贯穿始终的瓶颈。新县制之后，县级经费得以确立，但乡镇并无事业经费，结果仍然是一种虚的机体，在苛捐杂税已经很重的情况下，让地方上再筹措经费，去办理本来就属于被动的事务，自然很难引起人民的兴趣和责任感。

总体来看，至新县制，管教养卫真正形成一个完整的系统，其标志着国民政府执政理念从理想主义回归现实的一种趋向。在此之前，地方自治主要属于国民政府整理基层社会政治秩序的举措，在此之后，地方自治则不仅仅负有整合基层社会政治秩序的重任，同时还是推进教育、经济、卫生等事业的重要途径。面对外来侵略的加剧，这一体系具有明显的民族主义情绪与急功近利的性质，民主色彩的淡化必须拿到这一大的背景下来思考。实事求是地讲，为了抵御日寇的进攻，整理支离破碎的河山，这种强化控制基层社会，加强抵御能力的做法也并非完全不可取。但可惜的是，因为诸多现实因素的制约，这一制度并没有得到很好的贯彻，另外，在抗战结束后，国民政府没有及时调整思路，继续通过此一途径来整合基层社会，结果遭到民众的反对而为国民党政权的败亡埋下了伏笔。

① 高经：《推行宪政促进地方自治评议》，《新中华》1944年第11期，第8页。

四、公民宣誓登记制度

在南京国民政府推行地方自治的过程中，公民宣誓登记制度是贯彻始终的一个事物，通过对这一特殊事物的分析，也许可以进一步透视南京国民政府地方自治所陷入的困境。

（一）公民宣誓登记制度出台的背景

宣誓制度由来已久，其主要是针对政府行政人员，通过宣誓以增强其为公众服务的信念。而公民宣誓登记制度在世界上比较罕见，在中国更属首创，从其推出的背景看，又有历史的必然性。

第一，近代中国基层社会传统政治秩序的逐步瓦解。中国传统基层社会政治秩序是儒家思想指导下的绅治。其稳定性主要得益于两项举措：一是儒家思想自汉武帝始逐渐取得独尊的地位，其后无论形式与内容的变化，始终是执政者塑造政治信仰、汲取合法性资源的宝库。以儒家思想为支撑，绅治成为古代中国整合基层社会行之有效的政治制度，作为联系国家与基层社会的中间力量，绅士阶层就像弹簧，有效地缓解着国家与社会之间的矛盾，保障了基层社会的稳定性。近代以降，受西方政治思想与制度文明的冲击，中国基层社会传统政治秩序瓦解的速度加快：对于西方政治思想，郑观应、王韬等人介绍于先，康有为、梁启超等人倡导于后，形成对传统儒学的直接冲击。这一局面在甲午战后变得更加明显，冯友兰把康有为作为中古哲学（或谓之经学）时代结束的界标，于此可谓有深意。① 就制度文明来看，清末预备立宪期间，清廷在基层社会大力推行地方自治，这种制度化的国家权力下延，给予传统绅治以有力的冲击，出现了一批以体制内力量为后盾的权绅，在国家与社会博弈的过程中，他们更倾向于做国家的代言人而不是区域社会利益的维护者。民国初年之地方自治屡经波折，仍不脱“绅治”的窠臼，且随着士绅阶层的劣化及其功能的异化，致其在区域社会的威望急剧下降，难以发挥国家与社会之间润滑剂的作用。传统政治秩序的解体是催生新的政治秩序的重要动因。

第二，国民革命时期基层社会政治秩序整合的不彻底性。大革命不但是军事上的北伐，更是对基层社会政治秩序整合的过程，国共两党共同提出打

① 冯友兰：《中国哲学史》，华东师范大学出版社，2011。

倒“土豪劣绅”的口号并付诸实践，进一步瓦解了传统的绅治格局。因打倒土豪劣绅而在基层社会形成的权力真空，由中国国民党在各地建立的党部进行填补，正式开启了近代中国基层社会党化与科层化的历史。在基层政权接收的过程中，因为年轻党员的资历并不足以在区域社会形成较高威望，导致最初的整合陷入困境。随着国共两党合作的破裂，为了尽快站稳脚跟，党部派出人员往往转头对传统势力示好，形成了革命势力与传统势力共掌基层社会的政治局面。“国共合作以及北伐战争时期在许多基层社会曾经一度被颠覆了的旧有的统治秩序，经过‘清党’又迅速恢复。多数地方的豪强或士绅又重新成为政权与下层民众之间的连结枢纽。”① 革命尚未成功，已向传统势力妥协，这一现象导致“革命势力”对基层社会政治秩序整合的效果大打折扣。进而论之，这种整合的不彻底性对未来国家基层社会政治秩序的建构产生了深远的影响，“‘大革命’退潮之后，国民党放弃了‘打倒劣绅’的政治诉求，转而选择制度重建路径实施国家权力向乡村社会的渗透。”② 历史证明，南京国民政府为此推出众多措施来加强对基层社会的整合，公民宣誓登记制度就是典型举措。

第三，南京国民政府建立之后基层社会的涣散状态。在传统中国，士绅阶层不但是国家与社会的润滑剂，还是联系国家与社会的纽带，“过去政令之传达于民众，完全由于士绅阶级。民众有什么要求，由彼上闻；政府有什么设施，由彼下达。政府与民众的联系，只是这个没有法定地位的士绅阶级。”③ 大革命后期在基层社会所形成的新旧势力联合执掌政权的政治格局，不但没有理顺国家与社会之间的关系，而且产生了新的隔阂。南京国民政府形式上统一全国并不代表其对整个国家的有效统治，除了存在于各地的实力派之外，如何把基层社会纳入现代政党国家的建设中是南京国民政府必须正视的重要问题。所以，在军事上取得暂时性的胜利之后，南京国民政府从党、政两个方面着手，全面巩固基层社会秩序，以保住已经取得的果实。就南京国民政府初期实践的情形看，其对基层社会的整合显得有些鞭长莫及、力不从心。其中政党建设就存在不小的问题。据王奇生研究，南京国民政府成立之后，

① 杨奎松：《1927 年南京国民党“清党”运动研究》，《历史研究》2005 年第 6 期，第 61 页。

② 王先明：《乡绅权势消退的历史轨迹——20 世纪前期的制度变迁、革命话语与乡绅权力》，《南开学报》2009 年第 1 期，第 95 页。

③ 金半欧：《自治与自卫的一种观察》，《地方自治》1935 年第 3 期，第 3 页。

虽然致力于党国建设，但因为基层党员力量薄弱和素质参差不齐等原因，致使国民党并没有能够真正地掌控基层社会。政党不能有效渗透基层社会的现实，势必需要其他的制度设计作为补充。在这样的背景下，公民宣誓登记制度便粉墨登场。

总之，无论是历史的原因，还是现实的因素，公民宣誓登记制度的推出有其历史的必然性。

（二）公民宣誓登记制度推行的过程

公民宣誓登记制度把宣誓与登记结合在一起，分宣誓和登记两个步骤：首先是宣誓，主要是向三民主义、五权宪法表达完全拥护、始终不渝之意；其次是登记，只有登记才能成为公民，然后享有公民的权力。

1929年9月，国民政府公布《乡镇自治施行法》，其中第七、八、九条是关于公民宣誓登记的内容。第七条主要为公民宣誓登记之资格限定，“中华民国人民，无论男女，在本乡镇区域内，居住一年，或有住所达两年以上，年满二十岁”。有左列情事之一者，将不能参加公民宣誓登记：“一、有反革命行为，经判决确定者；二、贪官，污吏，土豪，劣绅，经判决确定者；三、褫夺公权，尚未复权者；四、禁治产者；五、吸用鸦片，或其他代用品者。”第八条则是宣誓时的誓词：

〇〇〇正心诚意，当众宣誓：从此去旧更新，自立为国民，尽忠竭力，拥护中华民国，实行三民主义，采用五权宪法，务使政治修明，人民安乐，措国基于永固，维世界之和平！此誓。中华民国〇〇年〇〇月〇〇日，〇〇〇签字立誓。

宣誓完毕，乡镇公所将宣誓人登记为乡镇公所公民，除将公民名册呈报区公所，并将誓词及公民名册汇请区公所转呈县政府备案。[①]

这是南京国民政府所颁布的第一个关于公民宣誓登记的法律文件。

同年12月20日，内政部公布《乡镇公民宣誓登记规则》，对《乡镇自治施行法》所规定之公民宣誓登记制度进行了更加详细的解释，如“宣誓分左列两种：一、定期宣誓，由乡公所或镇公所于每年开乡民大会两个月前调查资格，召集举行；二、临时宣誓，由人民随时向乡公所或镇公所请求调查资

① 良常于定：《地方自治法规》，1931，第22-23页。

格，召集举行。前项临时宣誓，乡公所或镇公所，得视人数多寡，择期举行，但人民因必要情形，须速宣誓时，应依其请求行之。”并规定宣誓仪式：“一、全体肃立；二、唱党歌；三、向国旗党旗及总理遗像三鞠躬礼；四、主席恭读总理遗嘱；五、主席领读誓词，人民均举右手目行唱名循声朗读；六、主席训词；七、监视人训词；八、礼成。”誓词内容与《乡镇自治施行法》中的相同。① 1930 年 9 月 25 日，内政部又公布《城市公民宣誓登记规则》，其基本程式与《乡镇公民宣誓登记规则》相同，只是宣誓登记的主角由乡镇公民变为市民，宣誓地点也从乡（镇）公所转移到坊公所。②

公民宣誓登记规则在此后还有多次修改，如 1936 年 6 月 27 日，国民政府发布命令：废止《乡镇公民宣誓登记规则》《市公民宣誓登记规则》，而代之以《公民宣誓登记规则》，③ 其背景则是根据国民政府第五次全国代表大会规定，国民代表大会即将召开，而以往之公民宣誓制度与“国民大会代表选举法所规定之公民资格，微有出入”，④ 另外，将城市公民及乡镇公民宣誓规则合并在一起进行颁布，“以利实施”。⑤ 在内政部公布的《公民宣誓登记规则》中，对不得进行公民宣誓登记的人做出了新的规定：“一、背叛国民政府，经判决确定，或尚在通缉中者；二、曾服公务而有贪污行为经判决确定，或尚在通缉中者；三、褫夺公权者；四、禁治产者；五、有精神病者；六、吸用鸦片或其他代用品者。”这个法令包括乡镇公民及城市公民，其各在所在地（乡、镇公所或坊公所）举行公民宣誓登记，不再分别规定。⑥ 为了选举国民大会代表，各地政府要求加快公民宣誓登记的进程。⑦

1942 年 2 月 23 日，内政部又公布《公民宣誓登记暂行办法》，公民宣誓登记的资格及誓词都发生了较大的变化，如其规定：“凡中华民国人民，无论男女，在县区域内，居住六个月以上或有住所达一年以上，满二十岁者为县公民，依本办法规定宣誓登记。”⑧ 誓词亦变为：

---

① 良常于定：《地方自治法规》，1931，第 60–61 页。
② 广州市市政府第一科编辑股：《广州市市政公报》1930 年第 371 期。
③ 内政部公报处：《内政公报》1936 年第 6 期。
④ 内政部公报处：《内政公报》1936 年第 6 期，第 42 页。
⑤ 湖北省政府秘书处公报室：《湖北省政府公报》1936 年第 219 期，第 9 页。
⑥ 湖南省政府秘书处公报室：《湖南省政府公报》1936 年第 484 期。
⑦ 湖南省政府秘书处公报室：《湖南省政府公报》1936 年第 484 期，第 16 页。
⑧ 胡次威编：《地方自治实施方案法规汇编（下）》，大东书局，1947，第 463 页。

〇〇〇誓以至诚奉行三民主义，拥护国民政府，服从最高统帅，履行公民应尽之义务，分担抗战建国之大业！谨誓。中华民国〇〇年〇〇月〇〇日，〇〇〇签字盖章立誓。[①]

公民宣誓登记内容发生较大变化，主要受当时社会大环境的影响。在日寇疯狂侵略的恶劣环境下，很多人过着颠沛流离的生活，要在某个地方安居已变得十分困难，因此，在宣誓资格上不得不将居住时限缩短。该办法中“公民在本乡（镇）登记后，如有迁居至其他乡（镇）时，应为移转之登记”的规定，同样说明这个问题。[②]

战后，国民政府为了尽快恢复对基层社会的统治，重新把公民宣誓登记推广到基层（特别是收复区）。如1946年3月，江苏省民政厅电令各区专署、市政府、县政府，仍然沿用内政部1942年2月23日公布的《公民宣誓登记暂行办法》，[③] 只是简单将誓词修正为“余等誓以至诚奉行三民主义，拥护国民政府，服从最高统帅，履行公民应尽之义务，分担建国之大业。谨誓”[④]。将“抗战建国”改为“建国”。因为财政支绌、严重的形式主义等原因，此次复行公民宣誓登记制度之效果亦为时人所诟病，1947年7月，公民宣誓登记叫停，公民资格根据市组织法来确定。[⑤]

（三）公民宣誓登记制度实施的效果

公民宣誓登记规则颁布之初，各级政府部门是比较积极的。《乡镇公民宣誓登记规则》颁布后，江苏省通令各县县长从速办理公民宣誓登记。[⑥] 奉贤县县长回忆说：“自遵照内政部所颁《宣誓登记规则》，奉贤在前县长任内，已开始办理。我接任后，复严加督促，积极赶办。至一九三〇年十一月，全县

① 胡次威编：《地方自治实施方案法规汇编（下）》，大东书局，1947，第466页。

② 胡次威编：《地方自治实施方案法规汇编（下）》，大东书局，1947，第464页。

③ 江苏省档案馆藏：《本省单行自治法令章则》，江苏省档案馆藏，1002－乙－2671，缩微：002591。

④ 江苏省档案馆藏：《本省单行自治法令章则》，江苏省档案馆藏，1002－乙－2680，缩微：001117。

⑤ 《法令周刊》，1947年第10卷第26期，第6页。

⑥ 张玉法主编：《中国现代史论集·第八辑·十年建国》，联经出版事业公司，1982，第35页。

公民宣誓登记完成。”① 溧阳县公民宣誓登记亦取得相当成绩。② 南京市为了赶办公民宣誓登记，经市政府决定，酌给各区公所临时费三十元，以使雇员赶办。③ 贵州省自治筹备处特别发布公告，阐释公民宣誓登记的意义及方法：“公民宣誓登记，譬如一株大树的根本，又如一幢大屋的石脚，若是大树无根本，它的枝干便不能生活，大屋无石脚，它的楼阁便不能存在，我中华民国的人民，若不经过公民宣誓登记，也就好像大树无根本，大屋无石脚，而公民资格永远不能取得，民权也就永远不能运用，那么，还说的上什么民国主人翁的地位吗？”④ 部分地区还将公民宣誓登记制成标语，以引起人们的关注，如：

办理公民宣誓登记是奉行总理的遗教。

办理公民宣誓登记时奉行中央的法令。

公民宣誓典礼是极郑重的典礼。

经过宣誓登记的人始能取得公民资格。

经过宣誓登记的人始能依法行使选举、罢免、创制、复决等四权。

公民宣誓登记是人民参预政治的始基。

公民宣誓登记时人民取得自治权的表示。

办理公民宣誓登记是筹备地方自治的重要工作。

没有经过宣誓登记的人不能过问地方公共事务。

没有经过宣誓登记的人不能参加区民大会及乡镇民大会。

举办公民宣誓登记决不是向人民摊派捐款。

举办公民宣誓登记的费用一概是由公家出钱开支。⑤

1936 年，国民政府宣布召开国民代表大会，选举国民代表大会代表。公民宣誓登记再次成为必要的程序。当新的《公民宣誓登记规则》公布之后，江苏省再次掀起公民宣誓登记的热潮。南京作为首都，提出要做全国公民宣

---

① 《江苏文史资料》编辑部：《江苏文史资料第 112 辑耆年忆往》，江苏文史资料编辑部，1998，第 100 页。

② 中国人民政治协商会议江苏省溧阳市委员会文史资料研究委员会编：《溧阳市文史资料第 10 辑》，溧阳市委员会文史资料研究委员会，1993，第 173 页。

③ 《南京市政府公报》，1932 年第 109 期，第 51 页。

④ 《贵州自治月刊》，1931 年第 2 期，第 14 页。

⑤ 《贵州自治月刊》，1931 年第 2 期，第 20 页。

誓登记的模范。[①] “自廿五年七月间，全市户口总复查完成后，即继续办理公民资格调查，分发公民誓词，举行公民宣誓典礼，总计全市宣誓公民有五十七万九千八百二十一人。”[②] 上海特别市党部发出《为举办公民登记与公民宣誓告同胞书》，指出此次公民宣誓登记的意义：“凡经公民登记宣誓的人民，便取得公民权，便是接受三民主义的好国民，而可以参加本年国民大会选举。”并提出口号：“（一）履行公民登记与公民宣誓，才能取得公民权！（二）有了公民权，人民才能有参政权！（三）放弃公民权，不是人民的美德！（四）尊重公民权，就是尊重人民自己的人格！（五）快快去踊跃履行公民登记，与公民宣誓！”[③] 浙江省党部恐一般民众对宣誓登记的意义不甚明了，特别是在1936年8月3日举办的宣传大会上指出“宣誓是一种服从三民主义，努力实行三民主义的表示”，“以免政权落入反革命手中”。[④] 湖北襄阳民众教育馆、宜昌民众教育馆更是特设“公民宣誓登记教育周”，延请当地名人演讲公民宣誓登记的重要意义等等。[⑤]

但对地方政府的行为，又不能简单地以“积极”来评价。因为期限紧迫、行政经费支绌，不少地方并没有严格按照宣誓登记的步骤办理。1936年，在湖北省民政厅长所提得“为本省各县市办理公民宣誓登记经费拟具概算请公决案”中，就十分明确地表明：“宣誓登记，手续繁重，限期迫促，各县县政府经费有限，办理此事，须印刷宣传品，派员赴各乡宣传指导，在在需费，且依照宣誓登记规则规定各县以乡镇为单位，各乡镇联保办公处经费极少，原有书记一人，势难兼顾，雇人襄办，亦需酌给最低伙食”，等等。[⑥] 福建古田县亦有公民宣誓登记，“其纸张费用为数颇巨”的说法。[⑦] 因此，有些地方干脆取消宣誓仪式，而改由个人在誓词上签名的方式，即在调查的同时，把预先订好的誓词本携带至该户，“将誓词一联裁下留交该户给本人亲自签署，约日收取，如肯即时签署者，即行带回，无须约日收取”，“人民签署誓词，

---

① 《南京市政府公报》，1936年第168期，第92页。

② 秦孝仪主编：《革命文献》（第九十三辑：抗战前国家建设史料：首都建设（三）），中国国民党中央委员会党史委员会，1982，第81页。

③ 《上海党声》，1936年第2卷第15期，第19页。

④ 《新闻杂志》，1936年第1卷第10期，第19页。

⑤ 《湖北民教》，1936年第1卷第1期，第69、72页。

⑥ 《湖北省政府公报》，1936年第224期，第3页。

⑦ 《福建省政府公报》，1936年第623期，第11页。

经乡镇公所收到后，即为已经宣誓，不再集合举行宣誓仪式。”[①]

仪式简化的问题在战后更加严重。就战后的江宁、南通、吴县三县来看，初期对于公民宣誓登记态度尚属积极。但是好景不长，很快便出现了问题。究其原因，则与各县政府经费支绌有关。1946 年 1 月 13 日至 10 月 23 日，江苏省民政厅厅长巡视各县市，其巡视报告总结说：“江南各县以治安较稳定，财力亦稍优厚，对民政、财政、教育、建设、军事、田粮、社会等项均能排除困难，办有成功。……苏北新收复淮属各县，因地区未能全部开展工作，财源枯竭，对上述业务推行较困难。……就通常言之，各县最大缺点厥为财政困难，入不敷出与待遇菲薄，难于罗致相当人员。”[②] 以江宁、南通二县而言，其举办宣誓所需经费支出浩大，江宁县“应用之公民证、宣誓词及登记名册，经依照规定式样并按需要数量招工核实，估计当以南京太平路源丰祥印刷纸号，估价最低核计印刷工料费，共需国币二百七十六万元整。”[③] 南通县仅就收复区公民宣誓登记即需一百六十万四千元。[④] 花销开支过大使宣誓登记难以按照既定程序严格办理。1946 年 7 月，江苏省民政厅长提出议案于省临时参议会“为拟具各县办理公民宣誓手续及誓词用纸变通案”[⑤]，后拟定一个《县办理公民宣誓手续及誓词用纸变通简化办法草案》，该草案第一条规定“各县办理公民宣誓尚未拟具预算，呈准核定施行者，依本办法变通简化办理之。”其特别规定，“誓词用纸改以甲为单位，各该甲内公民共同填具一份”。[⑥] 省临时参议会的议决则进一步修正为以保为单位，采取集体宣誓的方法。理由则是其时财政困难，筹款不易，为节约而省民力，简化手续，节约物力。[⑦] 此办法得到民政厅的认可。为了节俭经费而改为集体宣誓，由个人而甲，由甲而保，单位愈大，神圣感愈小，愈难以激发人们内心的使命感，效果也就难以保证。政治仪式的功能本来是为了强化政治认同，一旦仪式变成了形式，其效果往往适得其反。

以上为官方的表现，且看民众的反应如何？常熟县曹师柳在《伪国大代

① 《市政季刊》，1934 年第 2 卷第 4 期，第 17-18 页。
② 江苏省档案馆藏：《卅五年度厅长巡视报告表》，1002-乙-2968，缩微：002152-002155。
③ 江苏省档案馆藏：《各县办理公民宣誓登记》，1002-乙-2777，缩微：001127-001128。
④ 江苏省档案馆藏：《各县办理公民宣誓登记》，1002-乙-2777，缩微：001176-001177。
⑤ 江苏省档案馆藏：《本省单行自治法令章则》，1002-乙-2680，缩微：001107。
⑥ 江苏省档案馆藏：《本省单行自治法令章则》，1002-乙-2680，缩微：001115-001116。
⑦ 江苏省档案馆藏：《本省单行自治法令章则》，1002-乙-2680，缩微：001135。

表选举的丑剧回忆》中记述："江苏省伪选举总监督余井塘就职之后，各县即举办公民宣誓登记。常熟县在一九三六年八月十二日，城厢十四镇同时开始，乡区于后一日全部举行。那时伪县府以筹备工作时间较紧，颇为紧张，而一般公民，对选举并不关心，很多不明真相的，不肯宣誓。伪县府责令各乡镇长，分别督促伪保甲长及镇丁等，挨户宣传，说明公民登记的意义，强调必须宣誓以后，才能取得公民资格，才能有选举权和被选举权，才能参加选举。还官样文章地规定吸食鸦片、受过刑事处分和褫夺公权者，不得宣誓。尽管大吹大擂，广大人民还是托故规避。其实当时选举人名册，早经造就，有许多根本是张三李四胡乱填写的。通过这个形式的'宣誓'，次日即宣布城厢有三万多人登记。这种情况，在旧社会里，任何一届选举，都是如此，毫不奇怪的。"在此之后，无锡、吴县等地因公民宣誓登记只有十之六七到场，地方政府不得不补行宣誓，如同儿戏一般。[①]"黎民"亦记述了1936年自己的一次亲身经历：因为东北沦亡，作者流落到南方某地，不及半年，他就收到了一张某某区公所的邀请公民宣誓登记的公函，因按定章他本无公民宣誓登记的权利，这让他感觉十分诧异。等去了之后，他才发现，这是为了给某位要参加国大代表选举的同乡拉票而进行的宣誓。诧异之际，倒是一位同乡一语中的，"这是形式啊!"[②] 舒芜则对1945年发生在重庆的公民宣誓登记进行评价说："只要照预定的誓词读一遍（或者还要把右手举一举），在预定的表格里填几个字，然后拿一张《公民证》回来，就已'取得公民资格'，从此安享种种'基本权利'，岂非容易简单之至。"[③] 由此可见，虽然部分人参加了公民宣誓登记，但这并不代表其对国民政府所推行政策的认同。因为严重的形式主义，反而激起了人们对它的抵触情绪。

总之，公民宣誓登记制度并未取得南京国民政府所希望看到的效果。其原因除了期限紧迫、行政经费支绌、严重的形式主义等现实性因素外，深层次的原因则根植于南京国民政府制度设计中明显的建构理性倾向。

（四）公民宣誓登记制度效果不佳的深层原因

从某种意义上讲，公民宣誓登记制度是近代中国基层社会政治秩序整合

---

① 中国人民政治协商会议江苏省常熟市委员会文史资料研究委员会：《文史资料辑存（第5辑）》，常熟文史资料委员会出版社，1980，第2-3页。

② 黎民：《宣誓记》，《论语半月刊》1936年第97期，第11-12页。

③ 舒芜：《挂剑集》，海燕书店，1947，第109-110页。

的创新之举，但其建构理性也是非常明显的：从学理上讲，公民宣誓登记制度符合政治哲学的一般逻辑，即遵循了政治信仰塑造与政治制度设计内在统一的一般规律；从现实层面来看，此一制度与国情民意却是不符的，即此一制度设计的出发点完全是国民政府强化自身统治的需要，而忽略了实际国情与民众的真实诉求。“一个政府如欲稳固安定，如欲真能得到人民的信仰，必定要反映和表现在该政府统治下的人民民主精神观念和道德情操。”① 而南京国民政府的做法恰恰与此相反。

根据政治哲学的理论，秩序可分为自然秩序和社会秩序，其中社会秩序又被分为内在规则和外在规则。政治秩序从属于社会秩序，其亦可以分为内在秩序（政治信仰等）和外在秩序（政治制度等）。而政治制度与政治信仰恰如一个硬币的两面，是内在统一的。伯尔曼曾言，“法律必须被信仰，否则形同虚设”②。与此同理，政治制度如欲取得良好的效果，其必须得到民众的信仰，且前提是政治秩序之内在秩序与外在秩序的有机统一。在一定程度上看，公民宣誓登记制度是符合政治哲学的内在逻辑的。作为一种制度设计，公民宣誓登记制度同时又是南京国民政府塑造政治信仰的重要抓手。湖北省民政厅厅长在省党部公民宣誓宣传周的讲词中说很明白：调查登记是为了在选举国大代表时防止“冒滥”，宣誓是为了“由外表的仪式，坚决其内心的信仰，以健全一般选民之意志，使之能够推选出真正健全的代表”③。即公民登记的前提是宣誓，通过宣誓塑造人们对三民主义、五权宪法以及领袖的政治信仰。由此可见，公民宣誓登记制度把信仰塑造和制度设计结合在一起，这种内在的统一性体现出它在理论逻辑上的正确性。

毫无疑问，公民宣誓登记制度是执政者为整合基层社会秩序而推出的，结合前文所述，南京国民政府历次所颁宣誓登记规则，可见其目标主要有三：一是通过公民宣誓登记制度强化人们对三民主义、五权宪法以及领袖的信仰，并以此扩大国民党政权的统治基础，巩固南京国民政府孙中山合法继承人的正统地位。二是排斥共产党及其他敌对势力。在登记取得公民权的限制中，明确规定共产党等敌对势力是不包括在宣誓登记的范围之内的。④ 杭州市公民

① 迦纳：《政治科学与政府·绪论·国家论》，东方出版社，2014，第47页。

② 伯尔曼：《法律与宗教》，商务印书馆，2012。

③ 《湖北省政府公报》，1936年第225期，第34页。

④ 黄道彬、王谟：《贵州自治月刊》，1931年第2期，第15页。

宣誓登记宣传大会上有人指出："中华民国是三民主义的国家，三民主义的民权是革命的民权，我们的民权不同，就是说我们的民权不给与反革命者，必要这一个人表示他是服从三民主义，实行三民主义才给他公民权，怎样的人才给他呢，必也等到宣誓以后，宣誓是一种服从三民主义努力实行三民主义的表示。"① 三是公民宣誓登记制度还蕴含着加强领袖个人独裁的价值取向。这一点突出表现在抗日战争和解放战争时期，誓词中所谓服从最高统帅，已经把对孙中山的个人崇拜移植到蒋介石的身上。对这些目标的强烈追求使执政者更多地关注此一制度的理性设计，而忽略了国情民意。

首先，它与当时中国国情是不相符的。第一，南京国民政府时期，中国一般民众的智识严重不足。"我国不识字者，占全人口百分之八十，约为三万万余人。"② 有人对1935年江苏省人口的识字情况进行调查，结果表明，江苏省识字者不及总人口的15.21%，文盲则超过84.79%。③ 经济文化繁荣之地尚且如此，其他地方更可想而知。根据公民宣誓登记规则的文本解释，此一制度是为了人民享有公民权，推行地方自治。但因为一般民众教育程度普遍较低，对地方自治尚没有形成足够的认识，梦涛感慨："诚以中国之大，四万万人民之众，类皆无能之阿斗。即千分之一之知识分子之中，除去思想腐化，与行动恶化者之外，能切实为人民办理自治者，实不多见，即有少数热心之人士，恐亦于自治之精义，知之不深。"④ 甘乃光认为"民众教育尚未普及，对于自治运动，向无深切认识，加以革命政府几经挫折，虽经极力宣传提倡自治，人民仍未感觉兴趣"⑤。对地方自治态度如此，其对通过宣誓而获取公民权的制度就更加兴味索然了。第二是社会不靖的现实。毋庸讳言，内忧外患是南京国民政府建立之后所面临的整体社会环境，其必然对公民宣誓登记制度的推行产生影响。第一次国内革命战争时期，南京国民政府对公民宣誓登记制度的推行尤为积极，后受战争影响，不少地方不得不暂缓此一制度的推行，如河南省政府虽然认为"公民宣誓登记，在实行革命民权，实含有重大意义，必经此详密手续，始能为民权之享有"。但是，"适以国难当前，并

---

① 亦由：《新闻杂志》，1936年第1卷第10期，第18页。

② 钟鼎铭：《地方自治与识字运动》，《中央导报》1931年第7期，第202页。

③ 《江苏省保甲总报告》，镇江江南印书馆，1936，第114-116页。

④ 梦涛：《地方自治实行法之解剖》，《村治月刊》1929年第1卷第10期，第4页。

⑤ 甘乃光：《中国地方自治事业进行近况》，《大陆》第1卷第5期，第5页。

剿共善后为完成人民自卫之急切需要，预植国家御侮之远大基础，先行办理编组保甲，而乡镇自治组织，因而暂停进行，公民宣誓登记，亦从缓举办。"[①]抗日战争时期，公民宣誓登记制度一度中断。解放战争时期，内战再次爆发，公民宣誓登记制度再次登台后不久即惨淡谢幕。

其次，国民政府的执政目标与部分已经"觉醒了的民众"对民主自由的追求相矛盾。虽然公民宣誓登记制度标榜的是推行地方自治，实现宪政国家的基本前提，是"为取得公民资格之唯一条件"，[②]"系确立公民之资格，亦自治实施之基础。"[③]但实际执行的过程中，国民政府通过此一制度加强领袖个人独裁，使全民信仰一个主义、一个政党，甚至一个领袖。这种做法与法西斯主义如出一辙。如果说在全民族抗战的情况下，人们还能够在一个领袖的领导下反击日寇的侵略和蹂躏；在抗战结束之后，随着人们对民主自由要求的高涨，国民政府就必须进行及时的调整政策以符合民意。但国民政府罔顾民意，继续倡导服从最高统帅，这种强化个人独裁的论调为它最终的失败埋下了伏笔。

最后，公民宣誓登记制度推行的最终结果是：对于智识贫弱的一般民众，它缺乏基本的吸引力；对于有智识的已经"觉醒了的民众"，因该制度对民主自由的反动而产生更严重的认同危机。总之，公民宣誓登记制度推行效果不佳的根源就在于把秩序建构寄托于理性的制度设计，而与国情民意渐行渐远。

第三节　南京国民政府时期地方自治的反思

一、理论上的进步

中山遗教被奉行，使南京国民政府时期的地方自治有了理论上的依据，而对西方近代地方自治更加严谨的研究，使人们对地方自治的认识有了新的

---

① 《河南省政府年刊》1932年，第5页。

② 《广东省政府公报》1932年第182期，第71页。

③ 秦孝仪主编：《革命文献》（第九十三辑：抗战前国家建设史料：首都建设（三）），中国国民党中央委员会党史委员会，1982，第107页。

进步。

如张汇文对官治与自治的分野进行了明确的界定，“官治与自治是两个对待的名词，正如专制与民治的对待是一样。……官治与自治在地方上也是同样的性质，在地方上，如果事事都要靠政府派去的专任官吏去办理，那便谈不到人民的自治；反而言之，如果一个地方上的事务，都是由人民自己直接或间接去处理，则无须再假手于国家所专任的官吏。即使地方上有类似官吏地位的职员，但是他们的去留与行动，都要取决于地方人民的公意，而非取决于上级政府的命令。不过，官治与自治也并非水火不相容，因为，绝对的官治与绝对的自治都是不合理的政治。我们所当区别的，乃是在性质上二者相处之地位。简单说，自治完全是以人民为主体，人民是处于主动的地位，而非处于被动的地位。在官治之下，人民是处于被动的地位，官吏所注重的，多半是在应付上级政府的命令，或是去执行国家的法律，那便是一种由上而下的政治。自治乃是一种由下而上的政治。由上而下的政治乃是专制的表现，由下而上的政治乃是民主政治的基础。”① 此一对官治与自治的界定是清晰的、科学的，其既说到了官治与自治的不同之处，同时也点到了两者的内在联系。

而金建宏对县之行政性质与自治性质亦有明确的认识，“行政系统，自上而下，已如上述，由中央而省而县，为纵的组织，不过县居行政系统之末级耳。至一县之地方自治组织，系由区乡镇闾邻编制而成，为一县之横的组织，……况其性质，县行政为行政官厅之行政，为官治行政，自治团体所行之行政，为自治行政，行政官厅为国家之直接机关，无独立人格，其发表之意思，自身根本无独立意思之主张，仅为国权发动下之一机关，其作用宛如机械，既未在法律上取得公法人地位，又不能自有其权利义务之主张，而自治团体，不但非国家直接机关，依法又有独立之人格，其所发表之意思，为团体自身之主张，且又能在法律上为权利义务之主体，是以地方自治之本身，实较行政官厅为活跃，而有发展性，在国家苟能立于监督地位，予以充分权力，勿限制过严，利用此种自治组织，以图地方事业之发展。”② 此一论述凸出了县之性质的特殊，作为行政性质的末梢与作为自治性质的基本单位使其

① 张汇文：《地方自治的基础》，《播音教育月刊》1937 年第 1 卷第 9 期，第 14 页。

② 金建宏：《县行政与地方自治论》，《县政研究》1938 年第 1 卷第 1 期，第 82-84 页。

成为联结官治与自治的枢纽。

针对前文所述南京国民政府时期地方自治存在的问题，时人亦从理论上开出相应的药方。如宋玉凤从改进方针与改革办法两个方面提出一系列建议：在改进方针部分，他提出“中央规定自治法令，应注意原则方面，并力求其弹性，使各地方有伸缩之余地。地方之奉行法令，应根据立法精神，斟酌各地方之特殊状况及人民需要，分别施行；不可徒重形式，强使一律”。各地方自治组织，“宜尽量保持各地方之固有组织，毋使迁就割裂；同时须完成政治经济等组织，并特别注意发展经济组织。”至于自治区域划分，“应兼为国家行政区域；并应依各地方之人口分配，生活习惯，及生产组织等状况划分之。务以居民之成分单纯利害相同者同一自治区域为原则。”关于自治权限，除了要求地方自治团体不能逾越中央规定范围之外，同样强调“各级自治团体，在中央及省之法令范围内，应有完全自治之权，上级机关不得滥加干涉，并应逐渐扩展之”。在改革办法中，宋玉凤坚持自治区划及其组织“得由各省斟酌情形存废之，但不得少于二级或多于四级”，“已划分确定者，以少所纷更为原则”，“区乡镇闾邻或保甲等之编配标准，得酌量实际情形决定之，但须经主管官署核准转报内政部备案”等。关于自治事业及其权限方面，宋玉凤则主张对县及以下各级自治机关的性质定位，法人资格，职权范围等进行更加细致的规定。至于自治经费，则力求保证该项经费的来源，建议“各县之原有地方自治经费已移作别用者，应一律拨还，仍为地方自治经费”等。[①] 总之，能否充分发挥因地、因时制宜的精神，是地方自治能否按照科学、民主精神推进的重要出发点。

另外，还有不少人认识到，南京国民政府时期推行的地方自治，除了遭遇天灾人祸等不能抗拒的因素外，确实可以在制度方面进行一定的改善。譬如试着把传统的社会组织与近代的地方自治连接在一起，这要求人们对于原有乡村、家族、宗族等组织不是任意割裂，而是善于利用。再如自治法令规定不能太死、过于划一，不能过于繁杂，不能朝令夕改等，应讲究简洁明了，给地方留下更多的空间，以便于各地能够根据实际情况做到因地制宜。又如必须加强对选举的管理，防止地方治理的权力再次落入地方权绅的手中等。

① 宋玉凤：《办理地方自治之过去与将来》，《苏声月刊》1934 年第 1 卷第 5 期，第 103-107 页。

但是，在南京国民政府推行地方自治的实际过程中，这些真知灼见并未能真正体现出来，因为理想与现实的矛盾，其最终仍不免陷入官治的困境。

二、实践中的困境

（一）理想与现实的矛盾

从民间社会所面临的现实看，民智、人才、经费等问题都对地方自治推行产生严重的障碍。就民智而言，可以1934年云南昆明、礼丰、玉溪、马龙、开远等五县的识字率调查为例加以说明，见下表4－10至4－14所示：

表4－10　昆明县六村各类农户识字人数的比较

类别	人数	识字人数	识字人数的%	对总人数的%
地主兼自耕	43	6	13.95	0.64
自耕农	190	15	7.90	1.61
半自耕农	452	26	5.75	2.79
佃农	234	8	3.42	0.86
雇农	13	—	—	—
总计	932	55	5.90	—

资料来源　《云南省农村调查》，《民国史料丛刊》（续编0847），大象出版社，2012，第148页。

表4－11　礼丰县六村各类农户识字人数的比较

类别	人数	识字人数	识字人数的%	对总人数的%
地主兼自耕	157	56	35.67	5.1
自耕农	316	31	9.81	2.82
半自耕农	517	47	9.09	4.28
佃农	86	2	2.33	0.18
雇农	23	—	—	—
总计	1099	136	12.37	—

资料来源　《云南省农村调查》，《民国史料丛刊》（续编0847），大象出版社，2012，第178页。

表 4－12　玉溪县六村各类农户识字人数的比较

类别	人数	识字人数	识字人数的%	对总人数的%
地主	6	1	16. 67	0. 14
地主兼自耕	37	11	29. 73	1. 53
自耕农	259	28	10. 81	3. 91
半自耕农	208	14	6. 73	1. 96
佃农	142	9	6. 34	1. 26
雇农	32	1	3. 13	0. 14
其他	32	1	3. 13	0. 14
总计	716	65	9. 08	—

资料来源　《云南省农村调查》，《民国史料丛刊》（续编 0847），大象出版社，2012，第 239 页。

表 4－13　马龙县六村各类农户识字人数的比较

类别	人数	识字人数	识字人数的%	对总人数的%
地主兼自耕	21	3	14. 29	0. 45
自耕农	239	37	15. 48	5. 59
半自耕农	289	10	3. 46	1. 51
佃农	73	—	—	—
雇农	29	—	—	—
其他	11	—	—	—
总计	662	50	7. 55	—

资料来源　《云南省农村调查》，《民国史料丛刊》（续编 0847），大象出版社，2012，第 276 页。

表 4－14　开远县六村各类农户识字人数的比较

类别	人数	识字人数	识字人数的%	
地主兼自耕	7	—	—	
自耕农	22	—	—	
半自耕农	40	1	2. 5	
佃农	156	4	2. 56	
雇农	27	1	3. 7	
总计	252	6	1. 98	

资料来源　《云南省农村调查》，《民国史料丛刊》（续编 0847），大象出版社，2012，第 301 页。

非常明显，1934年云南五县的识字率是很低的，就识字人数的百分比来说，最高不过12.37%，最低则至1.98%，以如此低的识字率而奢望民众能够对自治形成科学的认知是不现实的，如“礼丰农民知识幼稚，如问农民地方自治情形，其对于自治意义，尚不能作解”①。恰如时人所言“中国人素来是被治的，以为乡村自治，是政府的事情，与他们无关的。而且乡人什九是文盲，选举的时候，不能写票。定章的时候，更不懂条文”②。

在新县制推行之初，陈柏心就指出了地方自治在人才、经费方面遭遇的困难：“现在中国一般人民的知识水准非常低浅，知识青年向城市活动，乡村社会的文化和经济都操纵在土豪劣绅的手里，人民自身对自治漠不关心，一切旧势力的活动，足以窒息萌芽的自治运动而有余，所以过去推行自治。其结果不出二途：或是成立了机关，但在实际活动，所谓自治，名存实亡。或是自治机关由土豪劣绅支持，使得土豪劣绅的统治合法化，衙门化”，“现在中央与地方的财政诚然还没有合理的划分，但省与县间，支配更不合理，省占有一切地方税源，县仅依附加收入以为挹注，而区乡镇等自治组织，均没有固定的收入。”③ 自治经费之困难在云南五县的调查中亦非常突出，如昆明县“经费之缺乏，推动自治事业，戛戛乎其难”，马龙县“人才与经费，俱感困难”，开远县“惟因民智闭塞及经费人才缺少之关系，地方自治祇具雏形而已。”④

从政府层面来讲，其所制定并践行的自治制度更多地偏重于理想，并最终导致政出多门、法令过于繁密且朝令夕改、重形式而不重实质，重手段而不重目的、陈义过高等弊病。

如政出多门。一般而言，官僚制度的成熟是以条块划分的细密度为标志的，其有利于行政事务的推行，但是如果把本属一体的事务分割到不同的部门，则会导致相互推诿、扯皮的现象。张汇文特别批评了南京国民政府推行地方自治时政出多门的现象：“在组织上，我们有中央执行委员会地方自治计划委员会，中央政治委员会内政专门委员会，立法院自治委员会和内政部等筹办地方自治；全国经济委员会国民经济建设委员会与实业部等筹办国民经

① 《云南省农村调查》，《民国史料丛刊》（续编0847），大象出版社，2012，第204页。

② 《新生活与乡村建设》，《民国史料丛刊》（续编0764），大象出版社，2012，第303-304页。

③ 陈柏心：《完成地方自治的途径》，《现代读物》1939年第4卷第4期，第41页。

④ 《云南省农村调查》，《民国史料丛刊》（续编0847），大象出版社，2012，第149、277、302页。

济建设；中央党部之中央合作事业指导委员会，全国经济委员会之合作事业委员会与实业部之合作司等筹办合作事业，此外还有许多别的机关办理同类的事。许多机关多都是自成系统，各自为政。”① 政出多门直接导致自治事业无从办理、效率低下。

如法令过于繁密且朝令夕改。与清末民初相比，南京国民政府制颁的自治法规显得叠床架屋，反复无常。“大略估计一下，由中央历年颁布的地方自治法令及其附属条规有四十余种，条文合计将近一千条，其他行政法规与此互相引证而有间接关系者，尚不在内。此外图表格式，又复浩然大观。像这种的繁密复杂，不特行使主权的人民无法了解，就是承办自治的政府人员，恐怕亦是茫然。”② 陈柏心则对自治法规的朝令夕改深有体会，“现在的地方自治制度缺点太多，而且常常改动，地方政府自己也任意立法，所以变得非常复杂，愈局部修改，愈失去制度的完整性，其缺陷不必讳言。”③

再如重形式而不重实质，重手段而不重目的。形式与内容的有机统一是促进事物发展的必要前提，但从南京国民政府初期推行的地方自治看，其仍然不免照搬西洋体制的弊病。“中国人民缺乏政治素质，是大家都知道的，但我们的县市组织，都分了四五级，级级都有公民大会，选举之外，还要行使创制罢免复决诸权，层级一多，体系也弄不清，那一级管那些事，照例的好几十项，但人呢？经费呢？都没有了下文”。结果，制度愈是理想的，其与中国的现实就偏离愈远。一般而言，地方自治分为两个部分：一为地方自治机关的建立；一为地方自治事务的推进。但是，人们往往重视前者而轻视后者。“国府成立以后，条文上笼统规定的职权极为广泛，何者为委任事务，何者为固有事务？并未见有何区别。而何者为国家行政，何者为自治事务？在执行上也毫无分野。实际地方自治组织纵在形式上成立了，但实际上无人做事，无钱办事。”④

另外，陈义过高也是偏离现实的重要表现之一。南京国民政府所推行的地方自治“各项列举应办的工作，亦嫌过于繁重，不能握住民众的心理，与

① 张汇文：《地方自治的基础》，《播音教育月刊》1937 年第 1 卷第 9 期，第 20 页。
② 张锐：《地方自治的重要和推行》，《播音教育月刊》1937 年第 1 卷第 6 期，第 52 页。
③ 陈柏心：《完成地方自治的途径》，《现代读物》1939 年第 4 卷第 4 期，第 42 页。
④ 陈柏心：《地方自治之实施》，《国讯》1940 年第 229 期，第 11–12 页。

民众的生活不能打成一片”，结果“变成粉饰太平夸张治绩的工具”。①

按照一般逻辑，科学的自治方案必须是与现实紧密结合在一起的，但是，在南京国民政府时期，其往往不是建立在现实基础之上的。② 程厚之认为，“自治法令，多抄袭西洋制度，不适合国情，自治组织不能与社会的自然组织互相吻合，便于人情入理的运用。”③ 没有做到与现实的结合，这种自治方案恰如画饼充饥，最终不能实施。陈之迈一针见血地指出，地方自治的“第一个困难就是一时不能筹得到足额的经费，我们的人民百分之七十五乃至八十仍然是文盲，故基本的教育为建立地方自治的根本。一般的人民衣食往往不能温饱，还过着不合人类生活的生活，希望他们积极地担负公民的责任与义务，更是书生的幻想。”

也许正是基于这一问题，南京国民政府才会把保甲融入自治，推出诸如新县制等措施，这是其从理想向现实转变的过程，但是，在转变的同时，地方自治已经面目全非，官治、绅治的意味超出了自治的实际概念。

（二）自治与官治的矛盾

在南京国民政府推行地方自治的过程中，虽然多次许诺自治人员民选，但是终其在大陆统治始终，并没有兑现最初的许诺，行政官厅对地方自治一直处于主导地位。这一点除了内忧外患的大背景之外，还有就是自治推行过程中自治系统与官治系统间并不明确的权力划分。如推行自治的过程重点放在自治组织及其机构的筹建工作，而自治事业鲜能大规模展开，且自治事务仍然集中社会局、地政局、公务局、卫生事务所等官治系统。对于 1934 年之前的地方自治，宋玉凤如此评价，“地方自治之机关，本为民众集合之所，以谋本身之福利，而结果乃纯变为下级行政机关负传达公文及征发之任。”④

人们不能否认保甲在南京国民政府时期的实际效用，但也不能否认保甲制度内在的官治因子。“盖保甲制度，一方面富有民治之意义；另一方面则渗以官治之性质。使二者相互为用，以为训练人民之必经步骤。若下级保甲组织，有轨外行动，则上级长官得纠正之。其互相之关系，较地方自治团体与

① 张锐：《地方自治的重要和推行》，《播音教育月刊》1937 年第 1 卷第 6 期，第 52-53 页。

② 陈之迈：《宪政与地方自治》，《新经济》1939 年第 2 卷第 12 期，285 页。

③ 程厚之：《地方自治运动的回顾与新县制的展望》，《新四川月刊》1940 年第 2 卷第 4 期，第 36 页。

④ 宋玉凤：《办理地方自治之过去与将来》，《苏声月刊》1934 年第 1 卷第 5 期，第 101 页。

上级机关之关系为密切。故际此地方自治之组织，尚未完密；人民之训练，尚未成熟之时。保甲之制，实为一种过渡时期中之唯一办法也。”[①] 张锐则对这种做法提出批评：“地方自治为宪政基础工作，保甲制度在充实人民自卫能力，二者本可并行不悖，相互为用，可惜近年自治和保甲两种工作，往往分道扬镳，各不相谋。”[②] 而所谓的政教富卫合一往往侧重于保卫，使自治组织完全变成警察组织的一部分。

至新县制出台，其官治味道更加浓郁。当有人提出《县各级组织纲要》不如《县组织法》时，曾建平如是解释：“我以为县各级纲要，完全是适应抗战期间的时代环境而订立的，当然是与抗战前颁布的法规在性质上有所不同，这个不同之点，就是抗战期间地方自治的特质。”对于这一点，蒋介石在国民参政会第三次大会的演讲中就特别强调：“就目前事实而论，不仅训政时期的工作受到阻碍，而军政时期应尽的工作，且须从头做过一遍，换句话说，必须首先扫荡侵略者的武力，消灭汉奸傀儡，破坏国家毒害民族的反革命势力；待河山恢复，国内澄清以后，才谈得上训政，进而预备宪政。”[③] 由此可见新县制之本质。

再如公民宣誓登记制度。此一制度亦为南京国民政府推行地方自治的过程中形成的一种特殊制度，其内在逻辑是把民主权利的赋予和对国民党政权的信仰甚至是对领袖个人的绝对服从结合在一起，实际上是把民主理想与专制现实融为一体。“杰”一语道破天机，“欧战以后，一党专政，民主独裁，行政权统一之倾向，日渐显著，为增加行政效率而集中政府权力，实为应于时势要求之制度。”[④] 从现实来看，该制度的推出是应对时势需要的特殊产物，但从理论上说，把民主与专制统一起来，无论在逻辑上，还是在实践中都是行不通的。“一个国家有了专制政体，便谈不到民治，有了民治政体，专制便不能存在。”[⑤] 这一评价进一步说明南京国民政府执政过程中存在着不可调和的内在矛盾。

总之，南京国民政府所推行的地方自治官治、绅治的本质是明确的。“因

① 章楚：《保甲运动与地方自治》，《警高月刊》1936 年第 4 卷第 1、2 期，第 68 页。
② 张锐：《地方自治的重要和推行》，《播音教育月刊》1937 年第 1 卷第 6 期，第 53 页。
③ 曾建平：《现阶段地方自治的认识》，《时事半月刊》1940 年第 3 卷第 5 期，第 13–14 页。
④ 杰：《对于县市自治法草案之我见》，《福建县政》，1937 年第 2 卷第 3 期，第 2 页。
⑤ 张汇文：《地方自治的基础》，《播音教育月刊》1937 年第 1 卷第 9 期，第 14 页。

为这些办地方事业的人都是官吏，都是由政府委任的公务人员，人民纯粹处于被动的地位，发号施令的不是人民而是官吏；而地方自治最重要的条件，是人民居于主动的地位，人民自己选举出代表来管理政治。”少数地方士绅办理地方上的事情，“那只能说是本地方人办本地方事，不能说是地方自治。因为那少数绅士并不是民众选出的代表，也不能代表民众公意。”①

① 李任仁：《论地方自治》，《国民公论（汉口）》1939 年第 2 卷第 7 期，第 249 页。

第五章　晚清民国时期地方自治的检讨及现代启示

考察晚清民国时期的地方自治，因为缺乏民主与科学的精神，其推行的效果适得其反，造成国家与社会关系的双重紧张。所以，欲充分发挥自治制度的基层社会治理功能，一是要根据中国国情进一步完善具有中国特色的基层社会自治制度；二是要在地方自治推行的过程中切实贯彻民主的精神。根据黄宗智“第三领域”的理论，地方自治功能的充分发挥与国家、社会的良性互动是互为前提的。就晚清民国时期的实际状况看，第三领域的独立性逐渐被削弱，其直接体现是历届政府通过地方自治这一制度加强对基层社会的渗透与整合，而根源则是在国家强势渗透的过程中，第三领域的领导者——士绅阶层——的成分及功能发生质的转变。因此，通过培育新的中间阶层来改善当代中国国家与社会的关系不失为一种可行的路径选择。

第一节　在科学与民主的指导下进一步完善基层社会自治制度

一、制度设计失当与民主精神缺乏是近代地方自治推行失败的根源

清末推行的地方自治属于典型的制度决定论的产物。首先，历经几千年专制传统的压制，国人对自身权利的认知相当贫弱，除了少部分接触过西方文明的知识分子外，大部分人包括精英分子鲜能理解地方自治的真谛。其次，以统一政令来推行地方自治本身就不符合因地制宜的精神。清政府颁布的

《城镇乡地方自治章程》《府厅州县地方自治章程》等中央统一之自治法令犹如地方自治法规之“宪法”，此本为自治监督应有之义，但是，因为该法令规定过于细密，导致在此基础之上所制订的各地方之自治法规陷入僵化的囹圄。[①] 既失因地制宜之精神，地方自治之科学含义也就大打折扣。在地方自治职员产生的过程中，清末之自治法规虽然确定了选举的形式，但因为对选举与被选举资格的严格限定，一般百姓很难进入此一队伍。所以，选举变成少数人的游戏。另外，因为正绅退却、劣绅趁机操纵选举，结果导致自治职员队伍素质整体不高。又因为清末地方自治从士绅主导向官厅主导的转变，决定了清末地方自治浓厚的官治色彩，也就侈谈民主管理与民主决策的问题。进一步而言，晚清政府推行宪政的根本目的是以民主包装专制以维护自身统治，此一目的决定了地方自治实际上成为满清政府整合基层社会以阻止中央权威资源迅速流失的重要抓手。

至民国初年，一般百姓对民主权利的认知并没有太大的进步。据梁漱溟回忆：“当时，中国的民国宪法中也规定了公民的一些权利，但不过是白纸黑字，广大民众不懂这个事。选举时，让他们走几十里地去投票，他们不去，没有时间，把选举权送给他们，他们还不要。”[②] 但经过清末自治实验的士绅们（特别是通过这一渠道晋升士绅身份的“权绅”）对地方自治的兴趣却明显增加，成为民初推行地方自治的主要力量。不可否认，南京临时政府时期的自治法规进一步增加了科学与民主的内容，如江苏省自行公布之《暂行县市乡制》就充分彰显了民主与科学的精神。但好景不长，两年之后，即遭袁世凯政府废弃。不久，袁氏地方自治法令粉墨登场，其以中央名义统一颁布，官治味道浓厚，民主精神基本消失殆尽。这对通过自治进入体制内的地方精英形成直接威胁，结果遭到他们的极力反对。袁世凯之后，徐世昌政府曾相继公布《县自治法》《市自治制》《乡自治制》等法令，其缺陷之一是仍以中央政府名义统一公布，之二是在军阀混战、社会动荡之际，并没有真正地得到践行。就此一时期的地方自治而言，与其说是争取“民权”，倒不如说是争“绅权”，因为就倡导地方自治的主导力量来看，仍然是以各地士绅为主。另

① 张慰慈认为，良好的宪法应具备三个条件：意义广阔，文字简单，界限明确。“简单而不含糊”的标准，“目的就是让宪法可以适应时代变化，之所以写的简单，正是为了适应环境，可以不断地修改，使之进化”。李源：《张慰慈传》，中国人民大学出版社，2015，第7页。

② 梁漱溟：《乡村建设理论》，商务印书馆，2015，第463页。

外，在军阀统治下，国事纷扰，如何保家卫乡实际成为区域社会精英分子最为关注的事情。随着地方主义的不断抬头，此一时期的地方自治在一定情况下有所回潮，但其性质却与此前倡行的联邦制大相异趣。各地军阀为了占领割据合法的道德制高点，一度与部分知识分子遥相呼应，打出联省自治的旗帜，但这一制度既不符合中国实际国情，又无法获得大一统中国文化传统的支持，最终湮没在历史的故纸堆中。

南京国民政府时期，中央政府仍然先统一制颁自治法令，然后再由各地根据此法令制订地方自治法规。这种由中央政府统一公布自治法的做法，仍难逃自治法规僵化之讥。吕复曾言："鄙见以为关于吾国之地方自治制度，国家为之立法未可过于详密，似宜持其荦荦大端为原则之立法，而以其详让之于各省，因地制宜，求其至当。"[①] 此言一语中的。自《地方自治改订原则》颁布之后，国民政府开始重视地域差异，但这种差异主要是指各地可以根据本地情况来确定推行地方自治的步调，中央统一制颁自治法规的做法并未改变。同时，在自治推行的过程中，又产生了新的问题。范苑声就地方自治推进过程中的程序问题及自治机关与行政机关的权限问题提出了质疑：就地方自治推进的程序而言，中国农民散漫、知识浅薄，划定一个规定的期限完成地方自治是不可能的。国民政府规定的期限不但于事实上不可能，与孙中山的遗教也不符合。因此，范氏称：不能承认现在已经到了自治完成时期；不能强制或虚伪的粉饰自治完成时期；自治推行应不在于形式上的机构完成而应是实质上的基本建设；应设法启发人民的动机，适合人民的需要等。[②] 他实质上是对国民政府所推行之地方自治进行了双重的否定：理论上违背中山遗教，实践中不符合中国实际国情。杨幼炯则进一步批评了自治机构及职能设置重叠的现象："自治组织区划太繁，区乡镇村等，皆为自治团体，各有其权力机关之居民大会，叠床架屋，职务重复，于实施上极感不便，以致各省鲜有完全依法组织者，县之下'区'与'乡''镇'之事业重复，难以划分，既无独立之职务，实同赘瘤，且政府之公令，须经多层转折，不能直达于民，

① 吕复：《比较地方自治论》，商务印书馆，1943，第9页。

② 范苑声：《关于推行地方自治的几个根本问题之检讨》，《农村经济》1936年第3卷第10期，第40页。

使政府与人民隔阂。”① 由此可见其不科学之处仍然至为明显。

另外，在南京国民政府时期，因自治机关与行政机关之权限未能明确厘定而导致民主精神缺失亦遭人们非议。如通过任命而非选举产生的区长往往成为上传下达的传声筒，多逞包揽词讼之能，却没有能力及威望来领导区域人民推进地方自治。再如区长与公安局长在权限上无法区别。结果造成“（一）因彼此间的所辖职务不易区别，对于地方公益事业之推进，势必互相推诿，结果致地方事业，一无成就；（二）因彼此所辖职权不清，以致只有忙于互相间的争权夺利而忽于公共事业的推行，结果人民的争端，因此兴起，人民的负担，于以增加。”② 杨幼炯则直接指出自治监督权存在的问题，“在训政时期中，各级自治人员，均由上级机关委任，对上级机关负责在系统上，一切事务之处理，上级机关，均有监督之全权。……惟县自治法对于自主之监督权，未明定其范围，但自治权之行使，成为空洞之虚文；而其最要之一点，即为现行自治制度上县与省之关系未明。县虽定为自治之单位，但县自治团体在法律上应具有独立之人格。省对于地方自治团体所办何种性质之事务，可以监督及应如何监督？假使不服监督，则有何法救济，均无明确之规定。就目前所行之制度言之，行政机关之监督权，毫无限制，对于地方自治前途危险殊多。”③ 无选举、无监督，哪里还谈得上民主的精神！

由此可见，晚清民国时期地方自治既存在制度设计失当的问题，又存在民主精神缺失的问题。制度设计失当使地方自治难以发挥因时制宜、因地制宜的效用，而民主精神缺失则导致地方自治陷于绅治与官治的囹圄。当劣绅滥厕自治队伍，完全为了自身利益而不惜损害区域社会的利益时，自然难以得到民众的认同，结果必然导致反自治民变此起彼伏；当自治由士绅主导向官厅主导转变时，科层制下的自治职员更多地成为国家政令的传声筒，难以肩负起调节国家与社会关系的重任。

---

① 杨幼炯：《近时我国地方自治之演变与今后改进之途径》，《集成》1936年第1卷第3期，第36页。

② 范苑声：《关于推行地方自治的几个根本问题之检讨》，《农村经济》1936年第3卷第10期，第43页。

③ 杨幼炯：《近时我国地方自治之演变与今后改进之途径》，《集成》1936年第1卷第3期，第37页。

二、在科学与民主的指导下推进当代中国基层社会治理

在建设有中国特色政治制度的过程中，不断推进基层社会自治制度是重要目标之一。党的十八大报告指出要进一步完善基层民主制度，“在城乡社区治理、基层公共事务和公益事业中实行群众自我管理、自我服务、自我教育、自我监督，是人民依法直接行使民主权利的重要方式。要健全基层党组织领导的充满活力的基层群众自治机制，以扩大有序参与、推进信息公开、加强议事协商、强化权力监督为重点，拓宽范围和途径，丰富内容和形式，保障人民享有更多更切实的民主权利。”① 十八届三中全会对此一问题做了进一步的强调：“畅通民主渠道，健全基层选举、议事、公开、述职、问责等机制。开展形式多样的基层民主协商，推进基层协商制度化，建立健全居民、村民监督机制，促进群众在城乡社区治理、基层公共事务和公益事业中依法自我管理、自我服务、自我教育、自我监督。”② 文件中所论主要是完善基层社会自治的具体路径，如果从指导思想来看，欲完善基层社会自治制度，必须从民主与科学两个方面下功夫。

（一）科学在基层社会自治制度中的特定含义

制度的科学性不仅在于其设计是否完美，更重要的是它与社会现实的契合程度。民国时期，就有学者对这一点进行了深刻的论述，“第一应适合本国社会环境，定制度等于缝衣服一样，衣服缝起来马上要穿到身上，所以修短一定要合度，制度出来后马上要实施，所以一定要适合社会情况。……第二不必全国整齐划一，中国各省，以及省内各县，经济文化情形相差很大，全国实施一种整齐划一的法规，自然不免有削足适履之嫌”。③ 因此，任何制度的有效践行，首先要符合现实国情。就自治制度而言，其首先要考量区域社会的实际情况。譬如经济社会的快速发展是当代中国的一个主要特征。从理论上讲，随着市场经济的发展，基层社会民众的政治参与热情会逐步提高，但事实却并非如此，就我国广大乡村社会的实际情况看，对经济利益的热情与对政治参与的冷漠同时并存。亦即是说，经济意识的发展与民主参与意识

① 胡锦涛：《坚定不移沿着中国特色社会主义道路前进　为全面建成小康社会而奋斗》。

② 习近平：《中共中央关于全面深化改革若干重大问题的决定》。

③ 陈柏心：《完成地方自治的途径》，《现代读物》1939 年第 4 卷第 4 期，第 42 页。

的觉醒并不同步。金太军从利益、经济、制度和心理视角等方面分析了当前我国村民政治参与热情不高的原因：在计划经济体制下，国家利益至上导致村民惟国家利益是从的局面；在市场经济体制下，因片面追求经济利益，乡镇政府以国家利益至上，村委会利益目标迷失等原因，导致其政治参与不是高涨而是陷入低谷。再加上农村村民经济地位不独立、农村基层民主不完善、传统政治文化的深刻影响等诸多因素，决定了基层民众对自身政治权利的态度。因为村民政治参与热情不高而产生的负面效应是非常明显的：影响了村内决策的科学性，成为村委会成员腐败的诱因，迟滞了村民自治的进程，阻碍了村民向参与型公民的转化，对国家的治理政策与和谐社会的形成也起到反面效应。鉴于"利益考虑"在村民政治参与中的重要角色，他认为，要改变农民对政治参与的态度，"就需要加大宣传村民自治对实现农民自身利益的意义，增强其对政治的认知，树立正确的政治判断力。"① 现实所迫，现阶段推行的地方自治首先应该成为培育人们认知并行使权利的一所学校，这一点体现到基层社会自治制度推行的过程中，就是严格遵守循序渐进的原则，不能盲目追求一刀切、一步到位，罔顾现实的计划多是与形式主义相伴而生的。

国情具体到各地，则又各自不同，在中国辽阔的疆域之内，经济社会发展极不平衡是另外一个重要特征，此一特征决定国家不可能制定整齐划一的自治制度。比较理性的做法是，先由行政部门通过列举的方式对中央与地方的权限进行比较清楚的划分，然后对地方自治制度进行比较宽松的设计，再由各地根据区域社会的实际情况制定符合现实的自治制度。总之，在基层社会治理的过程中，自治制度的第一层科学含义是符合国情与区域社会特征，切实做到因地制宜。

自治制度的第二层科学含义主要是针对自治制度自身而言。自治制度的设计自有其内在逻辑，如果不能反映民主自由的精神，就不能称其为真正的自治制度。譬如在自治制度设计的过程中，是否贯彻了分权的精神。在一定意义上讲，自治就是分权，即自治单位是否有权力来办理属于区域社会的公共事务。有了权力，地方上才能够放开手脚，结合自身实际情况进行制度的创新，从而推动区域社会的发展。就当前实际情况看，无论是乡村的村委会还是城市的街道办，其多是上级机构的传声筒，并没有多少实际权力，因此

① 金太军、张劲松：《乡村改革与发展》，广东人民出版社，2008，第309-329页。

也就缺乏创新的动力。再如在推行自治的过程中，是否体现了制衡的精神。一般来说，自治机构分为议事机构与执行机构两套系统，议行分离是为了进一步保障政策的科学性。就当前我国基层社会的实际状况看，往往是议行合一，即使在形式上存在两套系统，但在人事安排上仍然高度重合，这势必导致制衡作用的下降，也意味着决策之科学性的下降。又如自治区域的大小问题。自治区域并不是随便划定的，太大则难以做到如臂使指，太小则易导致人、财（即自治人才、自治经费）方面的困难。另外，当前我国基层自治仍然局限在最低层次，在乡村则以自然村为自治单位，在城市则以街道为自治单位。如果说在城市人才、经费比较充裕，自我治理的效果还算差强人意的话，那么在乡村社会则存在严重的困难。部分村委会多为刁蛮之人所把持，通过私自收敛以获取个人利益的现象层出不穷。如果基层社会治理在较低层次都难以得到保障，循序渐进地推动自治向更高层次发展就只能是画饼充饥了。

（二）民主在基层社会自治制度中的特定含义

加强民主是完善基层社会自治制度的本质含义。民主亦包含两层含义：其一是外在的民主，主要是指自治机关与上级行政机关之间的权力划分；其二是内在的民主，包括民主选举、民主管理、民主决策、民主监督等在内的系统工程。

在官治与自治并存的情况下如何做到相互调剂，相互补充？一个非常重要的条件就是彼此的权力边界要划分清楚，否则就会出现互相侵扰而导致一方名存实亡的现象。在现实社会中，因为官治的强势，自治多半成为被牺牲的对象。王明生等人在研究当前乡村社会的政治参与时指出，“《村民委员会组织法》规定：乡镇对村是‘指导、支持、帮助’的关系，村对乡镇是‘协助’的关系，但没有具体规定‘指导、支持、帮助’和‘协助’的内容、范围以及方式方法，这就给乡镇政府留出了可以任意定夺的空间。”就村民委员会主要人员的产生来看，“在 2070 个有效样本中有 343 位农户选择了‘乡镇政府干预和控制选举’，占比 16.6%。”[①] 实事求是地讲，作为国家机关在基层社会的延伸——乡镇政府与村之间的职责划分不清，使基层自治单位在处理区域社会公共事务时往往难以发挥自我管理、自我服务的精神，也就难以

① 徐勇主编：《中国乡村政治与秩序》，中国社会科学出版社，2012，第 6 页。

做到因时、因地制宜。

毫无疑问，在民主制度中，选举是最本质的特征之一。在乡村社会，“选举作为农民政治参与的重要途径，它能否正常运行不仅直接关系着农村社会是否能实现有效治理，还关系着中国民主道路能否健康发展。”“村民选举工作是一项操作性和程序性很强的工作，而《村民委员会组织法》只规定了村委会选举的基本制度框架，比较抽象，过于原则，无法满足村民委员会选举实践的需要。”① 这表明，在我国当前的乡村社会，基层社会自治制度设计无论是外在的民主还是内在的民主都存在一定的问题。

需要指出的是，内在的民主不仅仅指民主选举，其实际上是包括民主选举、民主管理、民主决策、民主监督等在内的系统工程。“民主选举是民主决策、民主管理、民主监督的基础和前提，而后者又是对前者的促进和保证。民主选举只解决了选人标准和选人程序，更重要的是日常决策、管理、监督问题，只有深入同步推进，才能巩固民主选举的成果，因此，推进民主决策的民主化、科学化，这是加强农村基层民主政治建设的关键问题，民主管理上，要进一步进行村务公开，提高管理的透明度；民主监督上，要教育村民增强监督意识和责任意识，教育村干部深刻认识到对上负责与对下负责的一致性。”②

事实证明，除了制度上的缺陷，在基层自治制度践行的过程中也存在不同程度的问题。相关研究表明，当前农村基层民主选举存在村民选举认知程度低，村民选举热情不高，宗族势力影响比较大，拉票贿选现象比较严重，乡镇力量干预比较多等问题。在民主决策方面，存在提议与合议不规范，群议不规范，决议与评议不规范等问题；在民主管理方面，存在规约尚未普及，制度建设比较薄弱，议事不甚民主，决策不太科学，执行力度较弱，管理缺乏硬约束，农民不太积极，管理缺乏持续性，农民素质不高，管理水平难提升等问题；在民主监督方面，存在基层民主监督主体缺位，基层民主监督对象规避，基层民主监督制度缺失，基层民主监督缺乏配套等问题。③ 而这些问题的解决，都是当前中国基层社会民主不能让人满意的重要表现，要解决这

---

① 王明生等：《当代中国政治参与研究》，南京大学出版社，2012，第 202-203 页。

② 王明生等：《当代中国政治参与研究》，南京大学出版社，2012，第 203 页。

③ 徐勇主编：《中国乡村政治与秩序》，中国社会科学出版社，2012。

些问题，就要统筹安排、全盘考虑。

总而言之，就地方自治来说，科学主要是指在充分考虑国情、地域特征的前提下进行自治制度的设计；民主则是包括民主选举、民主管理、民主决策、民主监督等在内的系统工程。因此，进一步完善基层社会自治制度的关键就在于推行自治的过程中如何切实贯彻科学与民主的精神。

第二节　培育新的中间阶层以改善国家与社会的关系

一、地方士绅的角色变化是第三领域质变的内在原因

从某种意义上讲，是第三领域的质变导致国家与社会之间弹簧的硬化，这一点从晚清民国时期地方自治推进之主导力量——地方士绅之角色的嬗变中可以窥得一斑。

在古代中国，士绅阶层是国家与民间社会之间的缓冲力量，在《牧令书》中如是说："为政不得罪于巨室，交以道，接以礼，固不可权势相加。即士为齐民之首，朝廷法纪尽喻民，唯士与民亲，易于取信。如有读书敦品之士，正赖其转相劝戒，俾官之教化得行，自当爱之重之。"[①] 这种力量的存在润滑了官方与民间社会的关系，使整个国家秩序处于一种长期稳定状态。但是，随着近代士绅阶层的急剧分化，中国传统社会结构亦遭受严重冲击。近代以来，士绅阶层的变化主要体现在以下几个方面：

第一，地方士绅身份的多元化。在近代社会发展的过程中，因应社会转型中各种新生因素，相继出现了所谓之军绅、商绅（或绅商）、学绅、权绅等新的士绅成分。不同成分因不同的历史机遇而产生，其在地方自治推行过程中的作用亦不同。清政府自治章程颁布之前，绅商是士绅阶层中最具时代精神的一部分，这部分人或由绅而商，或由商而绅，或亦绅亦商，但较为一致的是，他们在区域社会享有较高的威望与地位，原因主要与平日关注大众福祉、社会福利等有关，其与传统正绅有着较为密切的联系。随着清末官厅主

① 王凤生：《绅士》，载《牧令书》（第16卷），第26页。转引自张仲礼：《中国绅士——关于其在19世纪中国社会中的作用的研究》，上海社会科学院出版社，1991，第29页。

导之地方自治的出台，地方自治组织被逐渐纳入国家体制内，结果出现了一批依靠体制内强制力量的“权绅”，他们往往依靠体制强制力量，在地方上狐假虎威。权绅的出现，加快了整个士绅队伍劣化的进程。因为他们所依赖的权威资源是国家的体制强制力量，所以很容易丧失独立性。这部分人最为正绅所看不起，但却是官办地方自治推行的主体，是与行政官厅利益一体化的产物。学绅则主要是随新学兴办而出现的一种比较特殊的群体，其组成结构相对年轻，有新式学堂学生，有留学生，这部分人并不是地方自治推行的主体，其主要分布于政界与教育界，且大部分居于城市，如“留学生归国之后，按理应该回到他们的家乡服务，但实际上并不如此。留学生回国，不入政界则从事教育，两者的机会都以大城市为方便。”① 这实际表明，新式知识分子对于地方自治的贡献主要不在行动，而是自治思想的宣传。但新式知识分子的流向却加剧了近代知识分子城市化、乡村社会知识荒漠化的趋势。

第二，地方士绅功能的异化。与传统正绅在国家与民间社会之间的缓冲功能不同，近代地方士绅身份的多元化导致士绅阶层功能的异化。在清末地方自治试办之初，正绅、绅商尚能积极参与其间，这大概是因为此时所推行的地方自治有更多的自主权，与传统绅治更加相似。当由行政官厅来主导地方自治时，相当一部分正绅采取了退避的态度，正绅的退避给地方上地痞无赖的渗入提供了机会，这些人钻营求取，其结果加剧了士绅队伍的劣化。掌握权威资源的权绅往往因私害公，或者纯粹成为国家执行政令的工具，难以肩负起调节国家与民间社会关系的重任。北京政府初期，自治选举中层出不穷的不法与诉讼，表明士绅队伍的劣化并未因共和制度的创设而有所改善，这也是袁世凯政府废止地方自治时，并未引起人们普遍反感的原因之一。此后出现的恢复地方自治的呼吁和运动，应该分两种情形：一是因为民气上升，地方精英对北京政府的不法行为表示不满，从而开始了与国家博弈的过程；另一种原因在于地方自治的废除导致部分权绅丧失了在基层社会获取权威资源的资本，其力图通过恢复地方自治而重新进入体制内。大革命时期对土豪劣绅定义的扩大化，更加彻底地把传统士绅从基层社会管理者的职位上踢开，中国国民党以自己所派出的党员干部填补基层社会的权力真空，显示出国家通过控制第三领域进一步渗透基层社会的意图。但是，随着国民党的右转，

① 张朋园：《知识分子与近代中国的现代化》，百花洲文艺出版社，2004，第13页。

其对“土豪劣绅”的打击程度大打折扣，也决定了其对基层社会整合失败的命运。南京国民政府成立之后，限制并不绝对避免地方士绅参与对基层社会管理，但总体上加快了基层社会管理者科层化的进程。

第三，地方士绅地位的变化。在传统中国，士绅为四民之首。清末民初，地方士绅在民间社会的地位一落千丈，从“四民之首”变成“无绅不劣”。王先明对此一天翻地覆地变化进行了很好的诠释，他在强调乡村社会——权力结构变动的同时，亦指出不同集体对传统士绅迥异的“历史记忆”不容忽视。① 当以宗族、伦理为遮盖物的绅权被扯掉面纱后，剩下的多是在国家支撑下，绅权迅速扩张的事实。绅权的扩张导致一般民众的利益受到直接的侵害，这必然导致绅民矛盾的不断激化。同时，国家对士绅阶层往往采取“用之则捧，不用则弃”的态度，因此又形成地方精英和国家之间若即若离的情形。这种与国家、民间社会关系的双重紧张，导致士绅阶层的弹簧作用不断被削弱。当国家直接派遣的行政干部进入基层社会后，地方士绅在基层社会的权威更是岌岌可危，要么按照国家的意志行事以跻身于新一代的地方精英，要么抗衡国家的渗透成为国家整合民间社会的“绊脚石”。事实证明，士绅功能的异化导致地方士绅地位进一步下降。

考诸近代中国的历史事实，地方自治的主导权经历了一个从士绅主导到官厅主导的过程。官治固然与自治直接相对，绅治与自治亦相差甚远，张汇文对于绅治毫无好感，他如此解释绅治：“简单说，就是地方上少数的人民，藉着一种绅士的资格，或是经济的地位，假借地方自治的名义；垄断地方上的事务。他们是处于政府与人民之间的一个中间阶级。这些人往往假借政府的名义来压迫人民，或是假借地方人民的名义去要挟政府。他们在地方上都是相当的势力，表面上他们好像是一方面帮助人民对抗政府，或是多少办些地方上的公益事业，一方面又好像帮助政府去征收赋税，侦查奸邪，执行法令，其实，他们多半都是为自己打算，成为一个特殊阶级。”② 如果说过去绅治有诸多弊病，那么在近代士绅阶层严重劣化的情况下，则更难肩负起调节国家与社会关系的重任，士绅阶层演变的过程也是第三领域发生质变、国家

① 王先明：《历史记忆与社会重构——以清末民初“绅权”变异为中心的考察》，《历史研究》2010 年第 3 期。

② 张汇文：《地方自治的基础》，《播音教育月刊》1937 年第 1 卷第 9 期，第 14-15 页。

与社会之间弹簧不断硬化的过程。

二、培育新的中间阶层是改善国家与社会关系的有效途径

毋庸置疑，绅治有其自身难以克服的缺陷，如其为少数人之治，是专制社会的衍生物等。但不可否认的是，古代中国因有士绅阶层的缓冲作用而进一步保障了传统社会结构的稳定性。但随着近代士绅阶层功能的异化，且最终被国家所派出的科层干部逐步取代之后，国家与民间社会之间便形成一种直接的控制与被控制的关系。国家愈强势，民间社会则愈衰弱。这在中华人民共和国成立之后的前三十年最为明显。在一定时期，国家与民间社会的这种控制与被控制的关系，对大规模地建设事业起到了积极的作用，但最终趋势却是不断走向僵化。如何改善国家与民间社会的关系，防止其由僵化走向恶化，构建一个新的中间阶层成为必要之举。

改革开放之后，随着社会经济的发展，出现了一个新的中间阶层，此一阶层不同于传统意义上国家与社会之间的缓冲力量，而是要逐渐成长为社会发展过程中的主力，并进而打造一个橄榄型社会的中间阶层。有学者对该阶层进行更加细致的分类："（1）1978 年以后新生的私营企业家和乡镇企业家。（2）1978 年以后与私营企业家和乡镇企业家有连带关系的党政干部和知识分子，以及国营企业的领导人。（3）与党和国家机构有连带关系的党政干部和知识分子，以及国营企业的领导人。（4）因外资引进而产生的'外企白领'，包括在外资企业工作中的中方管理阶层和高级员工。（5）大批企业和社会组织的管理者。随着社会需求的高涨，高等学校 MBA 和 MPA 的培养规模也越来越大，这是中国中产阶级成长最快的一个部分。（6）因高技术的产生和新行业的出现而产生的高收入群体，如留学回国的创业者、建筑师、律师、会计师、房地产评估师、营销人员、影视制作人、股票经营者以及其他类型的自由职业者。"① 非常明显，人们对中间阶层的界定主要是以经济实力为衡量标准，另外兼及职业及教育水平等。至于这部分人的道德自律意识、政治参与热情，以及对公平公正、社会公益事业的关心程度，则很少给予关注。所以，这种所谓的中间阶层是有缺憾的，最多也只能称之为残缺不全的中间阶

① 何玲璐：《中间阶层还是中产阶级？——对中国中间阶层的一些思考》，《天府新论》2007 年 6 月，第 33 页。

层，并且以上中间阶层多存在于城市。

在乡村社会，人们开始关注另外一个群体——“新乡贤”，这一群体与传统士绅阶层有相同之处，如都是指对那些热爱家乡、乐于奉献故土的一部分人的特有称呼，但更有新的时代特征，即他们存在的意义是服务而不是管理，其权威源于奉献精神而不是体制强制力量。张颐武认为，“乡贤在农村社会治理中的地位依然重要，他们协调冲突，以身作则提供正能量的作用不可或缺。他将乡贤分为两类：现代社会存在两种乡贤，一种是‘在场’的乡贤，另一种是‘不在场’的乡贤。在场的乡贤扎根本土，把现代价值观传递给村民。不在场的乡贤出去奋斗，有了成就再回馈乡里，他们的思想观念、知识和财富都能影响家乡。”黄海则指出，“建构新乡贤文化应摒弃传统乡贤文化中等级森严、尊卑有别等糟粕，倡导民主法治理念等现代文明因子。新乡贤文化应是对传统乡贤文化的批判性继承、创造性转化与创新性发展。”“新乡贤文化作为一种‘软约束’‘软治理’，有利于健全乡村居民利益表达机制，是乡村治理现代化的有效推手。”① 对于新乡贤，舆论界有两种代表性观点：一是大力倡导，认为可以积极发挥新乡贤的作用，使基层社会治理出现一个良性循环的局面，一是比较排斥，认为新乡贤与过去士绅并无本质区别，其是强化基层社会阶层分化的重要因素。笔者认为，在当代中国乡村自治并不太理想的情况下，培育一种有别于体制内村委会之外的第三种力量，有助于弱势群体发声，有利于提升基层民众的权利意识与参与精神。但是，对这样一种力量，国家又要加强引导，明确其为民服务的宗旨，使其逐渐成长为乡村社会治理的一支特殊的生力军。

总体来说，我们所需要的中间阶层应该是这样的一个阶层：

首先，它是一个有社会责任感的阶层。传统士人因“治国平天下”的崇高理想与人生信条，形成一个有较高社会责任感的阶层。而今天在理想淡化、道德失范的情况下，中间阶层的社会责任感亦呈江河日下之势。虽然大部分

① 张颐武、黄海：《人民日报发文建议重塑新乡贤文化，倡议乡贤挂职当“村官”》，《人民日报》2015年10月01日。

学者赞同中产阶层是社会的稳定器,[1] 但是，如果仅仅靠通过增加收入来扩大中产阶层的队伍，也只能建立一个貌似“橄榄型”的社会。就目前实际情况看，中间阶层大部分人的政治参与是以自身利益的最大化为出发点，仍然缺乏对公平公正、社会公益事业的关心，这些特点决定了其对社会结构发生作用时往往是有限的、被动的。

其次，它是一个能够道德自律的阶层。传统绅士因有着严格的道德自律而在民间社会形成崇高的威望，而至近代，士绅队伍的分化与功能的异化导致其从“四民之首”转向“无绅不劣”。再看今天中国所谓的中间阶层亦面临着同样的问题，因为过于强调经济因素，结果把那些投机倒把的“暴发户”，以党和国家权力组织为获取资源的“权贵”一并划入，这部分人与基层民众之间的关系基本是对立的，他们的掺入，使整个中间阶层的形象遭到了破坏。因此，纯洁中间阶层的队伍，强化中间阶层的道德自律意识与共同的荣誉感、认同感是非常重要的。

再次，它是一个有实力的阶层。这种实力不但包括经济实力，也应包括政治实力。中间阶层必须是一个有经济实力的阶层，在任何时代，没有经济实力就难以维系较高的社会威望，难以发出强有力的声音。特别是在市场经济日新月异的今天，衡量一个成功人士的主要标准仍然是以经济实力为主。同时，其还必须拥有政治实力，政治实力的取得需要国家适当分权给社会，放宽对民间组织设立的限制，允许第三种声音的存在，在体制之外形成一种有力的监督机制。陈方南主张培育并推动乡村社会非政府组织的发展，不乏此种意味。[2]

所以，从我国当前的实际出发，欲把中间阶层打造成社会发展的主力，首先要把中间阶层打造成一个有社会责任心、能道德自律、有实力的精英阶层。王圣诵不赞成“中国传统社会转型一味依靠法律移植或立法、精英推进

① 他们的理由是“第一，中产阶层是我国改革开放的受益者，对于自己所处的社会地位、经济状况具有强烈的认同感和归属感，他们渴望稳定，反对激进，希望通过温和保守的方式来实现社会的发展和更替。第二，中产阶层的壮大能够有效缓解社会各阶层之间的矛盾，由于中产阶层是社会上层和下层间联系的中间通道，从而可以起到缓冲调适矛盾的作用。”赵洁：《近年来我国学者关于中产阶层的研究综述》，《福州党校学报》2009 年第 6 期，第 59 页。

② 陈方南：《中国乡村治理问题研究的方法论考察——“国家—社会”理论是否适用》，《江海学刊》2011 年第 1 期，第 123 页。

的观点"[1]。此亦为笔者所赞同。但中国自古以来就是一个精英社会，基层社会特别是广大乡村地方精英的缺乏，势必导致另外一种缺失。在基层民众维权意识不强的情况下，其自身权益得不到有力的维护。在强势的行政官厅面前，基层民众往往只能成为被牺牲的弱势群体，其难以找到一个为自己辩护的真正的代理人，即使部分有责任心的律师为弱势群体提供免费咨询与服务，但与强势的行政官厅相比，这种力量实在太渺小，不足以抵制来自行政官厅的强制力量。[2] 总之，积极培养中间阶层的力量，建设橄榄型的社会是我们的长远目标，但阶段性的目标却是先培养一个有社会责任感、能道德自律、有实力的地方精英阶层，促进国家与民间社会的良性互动。

---

① 王圣诵：《近代乡村自治研究》，中国政法大学2005年未刊博士毕业论文，第19页。

② 互联网为中间阶层提供了一个有力的舆论和监督工具，但是这种政治参与往往是事后诸葛亮，难以起到防患于未然的效果。

参考文献

一、未刊、已刊档案

（一）未刊档案

1. 中国第二历史档案馆藏：内政部档案

2. 江苏省档案馆藏：江苏省政府秘书处档案、江苏省民政厅档案、江苏省财政厅档案、江苏省建设厅档案、江苏省社会处档案

3. 苏州市档案馆藏：苏州市商会（民国）档案

（二）已刊档案

1. 故宫博物院明清档案部编．清末筹备立宪档案史料．中华书局，1979

2. 故宫博物院明清档案部编．义和团档案史料．中华书局，1959

3. 苏州市档案局编．苏州市民公社档案资料选编（内部资料）

4. 中国第二历史档案馆编．中华民国档案资料汇编［第二辑政治（一）、（二）］．江苏古籍出版社，1991

二、资料汇编、文集

1. 蔡鸿源主编．民国法规集成．黄山书社，1992

2. 地方自治全书（区）．国民政府公布，上海公民书局印行，1930

3. 地方自治全书（乡）．国民政府公布，上海公民书局印行，1930

4. 地方自治全书（镇）．国民政府公布，上海公民书局印行，1930

5. 地方自治全书（县）．国民政府公布，上海公民书局印行，1930

6. 复旦大学历史系研究所，中国社科院上海历史研究所筹备委员会编．（民国）大事史料长编．北京图书馆出版社，1960

7. 广东省社会科学院历史研究室等编．孙中山全集．中华书局，1981

8. 河北省县政建设研究院．定县地方自治概况调查报告书（出版信息不详）

9. 胡次威．地方自治实施方案法规汇编．大东书局印行（出版时间不详）

10. 江苏省属地方自治筹办处编．江苏自治公报类编（宣统三年）卷一至卷三（近代中国史料丛刊三编，第五十三辑）．（台）文海出版社，1989

11. 江宁自治实验县县政府秘书室编印．江宁县政概况．1934

12. 中国国民党中央委员会党史委员会．抗战前国建建设史料（内政部分）（第十一辑）．1977

13. 李宗黄．考察青岛江宁定县邹平纪实．正中书局，1935

14. 刘锦藻撰．王云五主编．清朝续文献通考（第四册）．商务印书馆，1936

15. 《岭南文库》编辑委员会，广东中华民族文化促进会合编．孙中山文萃（上、下卷）．广东人民出版社，1996

16. 内政部编纂．柯琴辑．总理对地方自治遗教辑要．商务印书馆，1944

17. 内政部第一期民政会议秘书处编．内政部第一期民政会议纪要（近代中国史料丛刊三编，第五十三辑）．（台）文海出版社，1989

18. 张品兴主编．梁启超全集．北京出版社，1999

19. 上海法学编译社．地方自治法规汇编．会文堂新记书局，1936

20. 商务印馆编译所．中华民国现行地方自治法令．商务印书馆，1923

21. 沈云龙主编．光绪政要（近代中国史料丛刊，第三十五辑）．（台）文海出版社，1989

22. 沈云龙主编．张文襄公（之洞）全集（奏议）（近代中国史料丛刊第四十六辑）．（台）文海出版社，1979

23. 台湾省行政长官公署秘书处编辑室编印．国父遗教辑要．1946

24. 吴椿．江宁自治县政实验（燕京大学政治学丛刊第29号）．1936

25. 行政院农村复兴委员会编．江苏省农村调查（近代中国史料丛刊三编，第88辑）．（台）文海出版社，1999

26. 徐秀丽．中国近代乡村自治法规选编．中华书局，2004

27. 行政院县政计划委员会．总裁地方自治言论．正中书局，1942

28. 杨立强等编．张謇存稿．上海人民出版社，1987

29. 张謇研究中心等编．张謇全集．江苏古籍出版社，1994

30. 张怡祖编．张季子（謇）九录：教育录·慈善录·自治录（近代中国史料丛刊续编，第九十七辑）．（台）文海出版社，1983

31. 张妍，孙燕京主编．民国史料丛刊．大象出版社，2009

32. 孙燕京，张妍主编．民国史料丛刊（续编）．大象出版社，2012

33. 二十世纪三十年代国情调查报告．凤凰出版社，2012

三、报纸与期刊

《申报》《大公报》《东方杂志》《政府公报》《中央日报》《南洋官报》《清议报》《平等杂志》《民治评论》《民主政治》《民立周刊》《民众运动月刊》《民声周报》《自治》《地方自治半月刊社》《省县自治通则讨论专号》《南京市政府公报》《地方自治专刊》《地方自治》（中国地方自治学会）《地方自治》（地方自治编辑委员会）《地方自治半月刊》（中国地方自治学会）《地方自治半月刊》（中央地方自治计划委员会）《县政研究》《县政月刊》《地方行政》《区政导报》《时事月刊》《淮安党史资料》《人人周报》《文友》《再生》《中国评论》《机联会刊》《文摘》《三民主义月刊》《三民半月刊》《建设季刊》《农村经济》《通讯》《现代邮政》《农行月刊》《新上海》《进步》《新国民》《庸言》《安徽白话报》《半月评论》《北辰杂志》《播音教育月刊》《财政经济汇刊》《村治月刊》《大陆》《大学》《法令周》《法令周刊》《法律周刊》《立法院公报》《立法专刊》《复兴月刊》《工作月刊》《广播周刊》《国风报》《国立中央大学半月刊》《国立中央研究院院务月报》《国闻周报》《河北省政府公报》《黄埔》《教育与民众》《警高月刊》《励志季》《民众教育季刊》《民族》《内务公报》《内政消息》《农声》《青年旬刊》《青年》《认识》《江苏》《苏民新闻》《生报》《吴江》《吴声》《中报》《大吴语》《江苏教育》《江苏保甲》《江苏月报》《江苏民政》《苏政》《江苏民政》《山东民众教育月刊》《社会科学杂志》《时事月报》《市政评论》《市政月刊》《是非公论》《首都市政公报》《湘声》《新亚细亚》《新中国》《行政院公报》《学生文艺丛刊》《学生文艺汇编》《学艺》《政论》《政治成绩统计》《中华法学杂志》《中央党务月刊》《中央导报》《中央民众训练部公报》《独立周报》《东南论述》《觉悟》《民大月刊》《时代公报》《太平洋杂志》《向导》《战士》《服务》《河南》《新湖北》《民意周刊》《自觉》《北碚》《半月评论》《国衡半月刊》《内政统计季刊》《农村合作月报》《人言周刊》《生力月

刊》《文化建设》《小学教师》《团务月刊》《中华法学杂志》《中外日报》《南方报》等

四、地方志与文史资料

1. 曹余濂编著．民国江苏权力机关史略（江苏文史资料第67辑）．江苏文史资料编辑部，1994

2. 曹幸穗等编著．民国时期的农业（江苏文史资料第51辑）．《江苏文史资料》编辑部，1993

3. 黄蕴深编．吴县城区附刊．（台）成文出版社有限公司，1983

4. 江苏省政协文史资料委员会编．江苏省文史资料：江苏文史资料集萃（第85辑，政治卷）．南京《文史资料》编辑部，1995

5. 江苏省地方志编纂委员会．江苏省志·议会人民代表大会志．江苏人民出版社，1999

6. 南京师范学院地理系，江苏地理研究室编．江苏城市历史地理．江苏科学技术出版社，1982

7. 缪荃孙等编．江苏省通志稿（3）．江苏古籍出版社，2001

8. 铜山县志．据民国十五年刊本影印．（台）成文出版社有限公司（时间不详）

9. 吴秀之等修．曹允源等纂．吴县志．（台）成文出版社有限公司，1970

10. 江苏省政协文史资料委员会编．民国江苏的督军和省长（1911—1949）．江苏文史资料第四十九辑，1993

11. 江苏省昆山市政协文史征集委员会编．昆山文史（第六辑）．1984

12. 政协苏州市委员会文史资料研究委员会编著．苏州文史资料选辑（十五）．江苏省苏州市委员会文史资料研究委员会，1981

13. 政协江苏省铜山县委员会编．铜山文史资料（第七辑）．1983

14. 福建咨议局互选细则、议事细则、旁听细则、办事细则．福建咨议局制定．清宣统元年

15. 第一次福建咨议局议事速记录．福建咨议局辑，清宣统元年

16. 第二次福建咨议局议事速记录．福建咨议局辑，清宣统二年

五、专著

1.〔法〕卢梭著．社会契约论．商务印书馆，1982

2.〔奥〕凯尔森著．法与国家的一般理论．中国大百科全书出版社，1996

3.〔法〕孟德斯鸠著．论法的精神．商务印书馆，1961

4.〔英〕约翰·洛克著．政府论．光明日报出版社，2009

5.〔美〕杜赞奇著．文化、权力与国家：1900—1942年的华北农村．江苏社会出版社，2003

6.〔英〕詹姆斯·布赖斯著．现代民治政体．吉林人民出版社，2001

7.〔美〕塞缪尔·P. 亨廷顿著．变化社会中的政治秩序．上海世纪出版集团，2008

8.〔德〕哈贝马斯著．公共领域的结构转型．学林出版社，1999

9.〔美〕斯塔夫里阿诺斯著．全球通史（第七版·下）．北京大学出版社，2006

10.〔美〕马库金·拉斯金著．．民主与文化的反思．新华出版社，2001

11.〔法〕G. Montagu Harris 著．王检译．各国地方自治大纲．上海大东书局，1930

12.〔美〕孔飞力著．民国时期的地方自治政府：关于控制、自治和动员问题．Frederic Wakeman and Carolyn Grant：*Conflict and Control in Late Imperial China.*

13.〔美〕孔飞力著．中华帝国晚期的叛乱及其敌人（1796—1864）．中国社会科学出版社，1990

14. 邓正来，J. 亚历山大编．国家与社会：一种社会理论的研究路径．中央编译出版社，1999

15.〔日〕和田清著．中国地方自治发展史．东京汲古书院，1975

16.〔法〕马克斯·韦伯著．经济与社会．商务印书馆，1997

17. John H. Fincher：*Chinese Democracy*，*the Self－government Movement in Local Provincial and National Political*，*1905—1914*，John H. Fincher，ST. Martin's Press，New York，1995.

18. Roger R. Thompson：*China's Local Council in the Age of Constitutional*

Reform, 1898—1911, Published by the Council on East Studies, Harvard University, and distributed by Harvard University Press, Cambridge and London, 1995.

19. 黄宗智．华北小农经济与社会变迁．中华书局，2000
20. 黄宗智．长江三角洲的小农家庭与乡村发展．中华书局，1991
21. 黄宗智主编．中国乡村研究．商务印书馆，2003
22. 黄宗智主编．中国研究的范式问题讨论．社会科学文献出版社，2003
23. ［美］费正清主编．剑桥中国晚清史（1800—1911）．中国社会科学出版社，1985
24. ［美］费正清主编．剑桥中华民国史（第一部）．上海人民出版社，1991
25. ［美］费正清主编．剑桥中华民国史（第二部）．上海人民出版社，1992
26. ［美］张信．二十世纪初期中国社会之演变——国家与河南地方精英（1900—1937）．中华书局，2004
27. ［美］吉伯特·罗兹曼主编．中国的现代化．江苏人民出版社，1998
28. ［美］韩起澜．苏北人在上海，1850—1980. 上海古籍出版社，上海远东出版社，2004
29. ［美］任达．新政革命与日本：中国，1898—1912. 江苏人民出版社，2006
30. ［清］李圭．环游地球新录．走向世界丛书．岳麓书社，1985
31. ［清］王锡棋辑．小方壶斋舆地丛钞续编（第十一帙）．光绪十七、二十、二十三年上海著易堂印本，杭州古籍店，1985 年影印本
32. ［清］郑观应．盛世危言（卷三）．
33. 晏阳初．平民教育与乡村建设运动．商务印书馆，2014
34. 梁漱溟．乡村建设理论．商务印书馆，2015
35. 王长俊主编．江苏文化史论．南京师范大学出版社，1999
36. 柳肇嘉．江苏人文地理．大东书局，1930
37. 张森才，马砾．江苏区域文化研究．江苏古籍出版社，2002
38. 金煦主编．江苏民俗．甘肃人民出版社，2003
39. 周信华．江北人．保禄印书馆，1941

40. 张乃格．江苏民性研究．江苏人民出版社，2004

41. 段本洛．苏南近代社会经济史．中国商业出版社，1997

42. 张华，杨休，季士家．清代江苏史概．南京大学出版社，1990

43. 吴晗，费孝通．皇权与绅权．天津人民出版社，1988

44. 费孝通．中国绅士．中国社会科学出版社，2006

45. 余英时．士与中国文化．上海人民出版社，1988

46. 陈旭麓．陈旭麓文集（第 4 卷）．华东师范大学出版社，1997

47. 徐茂明．江南士绅与江南社会（1368—1911）．商务印书馆，2004

48. 张宪文主编．中华民国史．南京大学出版社，2005

49. 陈旭麓．近代中国社会的新陈代谢．上海人民出版社，1992

50. 王树槐．中国现代化的区域研究：江苏省，1860—1916.（台）中央研究院近代史研究所，1984

51. 胡春惠．民初的地方主义与联省自治．中国科学出版社，2001

52. 李剑农．中国近百年政治史．复旦大学出版社，2002

53. 陈志让．军绅政权——近代中国的军阀时期．广西师范大学出版社，2008

54. 梁漱溟．中国之地方自治问题．山东乡村建设研究院．

55. 王云五主编．黎文辉编著．中国地方自治之实际与理论．商务印书馆，1936

56. 陈顾远．地方自治通论．上海泰东图书局，1929

57. 王均安．现行地方自治施行法释义．世界书局，1930

58. 董修甲编著．中国地方自治问题．商务印书馆，1937

59. 孙倬章．地方自治．成都民力日报社，1928

60. （伪）行政院新闻局．地方自治．

61. 梁行泰．地方自治．国防部新闻局，1946

62. 行政院新闻局编．地方自治．行政院新闻局，1947

63. 黄永伟．地方自治之理论与实施．南京拔提书店，1934

64. 李宗黄．地方自治工作人员手册．青年出版社，1946

65. 中国国民党中央执行委员会训练委员会．训练教程之八：地方自治（出版信息不详）

66. 吕复．增订比较地方自治论．商务印书馆，1947

67. 徐幼川．党员怎样协助推进地方自治．正中书局，1944
68. 薛伯康，竺允迪．地方自治与自卫．独立出版社，1942
69. 洪先之．村制须知地方自治合编．上海书局，1929
70. 文公直．区乡镇自治丛书（自治组织、财政警卫、农村教育）．时远书局，1933
71. 文公直．区乡镇自治丛书（长副须知）．时远书局，1933
72. 文公直．区乡镇自治丛书（自治法规区自治施行法释义）．时远书局，1933
73. 文公值．区乡镇自治丛书（行政浅说）．东南新书局，1933
74. 闻均天．保甲制度．商务印书馆，1935
75. 章伯锋，李宗一主编．北洋军阀．武汉出版社，1990
76. （台）教育部主编．中华民国建国史．（台）国立编译馆，1987
77. 李达嘉著．民国初年的联省自治运动．（台）弘文馆出版社，1986
78. 崔之清．国民党政治与社会结构之演变（1905—1949）（全三册）．社会科学文献出版社，2007
79. 魏光奇．官治与自治——20 世纪上半期的中国县制．商务印书馆，2004
80. 李泽厚．中国近代思想史论．人民出版社，1979
81. 田芳．地方自治：法律制度研究．法律出版社，2008
82. 侯宜杰．二十世纪中国政治改革风潮．人民出版社，1993
83. 卞修全．清末思潮与清末法制改革．中国社会科学出版社，2003
84. 杜恂诚．民族资本主义与旧中国政府（1840—1937）．上海社会科学院出版社，1991
85. 马敏．官商之间——社会剧变中的近代绅商．天津人民出版社，1995
86. 王先明．近代绅士：一个封建阶层的历史命运．天津人民出版社，1997
87. 苏力．元代地方精英与基层社会——以江南地区为中心．天津古籍出版社，2009
88. 商衍鎏．清代科举考试述录．生活·读书·新知三联书店，1958
89. 蔡尚思等著．论清末民初中国社会．复旦大学出版社，1983
90. 陈明明主编．权利、责任与国家．上海人民出版社，2006

91. 王建勋编．自治二十讲．天津人民出版社，2008
92. 刘军宁编．民主二十讲．中国青年出版社，2008
93. 萧功秦．萧功秦集．黑龙江教育出版社，1995
94. 吴琦．明清地方力量与地方社会．中国社会科学出版社，2009
95. 黄基泉．西方宪政思想史略．山东人民出版社，2004
96. 小田．江南乡镇社会的近代转型．中国商业出版社，1997
97. 单树模等编．江苏地理．江苏人民出版社，1980
98. 江苏省气象局，《江苏气候》编写组．江苏气候．气象出版社，1991

六、学位论文

1. 崔道峰．清末江苏地方自治述论．扬州大学2005年的硕士学位论文

2. 冯向晖．浙江清末地方自治运动研究．浙江大学2009年硕士学位论文

3. 丰箫．1945—1949年浙江省嘉兴乡镇自治研究．复旦大学2006年博士学位论文

4. 冯小红．乡村治理转型期的县财政研究（1928—1937）——以河北省为中心．复旦大学2005年博士学位论文

5. 李跃．苏民市民公社研究．苏州大学2008年的硕士学位论文

6. 李奇．清末江苏地方自治中的县乡选举（1909—1911）．华中师范大学2003年的硕士学位论文

7. 李浩贤．地方自治的主张与实践——晚清上海和天津的比较研究．复旦大学2003年博士学位论文

8. 隆奕．试论南京国民政府地方自治立法．西南政法大学2004年硕士学位论文

9. 李树芬．南京国民政府时期省县行政制度与权力研究（1927—1937）．四川大学2007年硕士学位论文

10. 孟富国．重构中的乡村政权——20世纪二三十年代山西村政的转型．山西大学2003年硕士学位论文

11. 田治勇．民国初期议会制度探析．山东大学2006年硕士学位论文

12. 汪太贤．晚清地方自治思想的萌生与演变——从鸦片战争至预备立宪前夕．武汉大学2004年博士学位论文

13. 王圣诵．近代乡村自治研究——户政法文化诠释．中国政法大学2005

年博士学位论文

14. 王科．控制与发展：南京国民政府建立初期的乡村治理变革——以江宁自治实验县为中心（1933—1937）．南京大学2008年博士学位论文

15. 王飞．国民政府“新县制”下的乡镇体制．首都师范大学2007年硕士学位论文

16. 杨焕鹏．国家视野中的江南基层政治（1927—1949）——以杭、嘉、湖地区为中心．复旦大学2005年博士学位论文

17. 于建嵘．转型期中国乡村政治结构的变迁——以岳村为表述对象的实证研究．华中师范大学2001年博士学位论文

18. 闫婷婷．论民国的地方自治．西北大学2007年硕士学位论文

19. 程郁华．二十世纪三四十年代乡保行政人员贪污与暴力现象研究——以桐乡、新昌两县30件案件为例．华东师范大学2004年硕士学位论文

20. 杨文娟．清末地方自治中自治区域的划分问题——以苏州地区为例．复旦大学2008年硕士论文

21. 叶利军．民国北京政府时期选举制度研究．湖南师范大学2004年博士学位论文

22. 祖秋红．“山西村治”：国家行政与乡村自治的整合（1917—1928）．首都师范大学2007年博士学位论文

23. 张钦朋．试论孙中山地方自治思想．吉林大学2007年硕士学位论文

24. 周玉玲．新县制下县各级民意机关研究．苏州大学2002年硕士学位论文

25. 张晶．民国初期省宪思想研究．山东大学2006年硕士学位论文

26. 张翠萍．晚清地方自治研究．安徽师范大学2007年硕士学位论文

后　记

自硕士研究生阶段，我就开始关注晚清民国时期的宪政问题。我的硕士学位论文是《论清末福建咨议局》，研究对象是系导师王民先生确定的。作为近代福建省第一个具有议会性质的机构——福建咨议局，当时尚无人进行系统的研究，其学术价值与现实意义显而易见。关于福建咨议局的原始资料主要藏于福建省图书馆，全部是宣统年间的油印本，整整有8册之多。遵照老师的要求，我经过数月的时间去抄写与拍照，为此后论文的撰写打下了基础。另外，福建咨议局的旧址尚存（位于福州市中山路23号大院内，即今天的中山纪念堂），我曾几次亲自走访，有了更加直观的感受，也就对彼时的人与事多了一份感情，这感情促使我格外用心地去探究清末民初福建地方士绅的行为及动力。福建特殊的自然人文环境造就咨议局议员鲜明的群体特征：开明而不失分寸，活泼中蕴含古朴。我在福州生活三年，对环境育人有着特殊的感受。福州气候温暖湿润，四季常青，它就像生在群山怀抱中的一个大花园；另外，它又保留了很多地古迹，穿过大街小巷，常常于不经意处发现惊喜。所以，无论是奔波于学校与省图书馆之间，还是流连于街头巷尾，我都可以一边欣赏美景，一边感受历史的脉动。从现实走进历史，再从历史走进现实，如此循环往复，现在思来都恍如梦幻一般。王民老师对弟子要求甚严，但更多父执的慈爱，每次在约谈论文时，老师都会营造一种宽松愉快的氛围，要么在餐桌边，要么在品茗之余，侃侃而谈，如坐春风。所以，论文虽写得辛苦，但不痛苦。辛苦并快乐者，当时感受应如是。

硕士研究生毕业后，我投到南京大学历史学院申晓云教授门下攻读博士学位，平时除了聆听南大诸位先生授课，就是“寻觅”合适的论文选题。申老师很少直接给学生指定题目，而是强调自己“找草吃”。她常说的一句话是：“取乎其上，得乎其中；取乎其中，得乎其下；取乎其下，则无所得矣!”

鼓励大家多读书，读精品。老师睿智善谈，在求教问学的过程中，我常常被问得哑口无言。也许正是这种助产式的问答，让我不断反思，也不断成熟。大约经过半年的思考，我决定仍然继续晚清民国时期宪政问题的研究，不过这次选择的研究对象是近代江苏省的地方自治。江苏省与福建省有相似之处，如都是海洋文化与内陆文化交相辉映之地。但其相异处更为明显，如福建多山、土地贫瘠，江苏多平原、土壤肥沃。闽江虽然横贯福建，但并不像长江把江苏分割成性格鲜明的江南与江北；在近代欧风美雨的洗礼下，江苏更是得风气之先，加上它曾经作为南京国民政府京畿所在地，因而更凸显其典型性与代表性。选定方向后，我开始做准备工作，历史类博士学位论文的要求与硕士学位论文有很大的不同，除了海量挖掘资料外，还需要理论框架、观点创新等。非常庆幸的是，南京大学图书馆本身就有非常丰富的馆藏，再加上中国第二历史档案馆、南京市图书馆近在咫尺，给我搜集资料带来极大的便利。至于理论方面，我引进了黄宗智“第三领域”的概念，建构起国家、第三领域、社会的分析框架，并最终通过这一解释体系对近代江苏各级地方自治做了更加深入分析，揭示了近代中国政制转型的必然性问题。三年时间转瞬即逝，一篇二十余万字的博士学位论文《国家、社会、第三领域：近代江苏各级地方自治研究（1905—1937）》还未来得及雕琢，就被专家们拿到放大镜下进行严肃的评判。感谢老师们的“挑剔”，他们的真知灼见、谆谆教导成为此后论文进一步完善的思想动力。

博士毕业后，我留在南京审计大学工作，没有了“赶趟”的压力，本想会有更加宽裕的时间、更加放松的心情来充实论文，但当生活、工作与学习混在一起时，心无旁骛地拿出整块时间来写文章已是十分奢侈的事。如何在原有的基础上对晚清民国时期的地方自治进行更加深入的探究呢？在读书与思考的过程中，我逐渐从原来博士学位论文的理论框架中跳出来。作为一项政治制度，地方自治的政治学含义至为明显，同时，它还包含一套行之有效的管理程序，在基层社会治理越来越受到重视的今天，能不能把政治学与管理学交叉起来，进一步挖掘晚清民国时期地方自治所蕴含之基层治理的经验与教训呢？2014 年我申请的教育部人文社会科学研究青年基金项目获得立项，其增加了无形的压力，也凝成了新的动力。于是，我下定决心，继续搜集资料，完善研究方法，拓展研究领域，力争把晚清民国时期地方自治的研究工作做到更好。在不断思考、修改与磨合之后，本书的研究体系逐渐明晰起来：

从管理学、政治学的理论出发，良好的地方自治首先应符合科学与民主的精神。科学主要是指在充分考虑国情、地域特征的前提下进行自治制度的设计；民主则是包括民主选举、民主管理、民主决策、民主监督等在内的系统工程。因此，以科学与民主为主要支架，将建构更加合理的地方自治解释体系。

西学东渐是晚清中国社会转型的潜在动力，从器物到制度的变化是西方文明浸润的一般规律，西方近代地方自治亦随此种潮流进入中国。日俄战争日本的战胜进一步刺激中国，使清末新政向纵深发展，地方自治从在野之士人的引介发展成为在朝之官员的倡导，并最终成为救世的一剂良方。

清末地方自治推行之际，国民智识水平尚低，社会参与意识仍处于萌芽状态。以自治辅助官治的指导思想、职能重叠的制度设计，皆暴露其不科学之处；自上而下的推行方式、选举与被选举资格的严格限制等决定其不可能贯彻民主精神。在此一阶段，地方自治既未实现对西方管理科学的中国化，又未摆脱中国封建专制制度的束缚，同时又失掉中国传统管理模式中的积极因素，结果只能加快清王朝崩溃的速度。

民初地方自治基本继承了清王朝的政治遗产，只是在制度设计上增加了科学与民主的成分，如民政长的选举制度，行政官厅与自治机关行文程式的变化等。但是，制度的理性并不能决定行为的理性，在军阀割据时代，军阀专制代替了旧时王朝专制，地方自治多沦为军阀政权的某种点缀。地方精英与行政官厅的激烈冲突不排除民气上升的因素，而实质上却反映了官绅矛盾的加剧。是时盛行一时的联省自治，亦可视为自治制度的一种，在军事强力之下，知识分子对联省自治的诉求最终湮没于地方军阀追求割据合法的残酷现实。

南京国民政府初期的地方自治不乏进步之处，如重视地方自治推行的基本条件、进一步降低选举与被选举的资格等；而缺陷亦非常明显，县、区之对地方自治监督权规定不明确，警察权与自治权混淆不清，区乡镇自治公约制定程序混乱，区乡镇区域划分标准不一等，形成对地方自治推行的制度性障碍。随着国内外局势的变化，南京国民政府相继推出保甲与地方自治相融合的制度，公民宣誓登记制度、新县制等，但几项制度都凸显了其执政理念中民主与专制的内在矛盾，违背了科学与民主的原则。

根据黄宗智“第三领域”的理论，地方自治功能的充分发挥与国家、社会的良性互动是互为前提的。考察晚清民国时期的地方自治，因为缺乏民主与科学的精神，其推行的结果反而造成国家与社会关系的双重紧张。所以，欲充分发挥自治制度的基层社会治理功能，一是要根据中国国情进一步完善具有中国特色的基层社会自治制度；二是要在地方自治推行的过程中切实体现民主精神。另外，士绅阶层的质变是导致近代中国第三领域质变的内在原因，结合中国实际，培育新的中间阶层是改善当前国家与社会关系的有效途径。

如果从硕士研究生算起，本书的预备工作也算做了十年有余。所谓“合抱之木，生于毫末；九层之台，起于垒土”，在疑问中探求，在困惑中积累，总算走出学问之道的第一步。书成之日，并无最初预想之激动与兴奋，多的反而是惶恐！因为历史的问题，愈研究愈感觉没有底。前人“上穷碧落下黄泉”，我也要求自己尽可能多地占有原始资料，但在大数据时代，任何人都不可能在资料方面做到穷尽。文稿在即将付梓之际仍在修改增补，哪里还会有怡然自得的心情。感谢合肥工业大学出版社各位同仁，他们不嫌文稿粗鄙，从审稿到校勘再到编辑提供了全方位的服务。因水平所限，书中不免舛误与不足之处，敬请方家批评指正。

陈明胜

2017 年 10 月于南京